U0649103

交通运输专业能力评价教材

道路桥梁建筑信息模型技术应用人员

（专业实务）

交通运输部职业资格中心　**组织编写**

人民交通出版社

北　京

内 容 提 要

交通运输专业能力评价教材《道路桥梁建筑信息模型技术应用人员》由交通运输部职业资格中心组织编写，分为基础知识和专业实务两册。本书为专业实务分册，共四章，分别为项目准备、模型创建、模型更新与协同、道路桥梁 BIM 综合应用。

本书可作为道路桥梁建筑信息模型技术应用人员专业能力评价教材，也可作为道路桥梁工程勘察设计、施工、运营等单位从业人员和相关专业院校师生的学习参考书。

图书在版编目（CIP）数据

道路桥梁建筑信息模型技术应用人员. 专业实务/
交通运输部职业资格中心组织编写. —北京：人民交通出版
社股份有限公司，2024.7. —ISBN 978-7-114-19622-5

Ⅰ．U41-39；U44-39

中国国家版本馆 CIP 数据核字第 2024P7C017 号

交通运输专业能力评价教材

书　　名：	道路桥梁建筑信息模型技术应用人员（专业实务）
著 作 者：	交通运输部职业资格中心
责任编辑：	侯蓓蓓　刘永超
责任校对：	赵媛媛　魏佳宁
责任印制：	刘高彤
出版发行：	人民交通出版社
地　　址：	（100011）北京市朝阳区安定门外外馆斜街 3 号
网　　址：	http://www.ccpcl.com.cn
销售电话：	（010）59757973
总 经 销：	人民交通出版社发行部
经　　销：	各地新华书店
印　　刷：	北京市密东印刷有限公司
开　　本：	787×1092　1/16
印　　张：	14.75
字　　数：	360 千
版　　次：	2024 年 7 月　第 1 版
印　　次：	2024 年 7 月　第 1 次印刷
书　　号：	ISBN 978-7-114-19622-5
定　　价：	70.00 元

（有印刷、装订质量问题的图书，由本社负责调换）

《道路桥梁建筑信息模型技术应用人员（专业实务）》

编写人员

主　　编：哈　娜

副 主 编：李一婷　汪云峰　王占锋　王清州

成　　员：王京京　杨小玉　张宝成　程海潜　崔　杨

　　　　　沈　璐　杨　榕　范传河

审定人员

主　　审：欧阳伟

成　　员：徐　润　李宏郑　朱海涛　杨　宏　许红胜

　　　　　王立争　汪谷香　林　林

前言 >>>

当前,建筑信息模型(BIM)技术正全面融入交通运输工程建设各领域和全过程,给人们生产生活方式带来广泛而深刻的影响,同时也在刷新职业的内涵以及从业人员对人才评价的要求。为满足交通强国建设对交通技术技能人才的需要,保障道路桥梁建筑信息模型技术应用质量,不断提高道路桥梁建筑信息模型技术应用人员专业能力评价工作的专业性、针对性和实效性,交通运输部职业资格中心依据《道路桥梁建筑信息模型技术应用人员职业标准》,组织编写了本教材。

本教材有三个特点:**一是兼备全面性与层次性**。教材设计遵循由浅入深的原则,从初级的图纸识读、基础建模到高级的创新应用,层层递进形成了一套完整系统的实操指南。**二是突出实用性和创新性**。教材精心选取并分析了交通运输部公路 BIM 技术应用示范项目等多个工程实例,为读者展现了 BIM 技术在解决复杂道路桥梁工程难题、推动智慧建造与运维的创新应用。**三是突出时效性和前瞻性**。在行业绿色低碳转型发展的背景下,教材前瞻性地探索了 BIM 技术在实现"双碳"目标中的创新应用,旨在激发读者的创新思维并提升其解决实际工程问题的能力。

本教材共有四章。其中,第一章由张宝成、哈娜、王清州、崔杨等编写,第二章由哈娜、王清州、杨小玉等编写,第三章由王占锋编写,第四章由汪云峰、王清州、李一婷、王京京、程海潜、崔杨、沈璐、杨榕、范传河等编写。本教材由哈娜、李一婷统稿。

本教材在编写过程中,虽经反复推敲,仍难免存在纰漏,敬请广大读者批评指正。

交通运输部职业资格中心
2024 年 6 月

目录 >>>

项目准备

本章主要介绍道路、桥梁工程图识读准备和建模环境设置等内容,对应《道路桥梁建筑信息模型技术应用人员职业标准》初级技能和知识要求,为后期道路桥梁模型创建及应用奠定基础。

第一节　工程图识读准备

一、道路工程图识读

(一)道路的组成

道路是一种供车辆行驶和行人步行的带状结构物。道路根据其不同的组成和功能特点,可分为公路和城市道路两种。位于城间、城乡间、乡间的公共道路称为公路,位于城市范围以内的道路称为城市道路。道路工程具有组成复杂、长宽高三向尺寸相差悬殊、形状受地形影响大和涉及学科广的特点。由于以上特点,道路工程的图示方法与一般工程图样不完全相同。

1.道路的线形组成

道路路线是指沿长度方向的行车道中心线。由于受地形、地物和地质条件的限制,道路路线的线形在平面上是由直线段和曲线段组成的;在纵面上是由平坡和上坡、下坡及竖曲线组成的。因此,从整体上看,道路路线是一条空间曲线,如图1-1所示。将这条空间曲线投影到平、纵、横三个平面,就可绘制成反映其形状、位置和尺寸的图形,即路线平面图、纵断面图和横断面图。

2.道路的结构组成

道路是交通工程的一种主要构筑物。道

图1-1　道路路线图

路结构是指能够承受自然因素和各种车辆荷载的结构物，包括路基、路面、桥梁、隧道、涵洞、排水设施、防护工程、交通安全及沿线设施等，如图 1-2 所示。

a)路基   b)路面   c)桥梁

d)隧道   e)涵洞   f)排水设施

g)防护工程   h)交通安全设施

图 1-2   道路组成结构

(二) 公路路线工程图

公路路线工程图主要用来表达公路路线的平面位置、走向及线形状况，沿线一定范围内的地形、地物和路线上附属构造物的位置及其与路线的相互关系。公路路线工程图是公路设计文件中不可缺少的组成部分。

公路路线工程图包括路线平面图、纵断面图和横断面图，即公路路线设计的最后结果是以平面图、纵断面图和横断面图来表达的。公路路线工程图的形成过程如图 1-3 所示。

1. 公路路线平面图

1）图示方法

公路路线平面图是用高程投影法所绘制的公路沿线周围区域的地形图。即将公路中心线用加粗的粗实线绘制在地形图上，只表示路线水平走向及里程，而不表示路基宽度，地形用等高线表示，地物用图例表示。

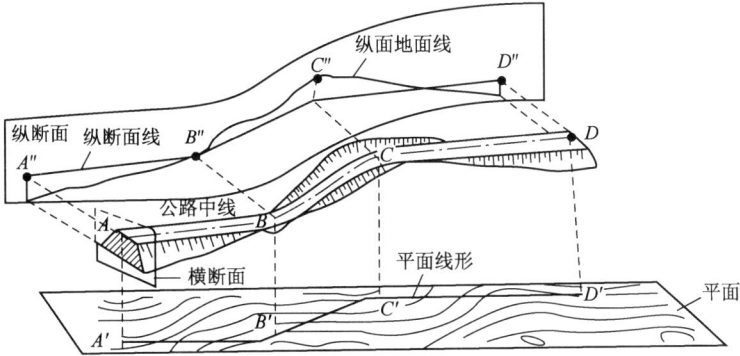

图 1-3　公路路线工程图的形成过程

2）图示特点和主要内容

如图 1-4 所示为某高速公路 K59 + 000 ~ K59 + 700 段路线平面图,其主要内容包括地形和路线两部分。下面将从这两部分分别介绍公路路线平面图的画法特点和表达的主要内容。

（1）地形部分

①方位。

为了表示路线所在地区的方位和路线的走向,在路线平面图上应画出指北针或坐标网。指北针在图上是用"🧭"符号来表示的,箭头所指为正北方向。方位的坐标网其 X 轴向为南北方向(上为北), Y 轴向为东西方向。

②比例。

路线平面图是根据不同的地形情况经过勘测采用相应的比例绘制的,山岭重丘区一般采用 1:2000,平原和微丘区一般采用 1:5000 的比例。图 1-4 所示平面图的比例为 1:2000。

③地貌。

平面图地貌情况主要用等高线表示,两等高线之间的高差为 2m,每隔 10m 有一条加粗等高线(计曲线)一条,并标出相应的高程数字。根据图 1-4 中等高线的疏密可以看出,该地区北偏西地势较高。

地貌的起伏形态是各种各样的,但基本地貌不外乎山顶(山头)、山岭(山脊)、洼地、谷地等。各种地貌的特点及在地形图上的表示形式见表 1-1。

各种地貌的特点及在地形图上的表示形式　　　　表 1-1

地形	山地山峰	盆地洼地	山脊	山谷	鞍部	峭壁陡崖
表示方法	闭合曲线外低内高	闭合曲线外高内低	等高线凸向山脊连线低处	等高线凸向山谷连线高处	由一对山谷等高线组成	多条等高线汇合重叠在一处
示意图						
等高线图						

续上表

地形	山地山峰	盆地洼地	山脊	山谷	鞍部	峭壁陡崖
地形特征	四周低中部高	四周高中部低	从山顶到山麓凸起部分	从山顶到山麓低凹部分	相邻两个山顶之间,呈马鞍形	—
说明	示坡线画在等高线外侧,坡度向外侧降	示坡线画在等高线内侧,坡度向内侧降	山脊线也叫分水线	山谷线也叫集水线	鞍部是山谷线最高处、山脊线最低处	近于垂直的山坡,称峭壁。峭壁上部突出处,称悬崖或陡崖

④地物。

在平面图上地物用图例表示。公路工程常用地物图例如表1-2所示。从图1-4可以看出,该地区为大片旱地,并栽有农作物。在 K59 + 132.172 处有车行天桥。图中还示出了小路、控制点、电力线等的位置。

公路工程常用地物图例　　　　　　　　　　　　　　表1-2

名称	图例	名称	图例	名称	图例
机场		港口		井	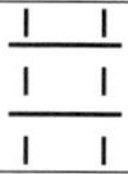
学校		交电室	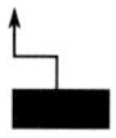	房屋	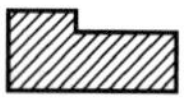
土堤	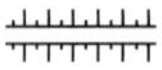	水渠	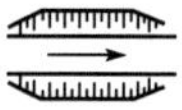	烟囱	
河流		冲沟		人工开挖	
铁路		公路		大车道	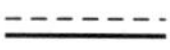
小路		低压电力线高压高力线	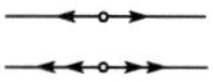	电信线	
果园		旱地	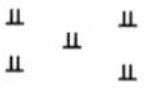	草地	
林地		水田		菜地	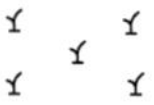
导线点		三角点		图根点	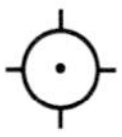
水准点		切线交点		指北针	

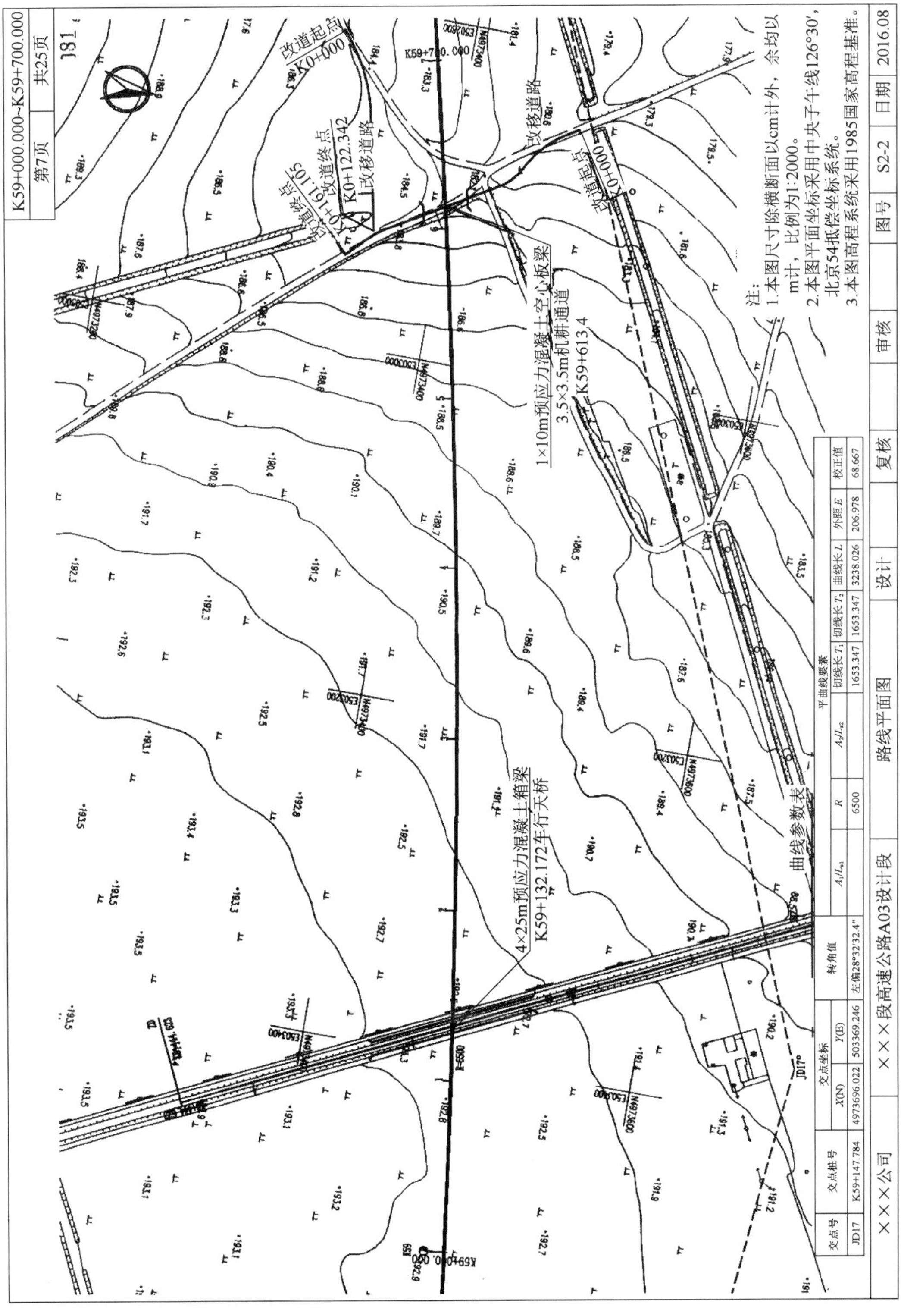

Route plan drawing:

K59+000.000~K59+700.000
第7页 共25页

改道起点
K0+000 改道道路
改道终点
改道终点
改道起点
K0+116.105
K0+122.342
K59+700.000
K59+000.000

1×10m预应力混凝土空心板梁
3.5×3.5m机耕通道
K59+613.4

4×25m预应力混凝土箱梁
K59+132.172车行天桥

注：
1. 本图尺寸除横断面以cm计外，余均以m计，比例均为1:2000。
2. 本图平面坐标采用中央子午线126°30′，北京54抵偿坐标系统。
3. 本图高程系统采用1985国家高程基准。

平曲线要素表

交点号	交点坐标		转角值		曲线参数表						
	X(N)	Y(E)			A_1/L_{s1}	R	A_2/L_{s2}	切线长 T_1	切线长 T_2	曲线长 L	外距 E	校正值

平曲线要素

| 交点桩号 | | 左偏28°32′32.4″ | | | 6500 | | | 1653.347 | 1653.347 | 3238.026 | 206.978 | 68.667 |

JD17
交点桩号 K59+147.784
X(N) 4973696.022 Y(E) 503369.246

×××段高速公路A03设计工段
路线平面图
图1-4 路线平面图

设计	复核	审核	图号	S2-2	日期	2016.08

×××公司

5

（2）路线部分

①设计路线。

设计路线采用加粗实线表示。由于路线平面图所采用的比例太小，并且公路的宽度尺寸相对于其长度尺寸来说非常小，导致公路的宽度无法按实际尺寸画出，所以在路线平面图中，设计路线是用粗实线表示的，如图 1-4 所示。

②里程桩。

里程桩号可以表示路线的总长度和各个路段的长度。里程桩号应标注在公路中心线上，从路线的起点至终点、由小到大依次顺序编号，并规定在平面图中路线的前进方向是从左向右的。

里程桩分为公里桩和百米桩两种。公里桩宜标注在路线前进方向的左侧，用符号"♀"表示桩位，用"K×××"表示其公里数，且注写在符号的上方，如图 1-4 中"K59"表示距离路线起点为 59000m。百米桩用垂直于路线的细短线表示，用阿拉伯数字表示百米数，注写在短线的端部，如图 1-4 中在 K59 公里桩的前方注写的"1"，表示桩号为 K59＋100，说明该点距离路线起点为 59100m。

③平曲线。

路线的平面线形包含直线和曲线两类几何元素，而曲线又包含缓和曲线与圆曲线。路线的各几何元素必须光滑连接。在平面图中，将直导线的交点标记为 JD，并沿前进方向按顺序对交点进行编号（图 1-5）。根据实际情况，在交点处设置圆曲线或圆曲线加缓和曲线。只设置圆曲线时，圆曲线与前后直线的切点分别为 ZY（直圆）和 YZ（圆直），把圆曲线中心标记为 QZ（曲中），共有三个主点桩号（图 1-5 中 JD1）；如果设置缓和曲线，则有 ZH（直缓）、HY（缓圆）、QZ（曲中）、YH（圆缓）、HZ（缓直）五个主点桩号（图 1-5 中 JD2）。除上述控制曲线位置的要素外，控制曲线形态的要素有：α_z 为左偏角，α_y 为右偏角，R 为圆曲线半径，T 为切线长，E 为外距，L 为曲线长，L_s 为缓和曲线长。这些曲线要素须填入曲线要素表中，高等级公路还应列出导线点的坐标表。

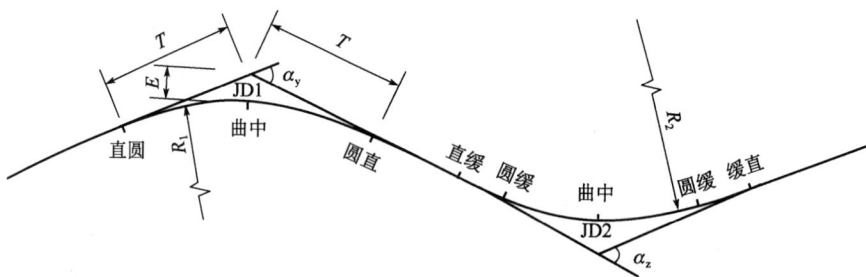

编号	α		R(m)	L_s(m)	T(m)	L(m)	E(m)
	α_z	α_y					
JD1	—	12°31′16″	8300	—	926.24	1800.17	61.85
JD2	12°31′16″	—	5500	600.15	602.50	1200.35	32.91

图 1-5 平曲线几何要素

④结构物和控制点。

在平面图上还应标出公路沿线的结构物和控制点,如桥梁、涵洞、三角点和水准点等。公路工程常用结构物图例如表1-3所示。结合此表可从图1-4中了解到公路沿线结构物的位置、类型和分布情况,以及控制点的坐标和高程。

公路工程常用结构物图例　　　　　　　　　表1-3

位置	序号	名称	图例	位置	序号	名称	图例
平面	1	涵洞		纵面	1	箱涵	
	2	桥梁(大、中桥按实际长度绘制)			2	盖板涵	
	3	隧道			3	拱涵	
	4	养护机构			4	分离式立交	a)主线上跨　b)主线下穿
	5	隔离墩			5	桥梁	
	6	通道			6	箱形通道	
	7	分离式立交	a)主线上跨　b)主线下穿		7	管涵	
	8	互通式立交(按采用形式绘制)			8	互通式立交	a)主线上跨　b)主线下穿
	9	管理机构					
	10	防护栏					

2.公路路线纵断面图

1）纵断面图的形成

路线纵断面图是通过公路中心线用假想的铅垂剖切面纵向剖切，然后展开绘制后获得的。由于公路路线是由直线和曲线组合而成的，所以纵向剖切面既有平面又有曲面。为了清楚地表达路线的纵断面情况，特采用展开的方法，将此纵断面展平成一个平面，并绘制在图纸上，这就形成了路线纵断面图，如图1-6所示。

图1-6 路线纵断面图形成示意图

路线纵断面图主要表达公路的纵向设计线形、沿线地面的高低起伏状况，以及地质和沿线设置的构造物概况。因此，公路路线纵断面设计图是公路设计文件不可缺少的组成部分。

2）画法特点和表达内容

公路路线纵断面图包括图样和数据资料表两部分，一般图样画在图纸上部，数据资料表布置在图纸下部。图1-7所示为某高速公路 K550 + 400 ~ K560 + 100 段的路线纵断面图。

（1）图样部分

①比例。

在路线纵断面图中，水平方向表示路线的长度（里程），竖直方向表示地面线及设计线的高程。由于路线的高差比路线的长度要小得多，如果竖直方向与水平方向采用同一比例绘制纵断面图，竖向高差不易被清晰表达，因此，在实际绘制路线纵断面图时，竖直方向的比例比水平方向的比例放大10倍，如水平方向比例为1：3000，则竖直方向比例为1：300。比例的选择通常要考虑实际工程要求，如在山岭地区，水平方向比例一般选择1：1000、1：2000、1：5000，则与之对应的竖直方向比例为1：100、1：200、1：500；在丘陵和平原地区，水平方向比例一般选择1：5000，则与之对应的竖直方向比例为1：500。为便于画图和读图，一般还要在纵断面图的左侧按竖直方向比例画出高程标尺。

②设计线和地面线。

为保证汽车安全顺畅地通行，地面纵坡要有一定的平顺度，因此应按公路等级和地形起伏情况，根据相应的公路工程技术标准合理设计坡度线（简称设计线）。在纵断面图中，粗实线为公路纵向设计线，它是由直线段和竖曲线组成的，设计线上各点的高程通常是指路基边缘的设计高程。不规则的细折线为设计中心线处的地面线，它是根据原地面上沿线各点的实测中心桩高程绘制的。比较设计线与地面线的相对位置，可确定填挖地段和填挖高度。

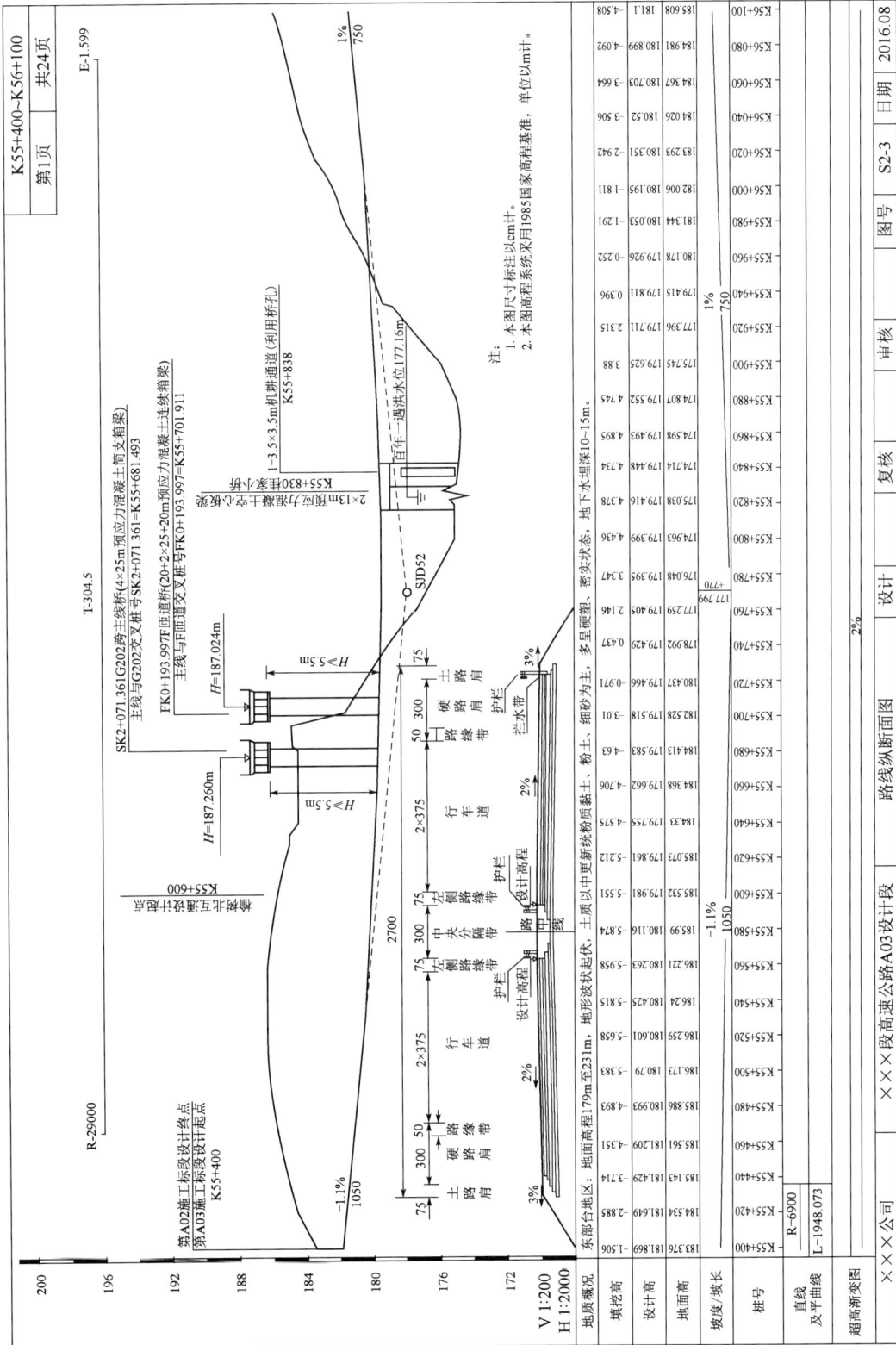

图1-7　路线纵断面图

③竖曲线。

在设计线的纵向坡度变更处（即变坡点），应按公路工程技术标准的规定设置竖曲线，以利于汽车平衡行驶。竖曲线分为凸形和凹形两种，在图中分别用"$\sqcap$"和"$\sqcup$"符号表示，符号中部的竖线应对准竖曲线的起点和终点，水平线上方应标注竖曲线要素值（半径 R、切线长 T、外距 E）。如图 1-7 所示，在 K55 + 770 处设有 $R = 29000\text{m}$ 的凹曲线，该竖曲线中点（变坡点）的高程为 179.397m（$T = 304.5\text{m}, E = 1599\text{m}$）。

④工程构筑物。

公路沿线如设有桥梁、涵洞、立交桥和通道等构筑物时，应在设计线的上方或下方用竖直引出线标注。竖直引出线应对准构筑物的中心位置，并标注出构筑物的名称、规格和里程桩号。如图 1-7 所示，在 K55 + 770 处里程桩处设有一座 $2 \times 13\text{m}$ 的预应力混凝土空心桥梁。

⑤水准点。

沿线设置的测量水准点也应标注，竖直引出线对准水准点。

（2）数据资料表部分

为了便于读图，路线纵断面图的数据资料表应与图样上下对应布置，这种表示方法能较好地反映出纵向设计线在各桩号处的高程、填挖高度、地质条件和坡度以及平曲线与竖曲线的配合关系。资料表主要包括以下内容：

①地质概况。

根据实测资料，在图中标注出沿线的地质情况，为设计、施工提供资料。

②填挖高度。

设计线在地面线下方时需要挖土，设计线在地面线上方时需要填土，挖或填的高度值应是各点（桩号）对应的设计高程与地面高程之差的绝对值。

③高程。

数据资料表中有设计高程和地面高程两栏，设计高程是设计线上沿公路中心线上各点（桩号）的高程，地面高程是原始地面上沿公路中心线各点（桩号）实测出的高程。设计高程和地面高程应和图样部分相互对应。

④坡度/坡长。

坡度/坡长用于标注设计线各段的纵向坡度和水平长度距离。该栏中的对角线表示坡度方向，左下至右上表示上坡，左上至右下表示下坡，坡度及坡长分注在对角线的上下两侧。如图 1-7 所示，该栏中第一格的标注"$-1.1\%/1050$"，表示 K55 + 100 ~ K55 + 770 段设计纵坡为 -1.1%，设计长度为 1050m，此段路线是下坡。

⑤里程桩号。

沿线各点的里程桩号是按测量的里程数值填入的，单位为米（m），桩号从左向右排列。在平曲线的起点、中点、终点和桥涵中心点等处也可设置加桩。

⑥直线及平曲线。

在路线设计中竖曲线与平曲线的配合关系直接影响着汽车行驶的安全性和舒适性，以及道路的排水状况，故《公路路线设计规范》（JTG D20—2017）对路线的平纵配合提出了严格的要求。由于公路路线平面图与纵断面图是分别表示的，所以在纵断面图的资料表中以简约的方式表示出平纵配合关系。在该栏中，以"——"表示直线段；以"$\diagup\diagdown$"或"$\diagdown\diagup$"和"$\sqcap$"

或"⌐⌐⌐⌐"四种图样表示平曲线段,其中前两种表示设置缓和曲线的情况,后两种表示不设缓和曲线的情况,图样的凸凹表示曲线的转向,上凸表示右转曲线,下凹表示左转曲线。

⑦超高。

为了减少汽车在弯道上行驶时的横向作用力,道路在平曲线处需设计成外侧高、内侧低的形式。道路边缘与设计线的高程差称为超高,如图1-8所示。

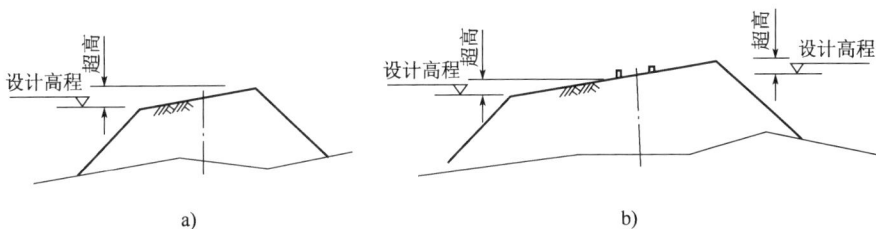

图1-8 道路超高

3)路线纵断面的绘制

(1)左侧纵坐标表示标高尺,横坐标表示里程桩。

(2)纵断面图的比例中,竖向比例比横向比例放大10倍。纵断面图的比例一般在第一张图的注释中说明。

(3)地面线是剖切面与原地面的交线,根据各里程桩的地面高程用细折线表示。

(4)设计线是剖切面与设计道路的交线,根据各里程桩的设计高程用粗实线表示。

(5)里程桩号从左向右按桩号大小排列。

(6)变坡点一般用直径为2mm的中粗线圆圈表示,切线一般用细虚线表示,竖曲线一段用粗实线表示,如图1-9所示。

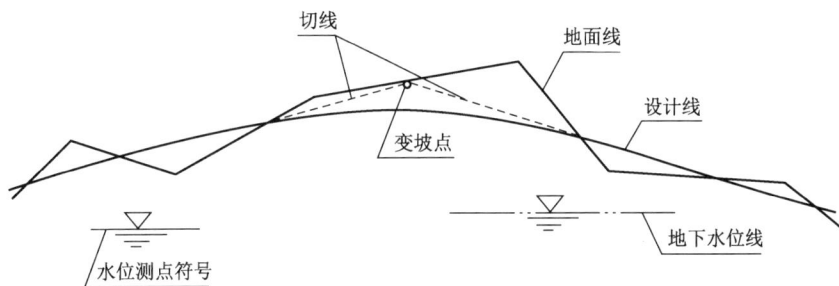

图1-9 公路设计线

(7)纵断面图的标题栏绘在最后一张图或每张图的下方,注明路线名称、纵向比例、横向比例等。每图纸右上角应有角标,注明图纸序号及总张数。

3.公路路线横断面图

1)图示方法

路线横断面图是用假想的剖切平面,垂直于路中心线剖切而得到的图形。路线中线上任意桩号的横向切面就是公路在该桩号处的横断面。

路线横断面图主要表达路线沿线各中心桩处的横向地面起伏状况和路基横断面形状、路基宽度、填挖高度、填挖面积等。根据测量资料和公路设计要求，沿着线路前进方向依次画出每一个路基横断面图，作为计算路基土石方工程量和路基施工的依据。

2）路基横断面形式

路基横断面图的基本形式有填方路基（路堤）、挖方路基（路堑）和填挖结合路基（半填半挖路基）。

（1）填方路基（路堤）。整个路基全为填土区。如图 1-10 所示，填土高度等于设计高程减去地面高程。填方边坡的坡度一般为 1∶1.5。图下注有该断面的里程桩号、中心线处的填方高度 h_T 以及该断面的填方面积 A_T。

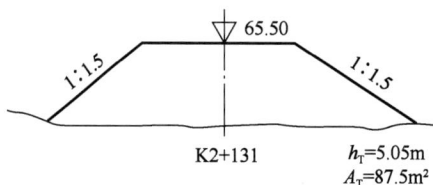

图 1-10　填方路基（路堤）

（2）挖方路基（路堑）。整个路基全为挖土区。如图 1-11 所示，挖土高度等于地面高程减去设计高程。挖方边坡的坡度一般为 1∶1。图下注有该断面的里程桩号、中心线处的挖方高度 h_W 以及该断面的挖方面积 A_W。

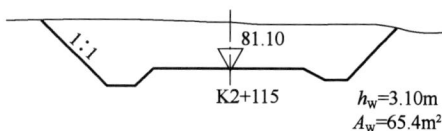

图 1-11　挖方路基（路堑）

（3）填挖结合路基（半填半挖路基）。路基断面一部分为填土区，一部分为挖土区，是前两种路基的综合。如图 1-12 所示，图下注有该断面的里程桩号、中心线处的填（或挖）方高度 h_T（或 h_W）以及该断面的填方面积 A_T 和挖方面积 A_W。

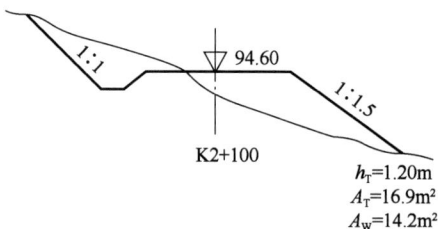

图 1-12　半填半挖路基

3）路基横断面图的绘制

（1）横断面图上的地面线采用细实线表示，设计线采用粗实线表示，公路的超高、加宽也应在横断面图中表示出来。

（2）在同一张图纸内绘制的路基横断面图,应按里程桩号顺序排列,从图纸的左下方开始,先由下而上,再自左向右排列。

（3）在每张路基横断面图的右上角应写明图纸序号及总张数,在最后一张图的右下角绘制图标。

（三）城市道路路线工程图

城市道路一般由车行道（机动车道、非机动车道）、人行道、绿化带、分隔带、交叉口、交通广场以及各种设施组成。在交通高度发达的现代化城市,还建有架空高速道路以及地下道路等。

城市道路的线形设计结果也是通过平面图、纵断面图和横断面图来表达的。它们的图示方法与公路路线工程图完全相同,但由于城市道路的设计是在城市规划与交通规划的基础上实施的,交通性质和组成部分比较复杂,尤其是行人和各种非机动车较多,各种交通工具和行人的交通问题都需要在横断面设计中综合考虑,所以横断面设计是矛盾的主要方面,一般都放在平面和纵断面图设计之前进行。

1.横断面图

城市道路横断面图是道路中心线法线方向的断面图。城市道路横断面图由车行道、人行道绿化带和分隔带等部分组成。

（1）城市道路横断面图布置的基本形式

根据机动车道和非机动车道不同的布置形式,道路横断面的布置有以下四种基本形式。

①"一块板"断面:把所有车辆都组织在同一车行道上行驶,但规定机动车在中间行驶,非机动车在两侧行驶,如图1-13所示。

②"两块板"断面:用一条分隔带或分隔墩从道路中央分开,使往返交通分离,但同向交通仍在一起混合行驶,如图1-14所示。

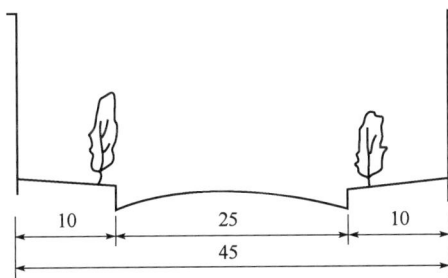

图1-13　"一块板"断面（尺寸单位:m）　　　图1-14　"两块板"断面（尺寸单位:m）

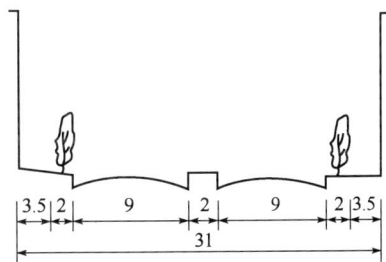

③"三块板"断面:用两条分隔带或分隔墩把机动车和非机动车交通分离,把车行道分隔为三块:中间为双向行驶的机动车道,两侧为方向彼此相反的单向行驶非机动车道,如图1-15所示。

④"四块板"断面:在"三块板"断面的基础上增设一条中央分隔带,使机动车分向行驶,图1-16所示。

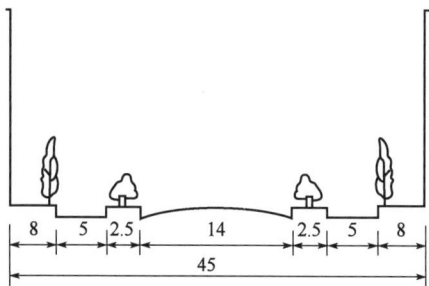

图1-15 "三块板"断面(尺寸单位:m)　　　图1-16 "四块板"断面(尺寸单位:m)

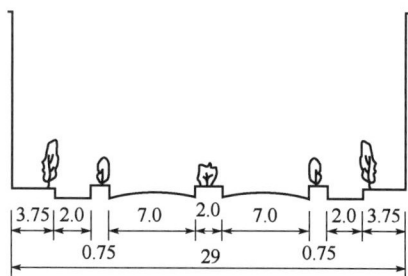

四种形式的横断面都有它们各自的优缺点和适用条件,必须根据具体情况,结合地区特点、交通性质、占地和拆迁等因素综合考虑,反复研究并经过技术经济比较后才能选定。另外,随着城市交通的发展和变化,城市道路横断面形式也应随之发生相应的变化。

（2）横断面图的内容

横断面设计的最后成果用标准横断面设计图表示。图中要表示出横断面各组成部分的位置和宽度,以及排水方向和横坡等。图1-17所示为某路段设计横断面图,由图可知,该路段采用了"四块板"断面形式,机动车与非机动车分道单向行驶。两侧为人行道,中间有隔离带。图中还表示了各组成部分的宽度以及结构设计要求。

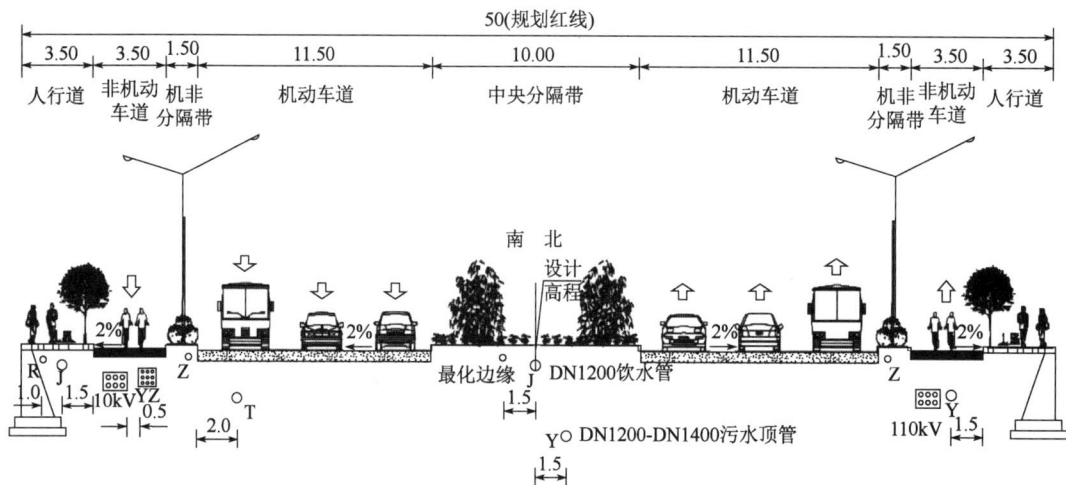

图1-17 标准横断面设计图(尺寸单位:m)

除了需绘制近期设计横断面图之外,对分期修建的道路还要画出远期规划设计横断面图。为了设计土石方工程量和施工放样,与公路横断面图相同,需绘出各个中线桩的现状横断面,并加绘设计横断面图、标出中线桩的里程和设计高程,称为施工横断面图。

2.平面图

城市道路平面图与公路路线平面图相似,它是用来表示城市道路的方向、平面线形、车行道布置以及沿路两侧一定范围内的地形和地物情况。

图1-18所示为某城市道路的平面图,它主要表示了环形交叉口和市区道路的平面设计情况。城市道路平面图的内容可分为道路和地形、地物两部分。

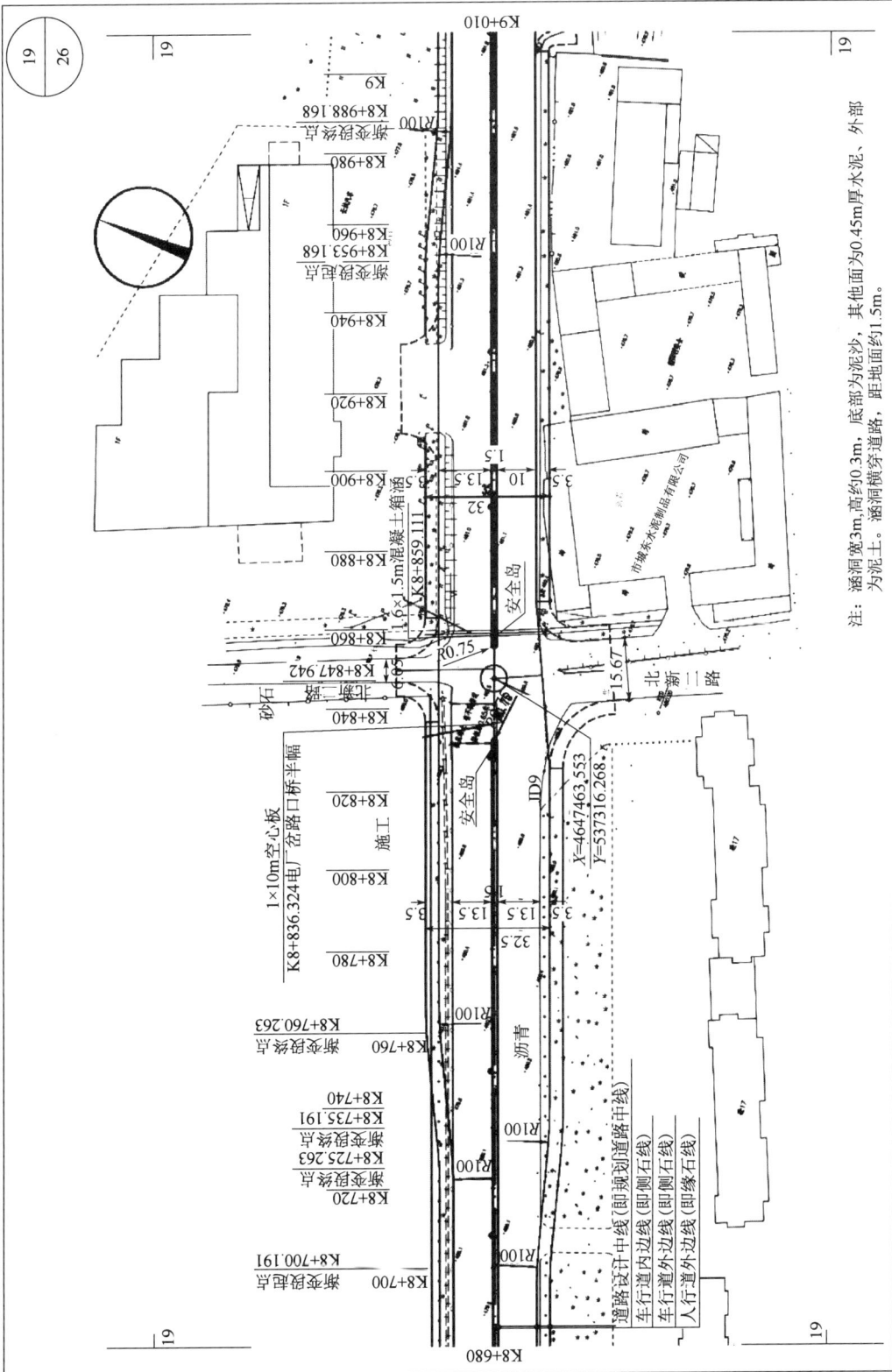

图 1-18 某城市道路路线平面图

注：涵洞宽3m，高约0.3m，底部为泥沙，其他面为0.45m厚水泥，外部为泥土。涵洞横穿道路，距地面约1.5m。

（1）道路情况

道路中心线用点画线表示。为了表示道路的长度，在道路中心线上标有里程。如图1-18所示的平面图表示从 K8+680～K9+010 一段道路的平面图。

道路的走向可用坐标网或指北针来确定。如图1-18所示，JD9的坐标 $X=4647463.553$，$Y=537316.268$，读图时可将几张图拼接起来阅读。从指北针方向可知，道路的走向为北偏东方向。

城市道路平面图所采用的绘图比例较公路路线平面图大，因此车行道、人行道的分布和宽度可按比例画出。由图1-18可看出，两侧机动车道宽度为13.5m，非机动车道宽度为3.5m，中间分隔带宽度为1.5m，所以该路段为"四块板"断面布置形式。

（2）地形和地物情况

城市道路所在的地势一般比较平坦。地形用大量的地形点表示高程，如图1-18所示。新建道路为郊区扩建的城市道路，原有道路为宽约15.67m的水泥路。路两侧为工厂、民房、学校用地。

3.纵断面图

城市道路纵断面图也是沿道路中心线的展开断面图。其作用与公路路线纵断面图相同，内容也是由图样和资料表两部分组成，如图1-19所示。

城市道路纵断面图的图样部分完全与公路路线纵断面图的图示方法相同。绘图比例竖直方向较水平方向放大10倍表示。

城市道路纵断面图的资料部分基本上与公路路线纵断面图相同，不仅与图样部分上下对应，而且还标注有关的设计内容，如图1-19所示。

城市道路除绘制道路中心线的纵断面图之外，当纵向排水有困难时，还需绘制排水沟纵断面图。对于排水系统的设计，可在纵断面图中表示，也可单独设计绘图。

二、桥梁工程图识读

设计一座桥梁要绘制许多图纸，概括起来主要包括桥位平面图、桥位地质断面图、桥梁总体布置图、构件结构图等。

（一）桥位平面图

桥位也称桥址，主要表达桥梁在道路路线中的具体位置及桥梁周围地形地物的情况。将桥梁的设计结果用图例的形式绘制在实地测绘处的地形图上，所得到的图样称为桥位平面图。桥位方案应将经济、技术、环境等多方面的因素进行综合比较后选定。

桥位平面图主要表示道路路线通过江河、山谷时建造桥梁的平面位置，采用较小的比例绘制。它将桥梁和桥梁与路线连接处以及地形、地物、河流、水准点、地质探孔等表达清楚，与路线平面图差不多。桥位平面图一般采用较小的比例，如1:500、1:1000、1:2000等。

桥位平面图示例见图1-20。

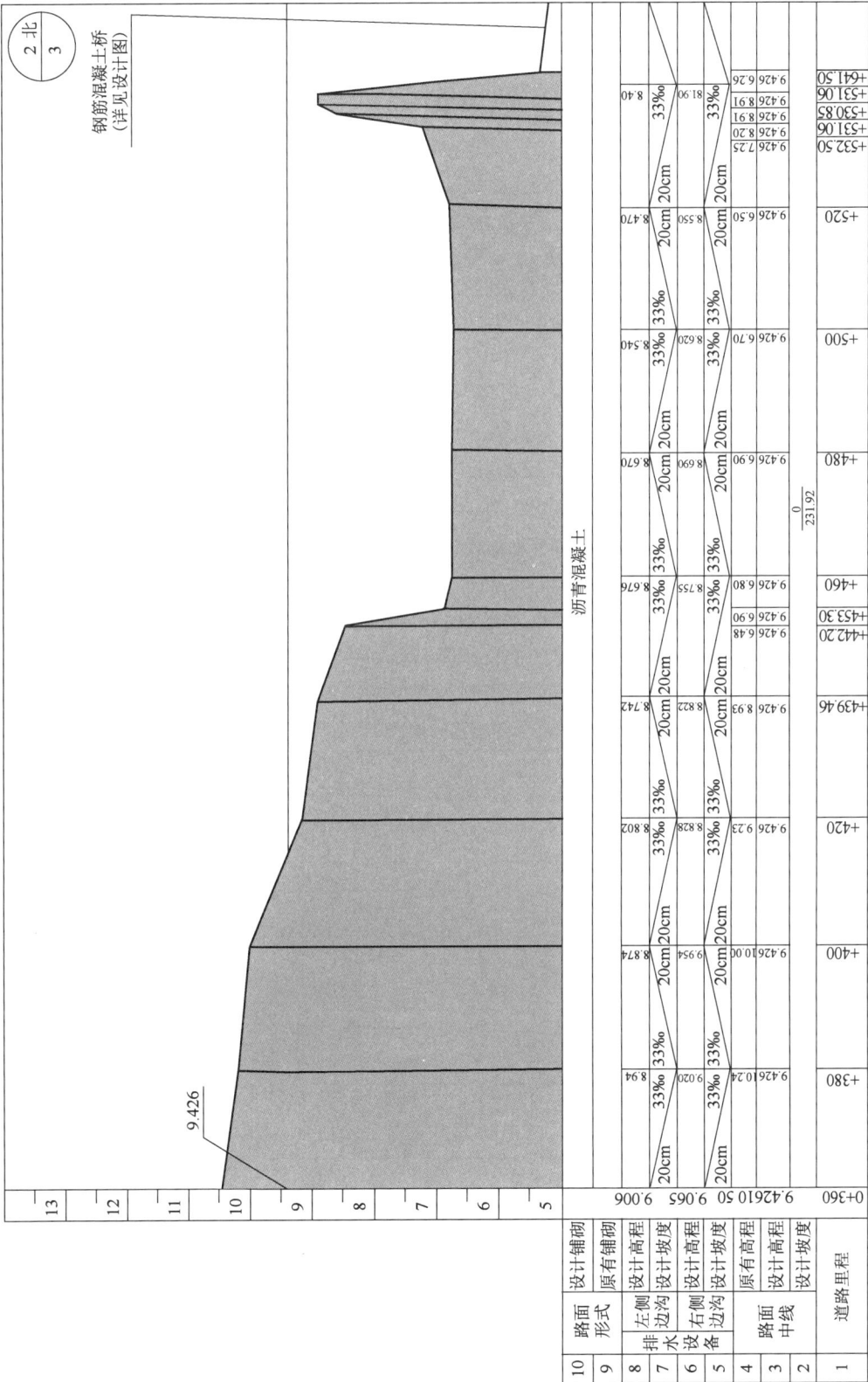

图 1-19　某城市道路路线纵断面图

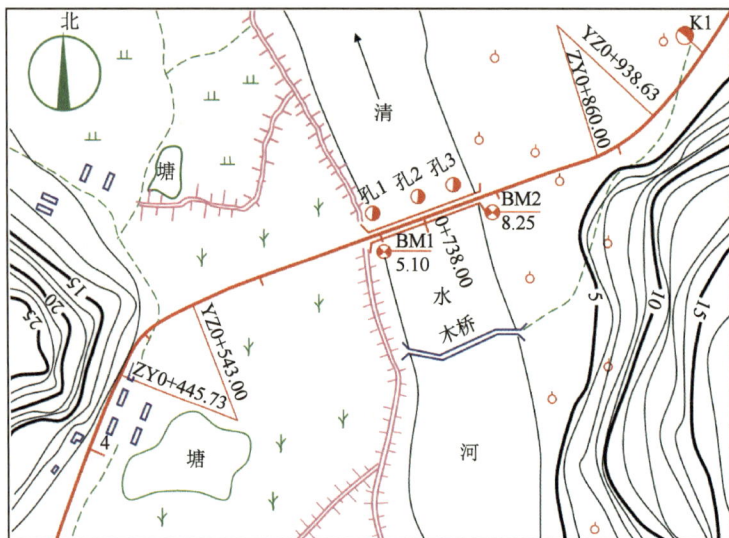

图 1-20　桥位平面图

从图 1-20 中可以看出,桥位平面图要包含以下内容:

(1)坐标系及指北针:表示方位和路线的走向。

(2)地物:表示桥位处的道路、河流、水准点、地质钻孔及附近的地形地物情况等。

(3)地形图中的等高线:表示地形的起伏,等高线越密,地势越陡;等高线越稀,地势越坦。

对于桥位平面图的识读应了解平面图图例。常见的平面图图例见表 1-4。

平面图图例　　　　　　　　　　　表 1-4

名称	符号	名称	符号	名称	符号
房屋		涵洞		水稻田	
大车路		桥梁		草地	
小路		菜地		果园	
堤坝		旱田		高压线低压线	
河流		沙滩		人工开挖	

(二)桥位地质断面图

地质断面图是根据水文调查和地质钻探资料所绘制的桥梁所在河床位置的地质断面图,其标出了河床断面线、各层地质情况、最高水位线、常水位线和最低水位线,以便作为设计桥梁、桥台、桥墩和计算土石方数量的依据。桥位地质断面图中还标出了钻孔的位置、孔口高程、钻孔深度及孔与孔之间的距离。桥位地质断面图有时以地质柱状图的形式直接绘制在桥梁总体布置图的立面图正下方,用横坐标表示长度,纵坐标表示高程。为了清楚地表示河床断面及土层的深度变化状况,绘制桥位地质断面图时,竖向比例较水平向比例放大数倍绘出。示意图见图 1-21。

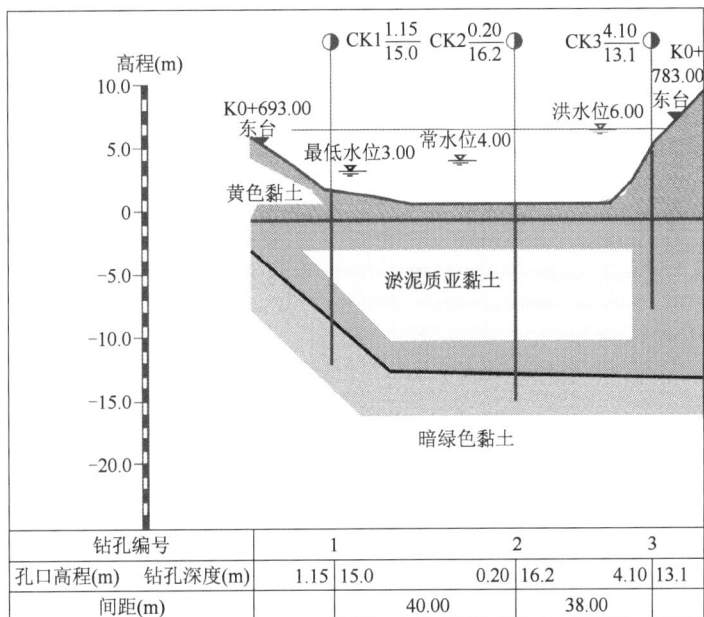

图 1-21　桥位地质断面图

图 1-21 中,竖直粗实线表示钻孔的位置与深度。符号 $CK1\dfrac{1.15}{15.0}$ 中,CK 表示钻孔,数字 1 表示第一号钻孔,分数线上面的数字 1.15 表示钻孔孔口高程,下面的数字 15.0 表示钻孔深度,同样可得孔 2 和孔 3 的孔口高程分别为 0.2m 和 4.1m,钻孔深度分别为 16.2m 和 13.1m。河床断面线(地面线)用粗折线表示,钻孔深度范围内的土层分层用细折线表示,图的左侧附有标尺,各土层(砂夹卵石层和黏土层)的深度变化可由标尺确定。图中标出了最低水位为 3m,常水位为 4m,最高水位即为洪水位为 6m。断面图的下方附有钻孔表,从表中可了解到两钻孔的里程桩号分别为 K0+693.00 和 K0+783.00,孔 1 和孔 2 的间距为 40m,孔 2 和孔 3 的间距为 38m。

(三)桥梁总体布置图

桥梁总体布置图由立面图、平面图和侧面图三部分组成。桥梁总体布置图反映河床地质断面及水文情况,主要包括桥梁的形式、跨径、净空高度、孔数、总体尺寸,各主要构件的数量和相互位置关系,还包括对桥梁各部分的高程、使用材料及总体设计的说明等。

桥梁总体布置图可作为施工放样、确定墩台水平位置及各部分高程、构件预制、架设安装的依据。

1.立面图

表示方法:可选用全剖面图或半剖面图表示。

立面图中表示内容又分为上部结构和下部结构两部分。上部结构：桥梁上部的结构形式、跨径设置、桥面高程、里程桩号等。下部结构：桥梁下部墩台及基础的结构形式、高程、深度及简要的河床断面地质水文情况。示意图见图1-22。

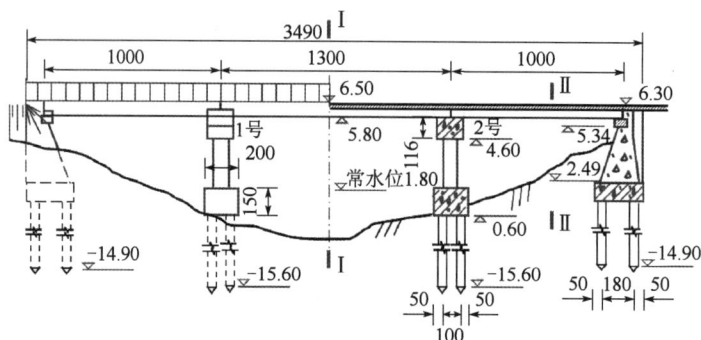

图1-22　桥梁立面图（尺寸单位：cm；高程单位：m）

图1-22中的下部结构为桩式深基础，它由桩、承台和立柱组成。1号桥墩和2号桥墩相同，2号桥墩为其剖面图，预制桩桩底高程为-15.6m，桩距为100cm，其上设置承台，桩中心距承台边的距离为50cm；承台高度为150cm，宽度为200cm，为钢筋混凝土结构；承台底边高程为0.6m，立柱上墩帽的高程为4.6m，墩帽高为116cm；两端为桥台，桥台下的桩底高程为-14.9m，桩距为180cm，桩中心距承台边的距离为50cm，承台顶面高程为2.49m，台帽底面高程为5.34m。上部结构为预制钢筋混凝土空心板，桥面板底面高程为5.8m，桥面板顶面中心高程为6.5m，桥台位置桥面板顶面高程为6.3m，此坡度主要用作排除桥面雨水。剖切线位置分别为Ⅰ—Ⅰ、Ⅱ—Ⅱ。因为桥梁对称，故一半绘立面，一半绘纵剖面图，并习惯将纵剖面图绘在右边。桥梁的总长为34.9m，共3孔，中孔跨径13m，两边孔跨径为10m。

2. 平面图

平面图上主要表达桥梁在水平方向的线形，桥墩、桥台的布置情况以及车行道、人行道、栏杆等位置。采用平面投影结合局部剖面图或分段揭层法来表示，示意图见图1-23。

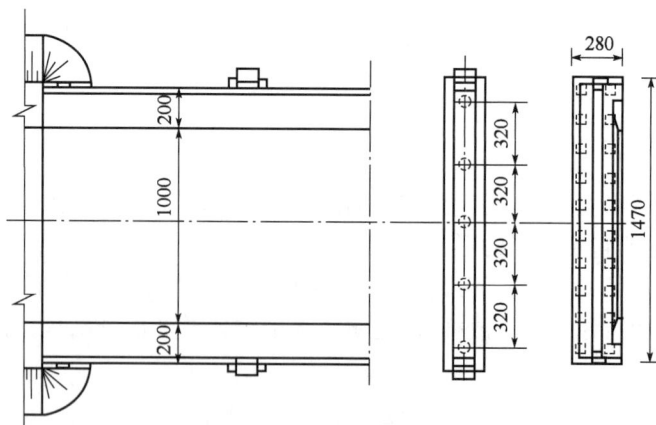

图1-23　桥梁平面图（尺寸单位：cm）

从图1-23中可以看出,在横轴线两侧绘制桥面板和两侧人行道及护栏,两侧有探出的桥墩墩帽,左边上下两头分别为连接道路和桥梁的1/4椭圆锥形护坡,桥面宽度为1400cm。

右侧分别为桥墩和桥台平面图。从桥墩平面图中可以看出,墩帽下为5根立柱,立柱间距均为320cm;桥台承台长280cm,承台宽度1470cm,下连接20根预制桩。此平面图采用的是从左至右分段揭层的画法,平面图由左半部分桥梁护栏及桥面部分的半平面图和右半部分桥墩及桥台平面图组成。

3.侧面图

侧面图也叫横剖面图,主要表达桥面宽度、桥跨结构横断面布置及横坡设置情况。

桥梁工程横剖面图可用一个或多个不同位置的剖面表示。两个不同位置的横剖面图可各画一半合并而成。

在总体布置图中,桥梁立面图和平面图采用相同比例绘制,横剖面图可采用不同比例绘制,但需在横剖面图上方注明。示意图见图1-24。

图1-24中的侧面图有两部分,一部分是Ⅰ—Ⅰ剖面图,表示桥墩剖面;另一部分是Ⅱ—Ⅱ剖面图,表示桥台剖面。一侧桩中心距为95cm,两排桩错位布置,其中一侧桩与另一排桩间距为95/2cm,3根桩有两个距离,共14个距离即15根桩。同理桥台下应为10根桩,两排桩中相邻桩的中心距为150/2cm。桥墩和桥台连接的为对应承台,桥墩

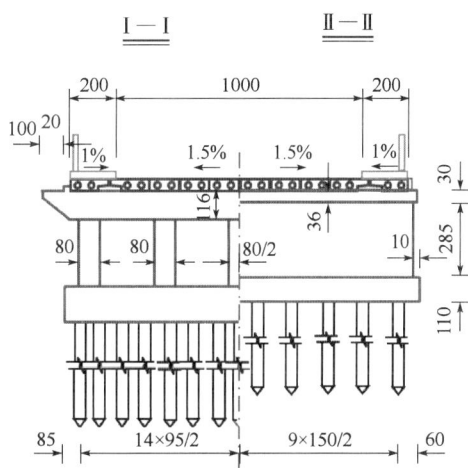

图1-24　桥梁侧面图(尺寸单位:cm)

连接承台的为立柱,立柱直径为80cm,桥台中承台上连接的部分为台身,高度为285cm,桥墩上设置墩帽,桥台上设置台帽。其上铺设桥面板,超出桥面板部分的墩帽尺寸分别为20cm和100cm。桥面为双向排水,坡度分别为1%和1.5%。

(四)构件结构图

为了满足施工和工程监理的需要,必须根据总体布置图采用较大的比例,绘制能完整清晰表达各个构件的形状、大小以及钢筋布置情况的构件图,称为构件结构图。图1-24中,桥梁的各部分构件包括:桥台下预制打入桩为20根,与桩连接的为桥台承台板,构成桥台,上面还设有台帽;桥墩下预制打入桩为15根,上面连接桥墩承台板,承台上连接立柱,立柱上铺设墩帽,墩帽上有支座和防震块;桥墩和桥台上铺设桥面板,桥面板上位于中间的为中板,与边板紧挨着的是次边板,最边上的为边板。桥面板上还要设置桥面铺装层,桥两端设置人行道,在桥两边还需设置栏杆。

构件结构图包含结构图和构造图两部分。仅画构件形状、大小,不画钢筋的构件图称为一般构造图,常用比例为1:10～1:50。

根据其组成情况,构件结构图应包含板梁图、桥台图、桥墩图、桥面铺装图。

1.板梁图

桥梁中最基本的梁桥类型就是简支梁桥,简支梁桥中最常见的就是板桥形式,按照施工方

法又分为整体式板桥和装配式板桥两种类型。

（1）整体式板桥

常用于4～8m跨径不规则的桥梁。截面形式有实心板、矮肋板、空心板。施工方法为整体现浇。

（2）装配式板桥

一般由数块一定宽度的实心或空心预制板组成。各板利用板间企口缝填充混凝土相连接。实心板桥跨径不超过8m，钢筋混凝土空心板桥跨径范围为6～13m，预应力混凝土空心板桥跨径范围为8～16m。

连接方法有企口式混凝土铰和钢板式连接两种形式，其中企口式混凝土铰还分为圆形、菱形、漏斗形。

装配式板桥的截面形式有实心和空心两种，其中空心又分为单孔和双孔两种形式。桥梁图纸中通常采用的是钢筋混凝土空心板，其构造图见图1-25。

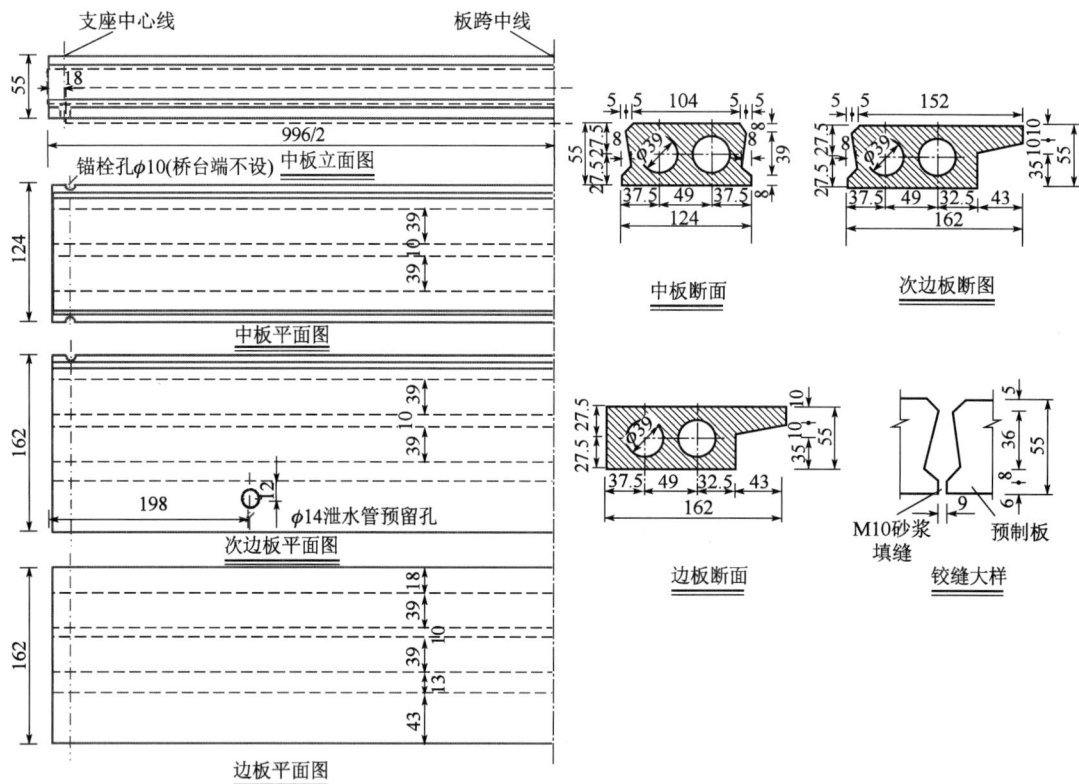

图1-25 钢筋混凝土空心板构造图（尺寸单位：cm）

图1-25中包括中板断面、立面和平面图，中板的总宽为124cm，总高为55cm，总长为996cm；次边板断面和平面图（其立面图与中板相同），次边板宽度为162cm，高度也是55cm，长度也应为996cm，还需在距板边198cm处的位置预留φ14cm泄水管预留孔以供泄水之用；边板断面和平面图；铰缝大样图，并给出了铰缝尺寸和施工方法。

图1-25虽给出了构件图，但并未给出具体配筋情况，这就必须要给出相应的结构图，以边板为例，其相应的结构图见图1-26。

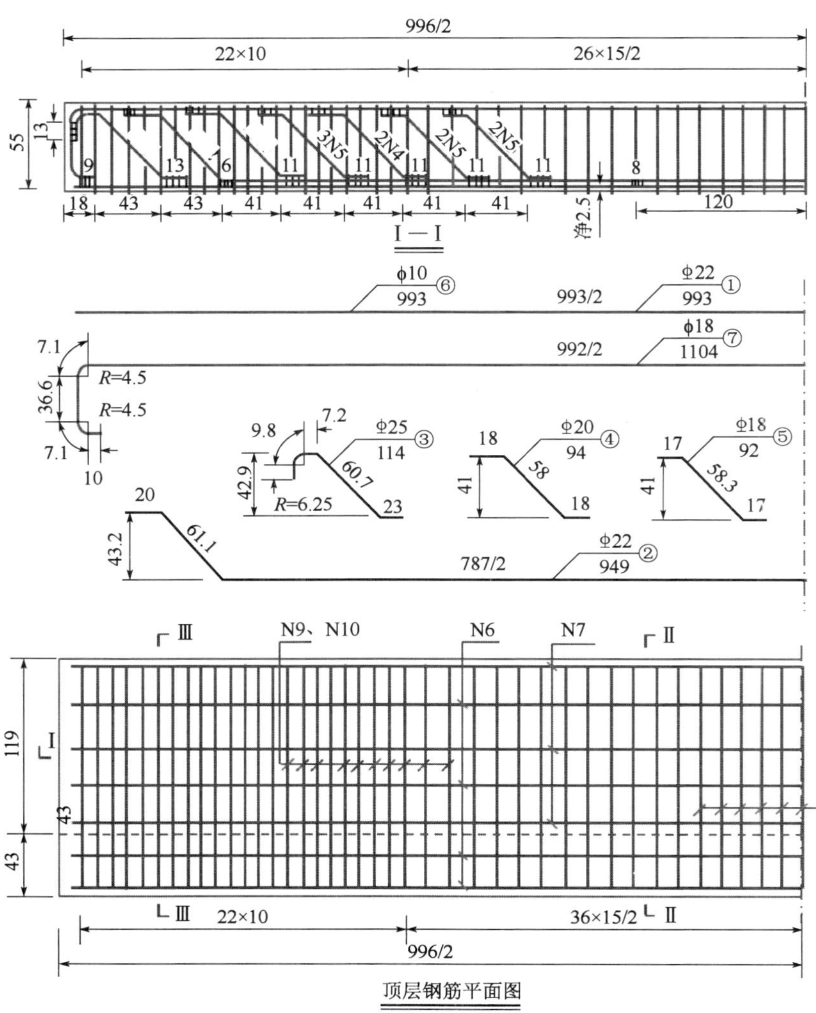

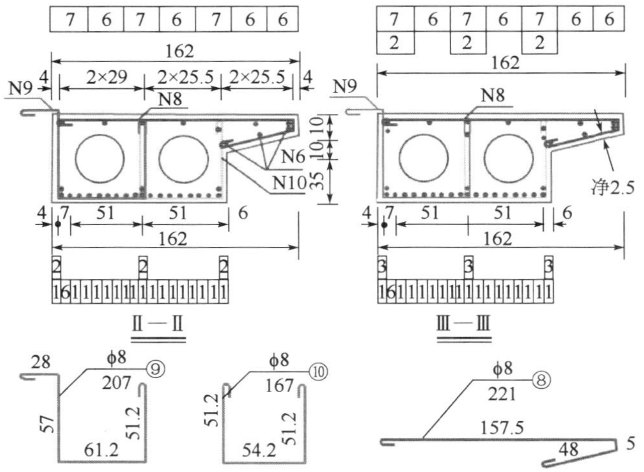

一块板钢筋明细表

编号	型号	每根长度 (cm)	根数	总长 (m)	质量 (kg)
1	Φ22	993	17	168.8	503
2	Φ22	949	3	28.5	85
3	Φ25	114	6	6.8	26
4	Φ20	94	10	9.4	23
5	Φ18	92	14	12.9	26
6	Φ10	993	8	79.4	49
7	Φ18	1104	3	33.1	66
8	Φ10	22	81	179	71
9	Φ8	207	81	167.7	66
10	Φ8	167	81	135.3	53

注：
1.本图尺寸除钢筋直径以mm计外，余均以cm计；
2.焊接钢筋均采用双面焊，焊接长度按公路桥规执行；
3.N8与N9、N10钢筋对应设置，N9钢筋弯直伸入人行道。

图1-26 边板结构图

从图 1-26 中可以看出,顶层钢筋平面图中横向 Ⅰ—Ⅰ 截面的剖面图在最上面,因为对称结构,所以取一半来标注,板长为 996cm,板高为 55cm。1 号和 6 号钢筋长度相同,因此放到一块表示,但二者直径不同,1 号钢筋为 φ22mm 的 Ⅱ 级钢,6 号钢筋为 φ10mm 的 Ⅰ 级钢。从右侧剖面图中钢筋列表可以看出,板上分布 7 号和 6 号共 7 根钢筋,所以 6 号钢筋下方给出 7 号钢筋的分布情况,7 号钢筋为 φ18mm 的 Ⅰ 级钢,长度为 1104cm。板下分布两排钢筋,上排为 2 号弯起钢筋,其为 φ22mm 的 Ⅱ 级钢,长度为 949cm,下排为 1 号和 6 号钢筋。板上的下排钢筋和板下的上排钢筋之间用编号为 3、4、5 的短斜钢筋进行连接,其型号如图 1-26 所示,右下角给出一块板钢筋明细表。

2. 桥台

常见的桥台形式有:重力式 U 形桥台、肋板式桥台、桩柱式桥台。

重力式 U 形桥台主要靠自重来平衡外荷载,以保持自身的稳定性。桥台台身多数由块石、片石混凝土或混凝土等圬工材料建造,并采用就地砌筑或浇筑的施工方法。重力式 U 形桥台由台身(前墙)、台帽、基础与两侧的翼墙组成,在平面上呈 U 形,见图 1-27a)。

肋板式桥台为埋置式桥台,肋板下边设有承台,承台之间用系梁连接,适用于地质条件较差的情况,承台下为多排桩。它具有构件规格标准化、安装方便、施工快捷等优点,可在公路桥梁过渡段广泛使用,见图 1-27b)。

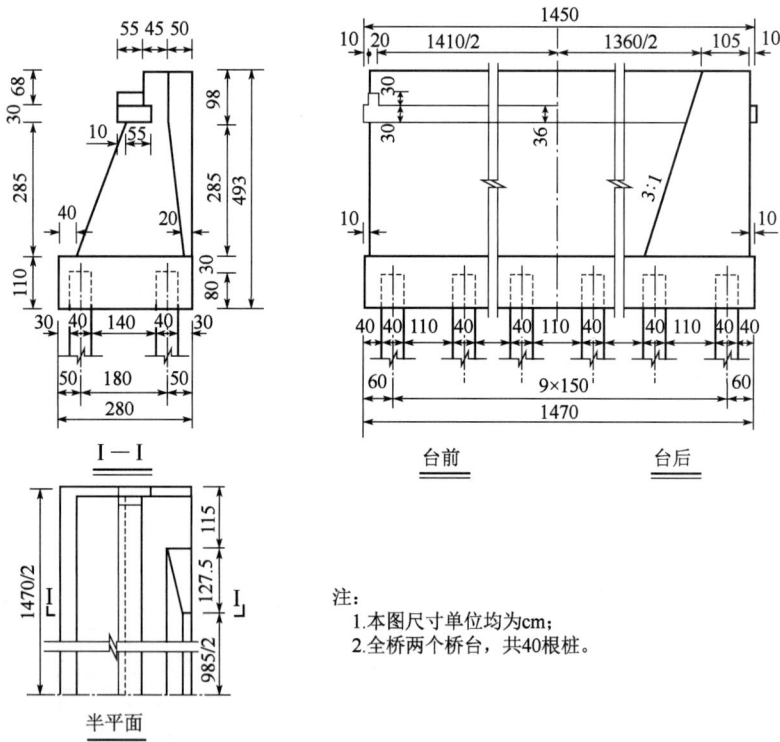

图 1-27

注:
1.本图尺寸单位均为cm;
2.全桥两个桥台,共40根桩。

a)重力式U形桥台

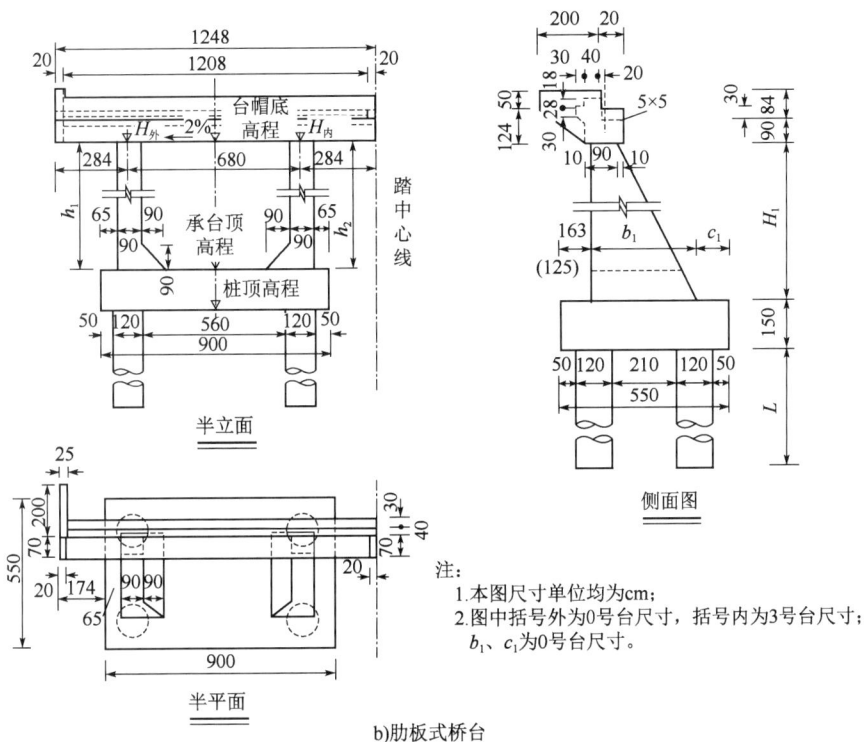

b)肋板式桥台

图 1-27 桥台形式

桩柱式桥台适用于地质条件较好的情况。

3．桥墩

常见的桥墩形式有：重力式桥墩、桩柱式桥墩。

重力式桥墩又叫实体桥墩，为实体的圬工墩，主要靠自身的重力来平衡外力，从而保证桥墩的强度和稳定性。它由一个实体结构组成，按其截面尺寸及重量的不同，又可分为实体重力式桥墩和实体轻型桥墩。此种桥墩自身刚度大，具有较强的防撞能力，但同时存在阻水面积大的缺陷，比较适合修建在地基承载力较高、覆盖层较薄、基岩埋深较浅的地基上。

桩柱式桥墩为桩式、双柱式、单柱式桥墩的统称。多采用就地浇筑钢筋混凝土建造，也有采用预制构件拼装或将打入桩组成排架式墩的。对于桩式或双柱墩，当桩（柱）的长细比较大时，它也具有薄壁桥墩的特点，是柔性桥墩的另一种结构形式。

桥墩构造图见图 1-28。墩帽钢筋结构图见图 1-29。

4．桥面铺装结构图

桥面铺装结构图见图 1-30。

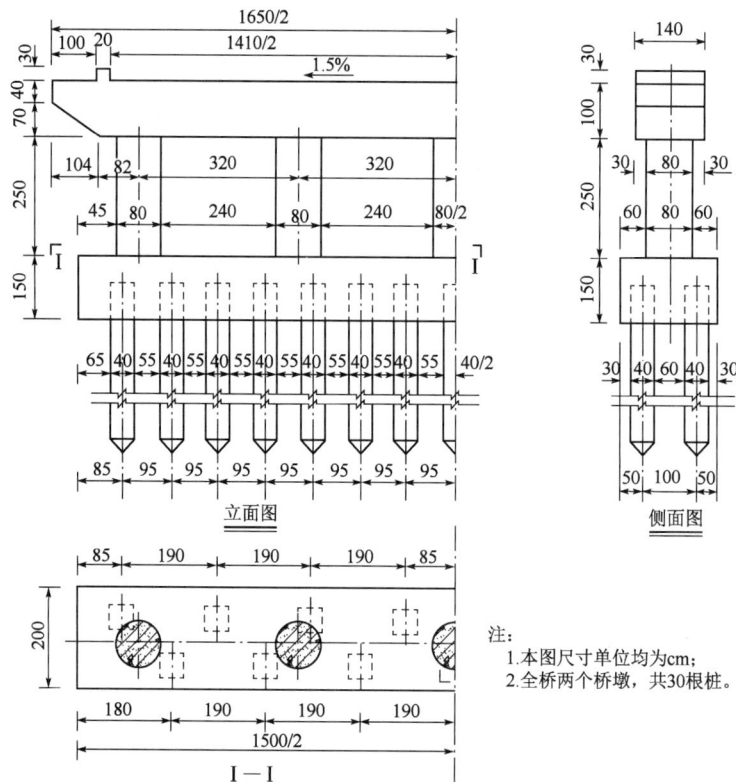

图 1-28　桥墩构造图

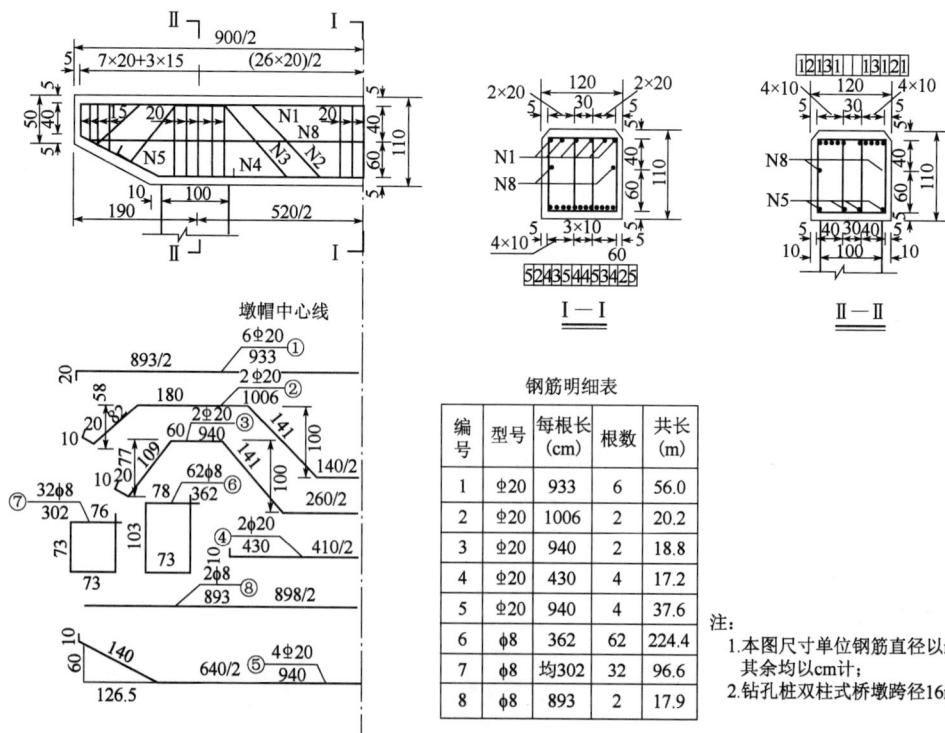

钢筋明细表

编号	型号	每根长（cm）	根数	共长（m）
1	Φ20	933	6	56.0
2	Φ20	1006	2	20.2
3	Φ20	940	2	18.8
4	Φ20	430	4	17.2
5	Φ20	940	4	37.6
6	φ8	362	62	224.4
7	φ8	均302	32	96.6
8	φ8	893	2	17.9

注：
1.本图尺寸单位钢筋直径以mm计，其余均以cm计；
2.钻孔桩双柱式桥墩跨径16m。

图 1-29　墩帽钢筋结构图

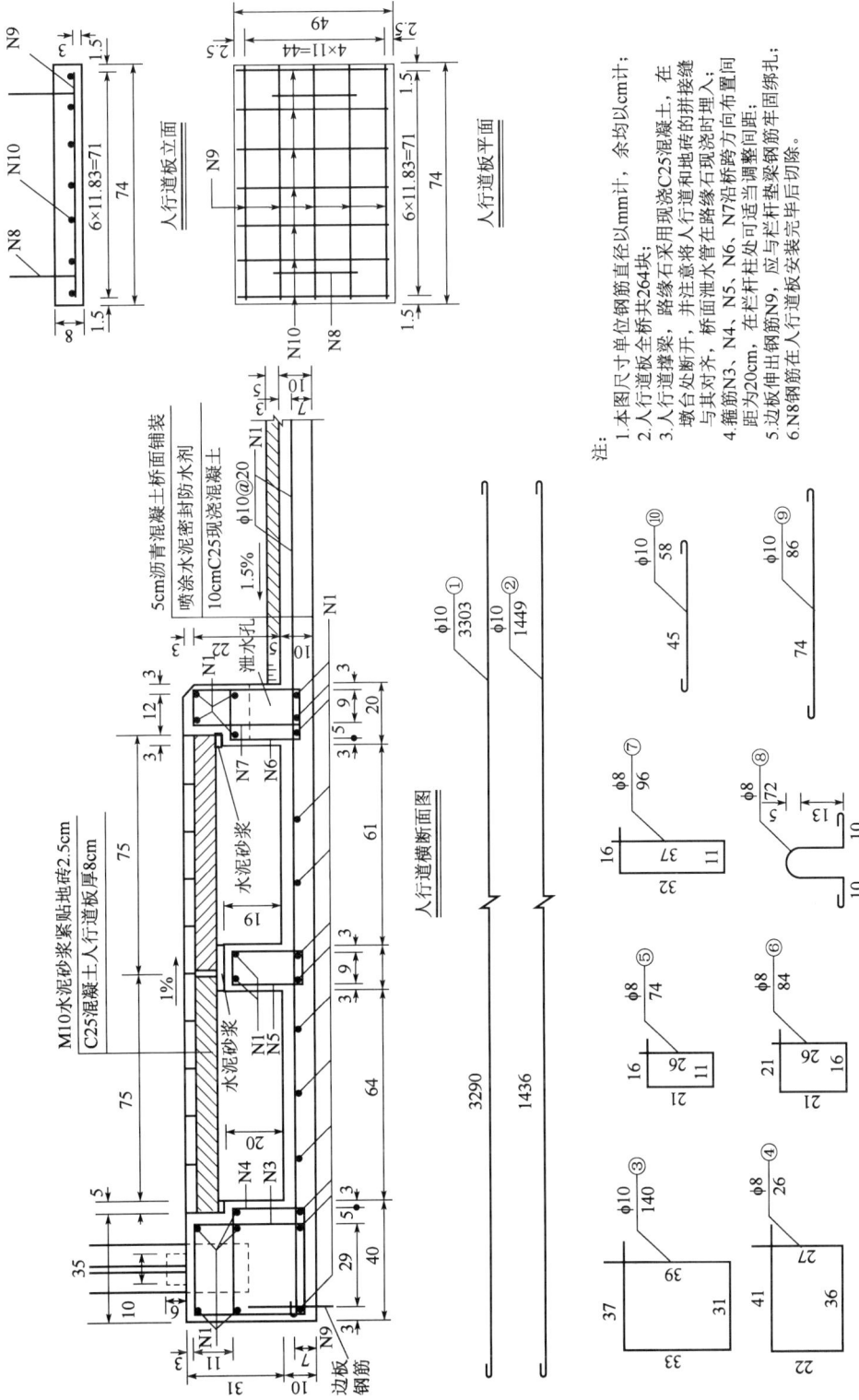

图 1-30 桥面铺装结构图

第二节　建模环境设置

随着建筑行业的不断发展,BIM(Building Information Modeling,建筑信息模型)技术已经成为现代建筑设计和施工的重要工具。为了在 BIM 建模环境中获得良好的性能和效率,合适的硬件配置、软件选择和基本设置是至关重要的。BIM 建模环境设置是指在进行 BIM 正向设计或三维建模工作之前,需要核查一系列的环境设置,以确保项目的顺利和高效进行。

一、BIM 软件

BIM 是一种将建筑物的各种信息集成在一起的数字化技术,能够帮助建筑师和设计师更好地协调和管理建筑设计及施工过程。在使用 BIM 技术的过程中,需要对不同软件进行适当选择和搭配,以最大程度地利用 BIM 技术的优势,提高建筑设计和施工的效率、准确性和可持续性。BIM 软件包括方案设计软件、建模软件、机电分析软件、结构分析软件、运维管理软件等多种软件,其中,建模软件是最基础也是最重要的核心软件。多种模型软件也导致了 BIM 数据的多样性。

BIM 建模软件如 Autodesk Revit、ArchiCAD、Tekla Structures 等。这些软件能够允许从业人员在虚拟环境中创建详细的三维建模,并进行协作交流。

BIM 协同软件如 Navisworks、Solibri、Revizto 等。这些软件能够允许多位从业人员在一个协作平台上进行交流与协作,为 BIM 建模提供支持。

BIM 管理软件如 Aconex、BIM 360 等。这些软件能够帮助相关方管理项目数据、进度、质量等,以及记录变更、查询历史记录等。

BIM 分析软件如 EnergyPlus、IES VE 等。这些软件能够基于 BIM 建模数据进行虚拟能源分析、室内环境模拟等,从而提高建筑设计的效率和可持续性。

（一）Bentley 系列软件

1. MicroStation,Bentley 三维建模基础软件

MicroStation 是 Bentley 工程软件系统有限公司在建筑、土木工程、交通运输、加工工厂、离散制造业、政府部门、公用事业和电信网络等领域解决方案的基础平台。对于土木交通行业 BIM 建模来说,MicroStation 是 Bentley 的一款基础建模软件,主要用于通用模型的创建,是其他相关专业软件学习的基础。

2. OpenRoads Designer,三维路隧设计软件

对于土木交通行业 BIM 建模来说,OpenRoads Designer 无疑是最重要的一款软件。它是一款面向道路、轨道交通、桥隧、场地、市政管网等基础设施设计的专业软件,也是土木交通行业的 BIM 平台(内嵌 MicroStation,可集成其他专业产品设计的模型),可为土木工程和交通运输基础设施项目的整个生命周期提供支持。OpenRoads Designer 提供了包含完整工程信息并

且所见即所得三维参数化建模功能,这些功能可与 CAD 工具、地图工具、GIS(地理信息系统)工具以及诸如 PDF、i-model 及超模型等业务工具完美集成,使用该软件可方便地完成整个土木工程项目的设计,并为施工、运维提供基础信息模型。其主要功能包括:

(1)利用现有数据创建地形模型。

(2)灵活实现路线平纵设计。

(3)智能横断面模板。

(4)交叉口设计。

(5)市政管网设计。

3. ProStructures,三维混凝土配筋及钢结构设计软件

ProStructures 作为资深设计工程师开发的综合软件,包含 ProSteel 和 ProConcrete 两大组件。对于土木交通行业 BIM 建模来说,当完成土建结构部分模型后,就可以使用此软件进行钢筋模型的创建,当然,也可以直接使用 ProStructures 软件创建钢结构模型。最终也可以进行图纸和材料表的导出。

4. LumenRT,可视化和实景建模软件

当创建完成路桥隧项目模型后,可以将整合模型一键导入到 LumenRT 软件之中,进行植物、人物、动物、天气、交通等场景布置,从而获得局部渲染图和场景漫游动画,并进行成果导出。

(二)跨世纪系列软件

1. CivilStation Designer,跨世纪 BIM 设计软件

CivilStation Designer(简称 CSD)是北京跨世纪软件技术有限公司自主研发,以 Bentley OpenRoads Designer 软件平台为基础,面向土木交通行业桥梁、隧道以及涵洞等专业进行 BIM 正向设计的软件。通过 CivilStation Designer 软件,从业人员可以快速创建高质量的地质、路基、桥梁、隧道、涵洞等专业模型。

2. CivilStation Construction,跨世纪施工管理软件

CivilStation Construction(简称 CSC)是北京跨世纪软件技术有限公司基于云技术、GIS 技术、互联网技术与物联网技术(IOT)于一体自主研发的 BIM 综合管理平台。以标段为管理单元,以质量为基础,以进度为主线,以投资成本为核心,实现工程项目的可视化和数字化。

(三)Autodesk 系列软件

1. Revit,综合性建模软件

Revit 在建筑、结构、机电等领域有着显著的优势,是我国建筑业 BIM 体系中使用较为广泛的软件之一,可帮助从业人员设计、建造和维护质量更好、能效更高的建筑。

此外,Revit 在桥梁、隧道部分的 BIM 中也有不少应用。

2.InfraWorks,概念方案设计软件

InfraWorks 是 BIM 环境中用于项目规划和设计最常用的软件之一,在规划和设计阶段,项目设计者、管理者和客户之间的集成成为决策的关键。在这些步骤中,一个错误的决策可能会给项目的执行带来高昂的成本。通过 InfraWorks,可以实现更清晰、更方便的信息传递功能。

InfraWorks 在交通行业 BIM 的应用主要体现在大数据/场景、专业设计模块、逼真的可视化、云端发布及协同这几个点之上。

3.Civil 3D,道路设计软件

Civil 3D 是一款制图软件,它是根据专业需要进行了专门定制的 AutoCAD,能够帮助从事交通运输、土地开发和水利项目的土木工程专业人员保持协调一致,更轻松、更高效地探索设计方案,分析项目性能,并提供相互一致、更高质量的文档。它的三维动态工程模型有助于快速完成道路工程、场地、雨水/污水排放系统以及场地的规划设计。所有曲面、横断面、纵断面、标注等均以动态方式链接,可更快、更轻松地评估多种设计方案,做出更明智的决策并生成最新的图纸。

(四) Dassault 系列软件

Catia Civil Engineering 为土木工程设计软件,在 3D Experience 平台中,Catia 作为主流 BIM 三维建模软件,是公认的建模功能最强大的软件,在复杂曲面、异型结构方面是远远领先于其他软件。它强大的参数化建模能力,丰富的造型工具和设计手段,以及标准化/模块化的模型复用体系,良好的二次拓展性等等,为路桥隧等复杂结构的三维设计带来了显著优势。

二、BIM 实施基础环境

随着技术的不断进步,BIM 硬件资源的迭代速度越来越快,生命周期越来越短。各项目参与方应当根据项目的整体信息化发展规划,以及 BIM 应用对硬件资源的要求进行整体考虑。确定了 BIM 软件系统后,要检查现有的硬件资源配置及其架构,整体规划并建立适应 BIM 软件应用需要的硬件资源,实现对项目参与方硬件资源的合理配置。为了确保 BIM 建模的顺利进行,需要对个人计算机进行一定的配置和优化,以满足 BIM 建模对计算机硬件和软件的要求。这包括选择性能强大的 CPU、足够大的内存、专业的显卡、高速的硬盘和高质量的显示器等。

(一) 硬件

计算机按照现实的分类方法可以分为 5 大类:服务器、工作站、台式机、笔记本、手持设备,下面我们主要以台式机和笔记本为例。从基本结构上来讲,计算机可以分为 5 大部分:运算器、存储器、控制器、输入设备、输出设备。一般我们看到的计算机都是由主机(主要部分)、输出设备(显示器)、输入设备(键盘和鼠标)三大件组成。

这里我们主要介绍一下计算机的主体——主机,其主要包含主板、中央处理器(CPU)、显卡(GPU)、内存、硬盘等,如表1-5所示。

主机硬件　　　　　　　　　　　　　　　　　　　　　　表 1-5

硬件	描述
中央处理器 （CPU，Central Processing Unit）	中央处理器是一块超大规模的集成电路,是一台计算机的运算核心和控制核心
显卡 （GPU，Graphic Processing Unit）	显卡是相对于 CPU 的一个概念,由于在现代的计算机中(游戏、渲染等)图形的处理变得越来越重要,所以需要一个专门的图形核心处理器
内存 （Memory）	内存也被称为内存储器,其作用是用于暂时存放 CPU 中的运算数据,以及与硬盘等外部存储器交换的数据。只要计算机在运行,CPU 就会把需要运算的数据调到内存中进行运算,当运算完成后 CPU 再将结果传送出来,内存的运行也决定了计算机的稳定运行
硬盘 （HDD，Hard Disk Drive）	硬盘是计算机主要的存储媒介之一,由一个或者多个铝制或者玻璃制的碟片组成。碟片外覆盖有铁磁性材料。简单地说就是计算机上 C 盘 D 盘等盘的总和,它只负责文件的读取和存储

(二) 操作系统

操作系统是计算机中最基本也是最为重要的基础性系统软件。从计算机用户的角度来说,计算机操作系统体现在为其提供的各项服务;从程序员的角度来说,主要是指用户登录的界面或者接口;从设计人员的角度来说,是指各式各样模块和单元之间的联系。事实上,全新操作系统的设计和改良的关键工作就是对体系结构的设计。经过几十年以来的发展,计算机操作系统已经由一开始的简单控制循环体发展成为较为复杂的分布式操作系统,再加上计算机用户需求的愈发多样化,计算机操作系统已经成为既复杂而又庞大的计算机软件系统之一。

操作系统主要功能如表 1-6 所示。

操作系统功能　　　　　　　　　　　　　　　　　　　表 1-6

功能	描述
进程管理	其工作主要是进程调度,在单用户单任务的情况下,处理器仅为一个用户的一个任务所独占,进程管理的工作十分简单。但在多道程序或多用户的情况下,组织多个作业或任务时,就要解决处理器的调度、分配和回收等问题
存储管理	存储分配、存储共享、存储保护、存储扩张
设备管理	设备分配、设备传输控制、设备独立性
文件管理	文件存储空间的管理、目录管理、文件操作管理、文件保护
作业管理	负责处理用户提交的任何要求

(三) 推荐配置

对于不同的需求可选择不同的配置,当然,在有条件的情况下,建议选择更高一级的配置。在这里,我们针对 BIM 软件学习者和 BIM 项目应用者给出两种不同的配置建议,如表 1-7 所示。

推荐配置

表 1-7

硬件	BIM 软件学习者	BIM 项目应用者	备注
中央处理器	双核处理器,如英特尔 Core i5 或者同等性能的处理器	多核处理器,以提高软件的运行效率。通常推荐使用英特尔 Core i7 或者更高级别的处理器	仅支持 64 位处理器
显卡	基本的图形处理能力,通常集成显卡也可以支持软件的基本功能	专业显卡,如 NVIDIA Quadro 系列或者 AMD FirePro 系列,以确保在复杂道路模型下具有良好性能和稳定性	有渲染需求时,可选择高性能显卡
内存	8GB 及以上内存,以支持基本的路桥设计和建模功能	16GB 及以上内存,以支持复杂的路桥设计和大型项目的处理	内存越大,性能越高
硬盘	建议使用 7200 RPM 的机械硬盘或者 SSD 硬盘,以确保软件的正常运行和文件的读写速度	推荐使用 SSD 硬盘,以提高软件的启动速度和文件读写速度	硬盘至少保留 20GB 可用空间
操作系统	Windows7/8/10/11(x64)操作系统	Windows7/8/10/11(x64)操作系统	建议选择专业版系统

三、BIM 建模环境设置

BIM 建模环境设置是指在进行 BIM 设计和建模工作之前,需要进行一系列的环境设置,以确保项目的顺利进行和高效完成。这些环境设置包括项目环境、族环境、公制常规、模型样板、内建模型环境、系统外观和场景布局等。

(一) 项目环境设置

项目环境设置是指在开始进行 BIM 建模工作之前,需要确定项目的基本信息和参数。这些信息包括项目名称、地理位置、设计单位、施工单位等。通过设置正确的项目环境,可以确保后续的建模工作符合实际需求,并且方便与其他团队成员进行协作。

BIM 项目环境设置主要包括以下几方面的内容。

1. 项目信息设置

在开始 BIM 建模之前,需要设置项目的基本信息,如项目名称、项目地点、项目类型、建设单位、设计单位、施工单位等。这些信息将作为项目的基础信息,为后续的建模工作提供基础数据。

2. 项目模板选择

根据项目类型和需求,选择合适的 BIM 项目模板。模板中通常包含了一些预定的设置和参数,可以提高建模效率。

3. 单位设置

设置项目的单位,如长度单位、面积单位、体积单位等。这些单位设置将影响模型中各个元素的尺寸和属性。

4.坐标系设置

设置项目的坐标系,包括项目的原点、轴网等。坐标系是 BIM 中的基础参考框架,对于模型的定位和导航非常重要。

5.视图设置

根据项目需求,设置项目的视图类型、视图比例、视图范围等。视图是 BIM 中展示建筑元素和信息的重要方式,正确的视图设置可以帮助团队成员更好地理解和使用模型。

6.图层设置

设置项目的图层,将建筑元素按照不同的类型、功能或专业进行分层管理。图层设置可以帮助提高模型的组织性和可读性。

7.渲染设置

根据项目需求,设置模型的渲染方式和渲染效果。渲染设置可以影响模型在视觉上的表现,提高模型的逼真度和美观度。

8.文件路径和命名规范

设置项目文件的保存路径和命名规范,以确保项目文件的组织有序、易于查找和管理。

综上所述,BIM 项目环境设置是 BIM 建模工作的重要一环,它涉及项目的基本信息、模板选择、单位设置、坐标系设置、视图设置、图层设置、渲染设置以及文件路径和命名规范等多方面的内容。正确的项目环境设置可以确保 BIM 建模工作的顺利进行,提高建模效率和质量。

(二)族环境设置

族是 BIM 中的一个重要概念,它是指具有相同或相似属性和功能的构件或元素。在进行 BIM 建模工作时,需要根据实际需求创建适当的族,并对其进行相关参数和属性的设置。正确设置族环境,可以提高建模效率并准确表达设计意图。

BIM 建模的族环境设置具体包括以下内容:

1.族库创建与管理

族库是 BIM 建模中重要的组成部分,包含了各种类型的建筑元素。族环境设置需要包括族库的创建和管理,以确保在建模过程中能够方便地使用和调用这些族元素。

2.族样板文件创建

族样板文件是创建新族的基础,它包含了族的基本属性和参数。族环境设置需要包括族样板文件的创建,以便在创建新族时能够使用合适的样板文件作为起点。

3.族参数设置

族参数是描述族属性和特征的重要信息,如尺寸、材质、颜色等。族环境设置需要包括族参数的设置,以确保族元素在 BIM 中具有正确的属性和特征。

4.族文件命名与分类

为了方便管理和查找族元素,需要对族文件进行命名和分类。族环境设置需要包括族文件的命名和分类规范,以确保族文件的命名和分类符合项目要求和行业规范。

5.族文件导入与导出

在 BIM 建模过程中,可能需要从其他来源导入族元素,或者将创建的族元素导出供其他人使用。族环境设置需要包括族文件的导入和导出规范,以确保族文件的导入和导出过程能够顺利进行。

综上所述,BIM 建模的族环境设置涉及族库创建与管理、族样板文件创建、族参数设置、族文件命名与分类以及族文件导入与导出等方面的内容。正确的族环境设置可以提高 BIM 建模的效率和质量,确保模型中的族元素具有正确的属性和特征。

(三)公制常规设置

公制常规设置通常指的是在使用 BIM 建模软件(如 Revit 等)时,对项目的单位、精度、视图、图层等进行的一系列基础设置。正确设置公制常规可以确保建模结果的准确性,并方便后续的数量计算和工程量统计等工作。

公制常规设置主要包括以下内容。

1.单位设置

选择公制单位作为项目的单位体系,如米(m)作为长度单位,平方米(m^2)作为面积单位,立方米(m^3)作为体积单位等。

2.精度设置

定义模型中元素的精度,即模型中的尺寸、位置、角度等参数的小数位数。精度设置通常需要根据项目的需求和建模的精度要求来确定。

3.注释和标记设置

定义模型中注释和标记的样式、字体、大小等属性。注释和标记设置可以帮助用户更好地在模型中添加说明和标注。

需要注意的是,具体的 BIM 公制常规设置可能因不同的建模软件和项目需求而有所差异。因此,在实际操作中,用户应根据具体的软件和项目要求来进行相应的设置。

(四)模型样板设置

模型样板是指在 BIM 建模中使用的一种预定义的模型文件,它包含了一些常用的构件和参数设置。通过使用模型样板,可以快速搭建起一个符合项目需求的初始模型,并且减少重复劳动。在进行 BIM 建模工作之前,需要选择适当的模型样板,并根据实际需求进行相应的修改和调整。

(五)内建模型环境设置

内建模型环境是指在 BIM 软件中自带的一些预定义环境。根据项目需求,可以选择合适的内建模型环境,并对其进行相关参数和属性的设置。通过正确设置内建模型环境,可以更好地展示设计效果,并提高可视化效果。

(六) 系统外观设置

系统外观包括主题设置、背景颜色设置、最大化窗口设置以及跟踪文件设置等。

(七) 场景布局设置

场景布局设置包括确定场景主题、收集参考图片、分析场景需求、创建地面、添加建筑物、布置道路和道具、添加植物和环境细节以及调整光照和渲染效果等。

BIM 建模环境设置是进行 BIM 建模工作之前必须要做好的准备工作。通过正确设置项目环境、族环境、公制常规、模型样板、内建模型环境、系统外观和场景布置等,可以提高建模效率并准确表达设计意图。这些环境设置不仅影响到后续的建模工作,还对于协作和可视化效果等方面都具有重要作用。在进行 BIM 建模工作时,需要认真对待环境设置,并根据实际需求进行相应的调整和优化。

第二章

模型创建

　　本章主要介绍道路模型、桥梁模型及隧道模型的创建过程。对应《道路桥梁建筑信息模型技术应用人员职业标准》中级模型创建的技能和知识要求，以确保能够高效、准确地创建道路、桥梁和隧道等基础设施的 BIM。

第一节　道路模型创建

　　在道路模型的创建过程中，平纵横和地形模型是不可或缺的基础。"平"指的是路线中的平面线，它决定了道路在水平面上的走向。平面线设计需要考虑地形、地物、地质等多种因素，以确保道路的顺畅、安全和经济。在设计过程中，平面线需要与纵断面相结合，共同构成道路的三维走向。"纵"则是指路线中的纵断面，它描述了道路在竖直方向上的变化。纵断面设计主要涉及坡度、竖曲线等要素，这些要素的合理选择对于保证道路的行车安全、舒适以及排水等方面都至关重要。纵断面与平面线的结合，共同构成了道路的空间形态。"横"则是指参数化的截面，它可以指道路的横断面、隧道的标准段截面，也可以指桥梁的桥面铺装。横断面设计需要考虑道路的使用功能、交通量、排水要求等因素，以确保道路的结构安全和使用功能。在建模过程中，横断面的准确性直接影响道路模型的真实性和精度。

　　地形模型在道路设计和建模中都发挥着重要作用。对于设计而言，地形模型提供了道路走向的基础数据，帮助设计师在选线时充分考虑地形地貌的影响，使道路设计更加合理、经济。同时，地形模型还可以用于纵断面和边坡的设计，确保道路的稳定性和安全性。在建模过程中，激活的地形模型可以作为放坡对象，从而生成填挖方边坡。此外，地形模型还可以作为下部结构基础的定位对象，帮助确定基础的埋深和位置，确保道路的整体稳定性和安全性。

　　平纵横和地形模型在道路模型的创建中起着至关重要的作用。它们共同构成了道路的三维形态和空间结构，为道路的设计、建模和施工提供了基础数据和技术支持。本节主要介绍应用跨世纪 CSD 软件进行道路模型的创建。

一、地形模型

　　地形模型是由无数个三角网组成的三维网格面，也称为数字地形模型（DTM）、三角形化不规则网络(TIN)或三角形化曲面,通常可以从地理信息系统(GIS)或其他地形数据源中生成。这些数据可以包括高程数据、地形图、点云数据等。导入的数据用于创建真实的地形模型,以便在设计过程中考虑地形的影响。

CSD 软件主要包含从图形元素、ASCII 文件、点云和 LandXML 创建地形模型的工具以及从各种 Bentley Civil 产品导入地形模型的工具,通过这些工具大致可以将常见的地形模型创建方法分为 5 种,如表 2-1 所示。在这里我们以某工程案例中提供的数据类型展开介绍,同时这也是地形模型最常用的创建方法。

常用地形模型建模方法 表 2-1

序号	文件类别	创建方法	备注
1	dwg 地形图	从图形过滤器创建	—
2	txt 高程点坐标	从 ASCII 文件创建	txt 文件由 ASCII 文件转换而来
3	三维元素	从元素创建	三维元素可以是点、线、面
4	pod 等点云文件	从点云创建	—
5	3mx 等实景模型	地面提取	—

(一) 创建地形模型

某工程案例项目种所提供的地形数据格式为“. dwg”,文件名为“地形图. dwg”,其中包含了创建地形模型所需的等高线和高程点。下面我们就通过这两种元素来生成地形模型。

步骤一:新建文件,命名为“××公路项目-DX”,种子文件选择“Seed3D-Metric Training. dgn”,然后选择“保存”,如图 2-1 所示。

图 2-1　新建地形文件

步骤二:选择【基本】>【连接工具】>【参考】▥工具,选择【连接参考】▥导入“地形图. dwg”文件,“连接设置属性”保持默认,参考完成后,双击鼠标滚轮(全景视图),即可查看地形图,如图 2-2 所示。

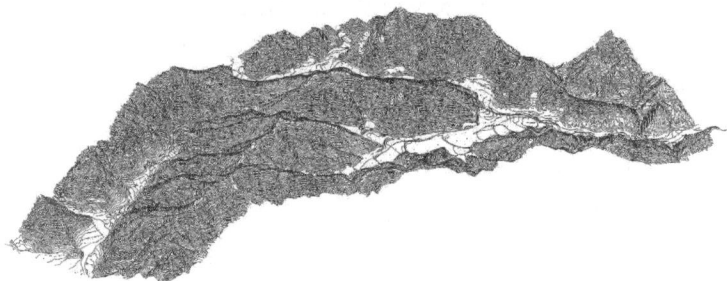

图 2-2　参考地形图

步骤三：选择【地形】>【创建】>【从图形过滤器】工具，如图 2-3 所示，不勾选"忽略特征链接"，边界方法采用"最大三角网长度"，三角形最大长度设置数值为"100"，特征定义选择"Existing Triangles"，给定名称"××公路项目-DX"。

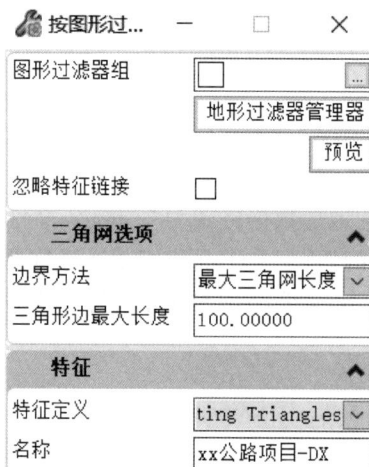

图 2-3　从图形过滤器属性设置

步骤四：点击"地形过滤器管理器"，选择【创建过滤器】工具，名称为"等高线"，【特征类型】选择"等高线"，如图 2-4 所示。

图 2-4　地形过滤器管理器

步骤五:点击【编辑过滤器】工具,在左侧选择"层"作为过滤方式,然后双击层中的"DGX",或者单击"DGX",再选择【添加->】工具,从而指定"选定层",最后点击"完成",如图2-5所示。

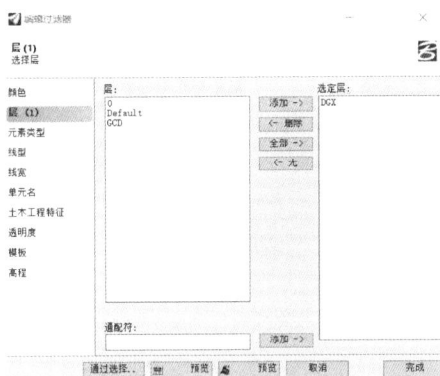

图2-5　编辑过滤器

注意:点击"完成"后会回到地形过滤器管理器,此时,过滤方式下方会自动勾选上"层"选项,如图2-6所示。

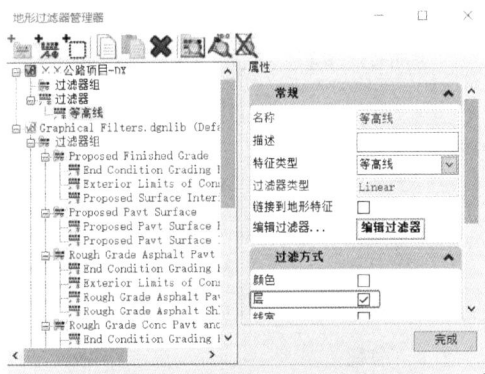

图2-6　等高线过滤器属性

步骤六:创建高程点过滤器,【特征类型】选择"点",【编辑过滤器】中选择图层"GCD",方法与创建等高线过滤器相同,创建完成如图2-7所示。

图2-7　高程点过滤器属性

步骤七：选择【创建过滤器组】工具，给定名称"地形"，展开"选择过滤器"右侧下拉菜单，勾选"等高线"和"高程点"两个选项，最后选择"完成"，完成元素过滤，如图2-8所示。

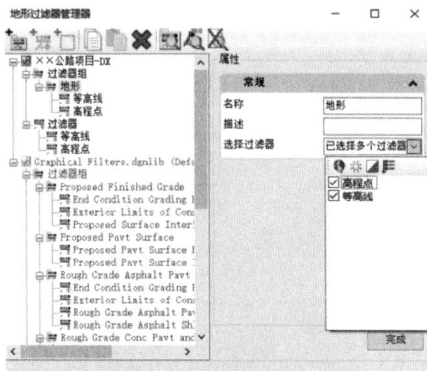

图2-8 过滤器组属性设置

步骤八：点击"图形过滤器"右侧按钮，选择"地形"过滤器组，如图2-9所示，然后看鼠标提示命令在空白区域点击左键直至生成地形模型，如图2-10所示。

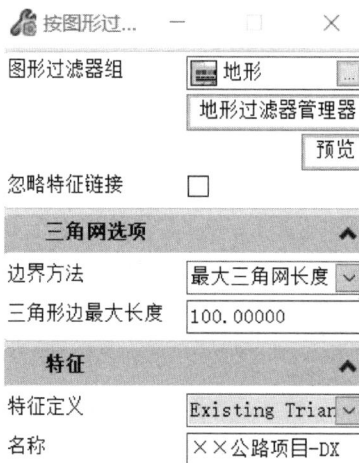

图2-9 图形过滤器组选择

图2-10 ××公路项目-DX

(二)编辑地形模型

土木地形模型编辑工具组包含用于编辑和操作地形模型的工具,包括按特征添加和移除、编辑无规则地形模型以及使用复杂地形模型等工具,如图 2-11 所示。在本节中我们还会介绍到地形模型的剪切,虽然此工具存在于地形模型创建之中,但也属于编辑的范畴。

图 2-11 地形模型编辑工具

1. 地形模型修改

步骤一:双击 CONNECTION Client 图标 ,输入授权账号,点击"下一页"。

(1)从来源更新

单击选中地形模型,悬停鼠标,可弹出快捷工具(此方式适用所有土木元素),如图 2-12 所示,选择"从来源更新"即可同步源文件中的修改(例如修改了等高线或高程点)。

图 2-12 从来源更新

(2)地形模型的快速属性

在"快捷工具"中单击【属性】 ,如图 2-13 所示,在属性中可以修改地形模型的特征定义、特征名称及边界方法,同时还可以控制特征的打开和关闭。

图 2-13 地形属性

（3）激活地形模型

此工具用于激活地形模型元素，如图2-14所示；激活的地形模型 可以在纵断面视图中显示地面剖切线，同时激活的地形模型也是横断面模板中诸多组件的默认选择对象，如末端条件的坡脚点会自动捕捉激活的地形模型，从而形成填挖方边坡。

图2-14　激活地形模型

（4）编辑地形模型

编辑地形模型 用于编辑没有带规则的图形元素的地形模型，包括操作顶点、交换线和删除三角形，如图2-15所示。

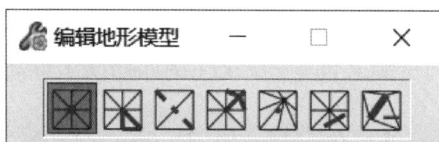

图2-15　编辑地形模型工具

常用编辑功能如表2-2所示。

常用编辑功能　　　　　　　　　　　　　　　　　表2-2

功能	效果展示	
删除顶点		
删除边三角网		
交换线		

（5）添加管理

添加管理用于将三维图形元素(作为地形模型特征)添加到先前创建的地形模型中,特征类型见表2-3。

地形模型特征类型　　　　　　　　　　　　　　　　　　　表2-3

特征类型	描述
断裂线	用于指定坡度急剧变化的线性特征,如路面边缘、沟渠底、脊等,任何纵向元素均可定义为断裂线,在地形模型中,三角形不会贯穿断裂线
等高线	具有相同高程的元素或元素集,等高线可以作为源数据来生成地形模型,也可以进行计算(基于地形模型绘制),等高线间隔是两个相邻等高线之间的高程差
垂头空区	由闭合形状定义的范围,用于标出缺少数据或遮挡范围的区域,闭合形状不影响原始地形高程,也不会在空区范围内创建三角形
孔	由闭合形状定义的范围,用于标出当前地形被忽略而利用底层地形的区域,形成孔洞的同时,闭合形状也会影响原始地形高程
边界	地形的外部边界,可以通过点、线、面添加
覆盖边界	通过覆盖到底层表面来确定高程的表面边界
岛	由闭合形状定义的范围,用于标出数据完全位于空区中的区域。例如河流、湖泊等中间的岛
点	与其他任何点均没有函数关系的点,可以是单元、圆和文本字符串等点元素,线、线串等其他纵向元素同样有效
软断裂线	一种断裂线形式,若与断裂线相交,会被忽略,不会影响三角网
空区	由闭合形状定义的范围,用于标出缺少数据或遮挡范围的区域。不使用空区范围内的点或打断数据,也不会在空区范围内创建三角形。空区坐标包含在三角网中,连续空区坐标之间的孔隙线作为投影线插入表面中。因此,它们不会更改表面的坡度或高程
断裂空区	由闭合形状定义的范围,用于标出缺少数据或遮挡范围的区域。不使用空区范围内的点或打断数据,也不会在空区范围内创建三角形。它与空区和垂头空区的区别在于,它利用图形元素的顶点高程,而连续空区坐标之间的孔隙线作为切断线插入。因此,断裂空区会更改表面的坡度和高程

2. 地形模型剪切

在软件中可以观察到,地形模型剪切工具路径为【地形】>【创建】>【其他方法】>【创建剪切的地形模型】,之所以此工具在"创建"部分,是因为地形的剪切不是在已有地形模型上进行剪切,而是生成一个全新的且已完成剪切的地形模型,剪切元素必须在开始剪切之前绘制,并且可以是任何类型的闭合元素,地形剪切最主要的用途是当道路模型创建完成之后,对覆盖住道路模型的挖方路段进行剪切。

剪切方法及效果如表2-4所示。

剪切方法 表2-4

剪切方法	剪切效果	
内部	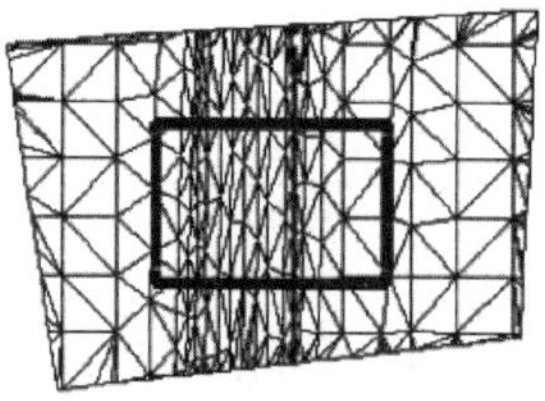	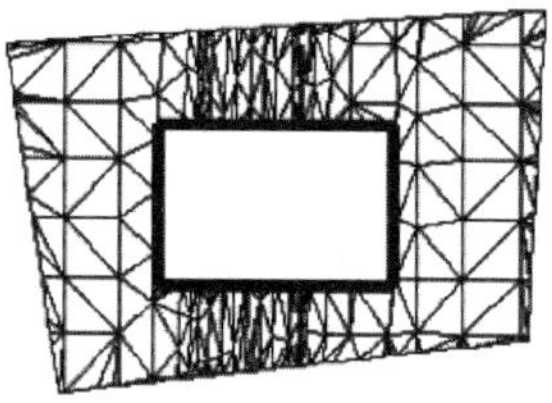
外部	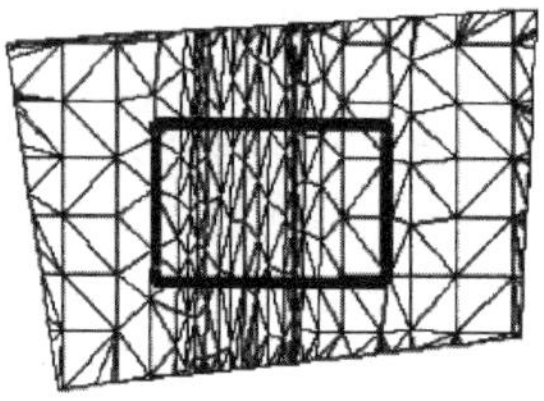	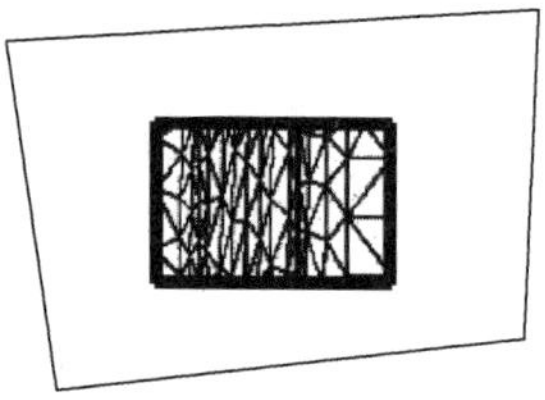

二、路线模型

路线模型准确地说是三维路线模型,它是由平面线和纵断面两者组成的,而平面线和纵断面都是二维元素,其分别代表了线性工程(路桥隧等)在空间中的平面走向以及海拔高度上的变化。

(一)路线建模基础

1.平面线创建基础

平面线形指的是道路中线在水平面上的投影形状。英文名称为 Horizontal alignment,它是由一系列直线段和曲线段组合而成,曲线一般为圆曲线,在直线和圆曲线之间还要加入起渐变作用的过渡曲线——缓和曲线。

直线、圆曲线和缓和曲线是平面线形的主要组成元素,通常称为"平面线形三要素"。

注意:创建路线模型时要使用二维"种子文件",即"Seed2D-Metric Training. dgn"。

(1)常用平面线绘制工具

表2-5~表2-7介绍了常用直线工具、弧工具、螺旋工具等平面线绘制工具。

常用直线工具 表2-5

直线工具	图标	描述
两点间直线		在两个用户定义的点之间创建一条线
任意线延长		构造切线/缓和曲线/曲线等延长

常用弧工具 表2-6

弧工具	图标	描述
两点弧		在点之间创建弧
圆＋缓和曲线延长		创建从另一元素开始为缓和曲线过渡的圆弧，偏移锁定至零
圆＋双缓和曲线延长		创建与另一元素为相反缓和曲线过渡的圆弧（仅当S形曲线，即反向曲线时适用），偏移锁定至零
插入圆弧		在两个先前放置的元素之间构造弧线。该工具具有在元素和构造的弧之间可选择应用向后和/或向前过渡和/或锥度的能力

螺旋工具 表2-7

螺旋工具	图标	描述
缓和曲线延长		使用基础元素确定一端的切线，从先前放置的元素构造螺旋线
插入缓和曲线		在两个确定相切的基本元素间构造一个螺旋（或多个螺旋）

（2）常用平面线编辑工具

表2-8、表2-9介绍了其他常用工具和偏移工具平面线编辑工具。

其他常用工具 表2-8

其他常用工具	图标	描述
按元素复合		通过将先前放置的元素按顺序连接来构造其复合元素
交点法创建路线		通过输入交点位置并在交点处插入曲线的方式生成路线
起点桩号		设置路线起点位置以及对一个的起点桩号

偏移工具 表2-9

偏移工具	图标	描述
整路段等距偏移		使选定元素沿整个长度偏移恒定值
局部路段等距偏移		在用户选择的桩号范围内以恒定值偏移所选元素

2. 纵断面创建基础

纵断面是沿设计线纵向展开垂直剖切的一个立面，它表达了线性工程沿线高低起伏变化的情况。路线纵断面设计主要是根据以下几点来确定纵坡的大小和各点的高程：①线性工程的性质和等级;②车辆类型和行驶性能;沿线地形、地物的状况;③当地气候、水文、土质的条件以及排水的要求。

纵断面是由直线和竖曲线组成,为了适应行车的要求,各级公路和城市道路中的快速路、主干路及相邻坡度代数差大于1%的其他道路,在纵坡变更处均应设置竖曲线。

(1)纵断面视图

通过【几何图形】>【纵断面】>【打开纵断面模型】▦工具,选择平面线,即可在任一视图(建议选择未使用的视图)内打开纵断面视图,如图2-16所示,横坐标代表里程桩号,纵坐标代表设计高程。在"消隐"显示样式下,白色代表直线段,青色代表圆曲线段,洋红色代表缓和曲线段。

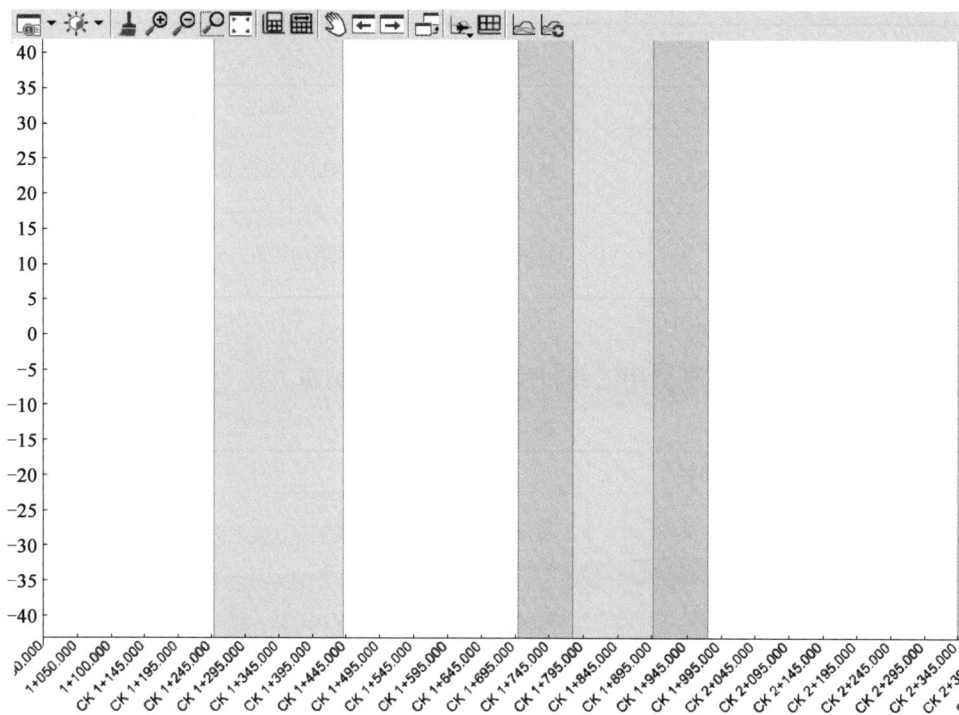

图2-16　纵断面视图

(2)土木精确绘图

土木精确绘图经常用于平面线设计与纵断面绘制,对于已有设计数据的平面线很少有必要使用土木精确绘图,选择【几何图形】>【通用工具】>【土木切换】>【土木精确绘图】✿工具,再点击【切换土木精确绘图】工具,并选择【Z】 ，如图2-17所示,此时当我们通过纵断面绘制工具去创建纵断面时就可以直接输入里程桩号与设计高程,从而确定变坡点。

图2-17　纵断面土木精确绘图

注意:土木精确绘图在平面线与纵断面视图中所提供的绘图工具也是不同的,图2-17中所看到的绘图工具是在纵断面视图"被激活"的状态下所展现的。

(3)常用纵断面绘制工具(表2-10)

纵断面绘制工具

表2-10

工具	图标	描述
直线坡		在定义的两个点之间构造一定坡度的直线
插入圆形竖曲线		在两条直线坡之间构造由半径定义的简单曲线
按竖曲线单元创建纵断面		从先前放置的单一元素构造复杂纵断面元素
按PI的纵断面复合		构造由垂直交点定义的纵断面复合体
设置激活纵断面		指定平面线,选择纵断面视图中需要在三维模型中起作用的纵断面元素进行激活
插入过渡纵断面		通过匹配相邻元素的坡度和高程来定义该元素的纵断面,该元素必须和相邻元素存在一定规则,例如该元素是插入到相邻元素中的
按固定高程绘制纵断面	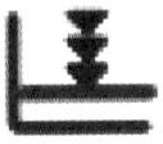	按给定的固定高程为整个平面线定义纵断面
纵断面投影至其他剖面		将已有纵断面映射给其他平面线,从而生成相同纵断面
基于参照纵坡按固定坡度绘制纵断面		通过使用设计纵断面投影一个元素的固定坡度来定义另一个元素的纵断面

(二)创建路线模型

案例项目中提供了两个和路线相关的文件,分别是"平面线.dwg"和"纵断面.dwg",在平面线建模中使用最广泛也最方便的数据来源就是dwg格式图纸,里面包含了平面线的坐标、方向、桩号信息以及平面线要素等,通过"参考"的形式导入到文件中,大大提高了建模效率;而纵断面可以是任何格式,只要包含所需数据即可。

1.创建平面线模型

步骤一:新建文件,名为"××公路项目-LX-主线",种子文件选择"Seed2D-Metric Training.dgn"。

步骤二:选择【几何图形】>【基本】>【连接工具】>【参考】🖼工具,选择【连接参考】📄,导入"平面线.dwg"文件,"连接设置属性"保持默认,然后点击确定,完成参考,如图2-18和图2-19所示。

图 2-18　参考平面线图

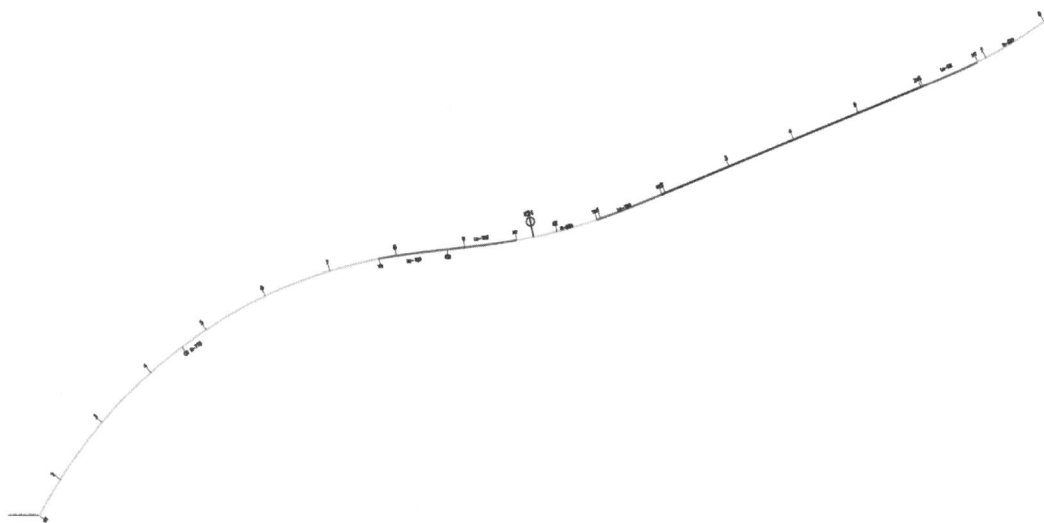

图 2-19　平面线设计图纸

平面线线型及参数如表 2-11 所示。

平面线参数　　　　　　　　　　　表 2-11

序号	线型	参数（m）
1	圆曲线	$R=710$
2	缓和曲线	$L_s=100$
3	缓和曲线	$L_s=100$

序号	线型	参数（m）
4	圆曲线	$R=800$
5	缓和曲线	$L_s=100$
6	直线	$L=402.208$
7	缓和曲线	$L_s=90$
8	圆曲线	$R=680$

步骤三：选择【几何图形】>【通用工具】>【标准】>【特征定义工具栏】🐞工具，特征定义选择"Geom_Baseline"，选中【使用激活的特征定义】🐦，如图 2-20 所示。

图 2-20　特征定义切换栏

步骤四：绘制第 1 段线型，选择【几何图形】>【平面】>【弧】>【两点间弧】╱工具，绘制方法选择"起点\终点\通过点"，半径值为"710"，分别选择圆弧的起点、终点以及通过点，晃动鼠标手动确定方向，与参考图重合即正确，绘制完成如图 2-21 所示。

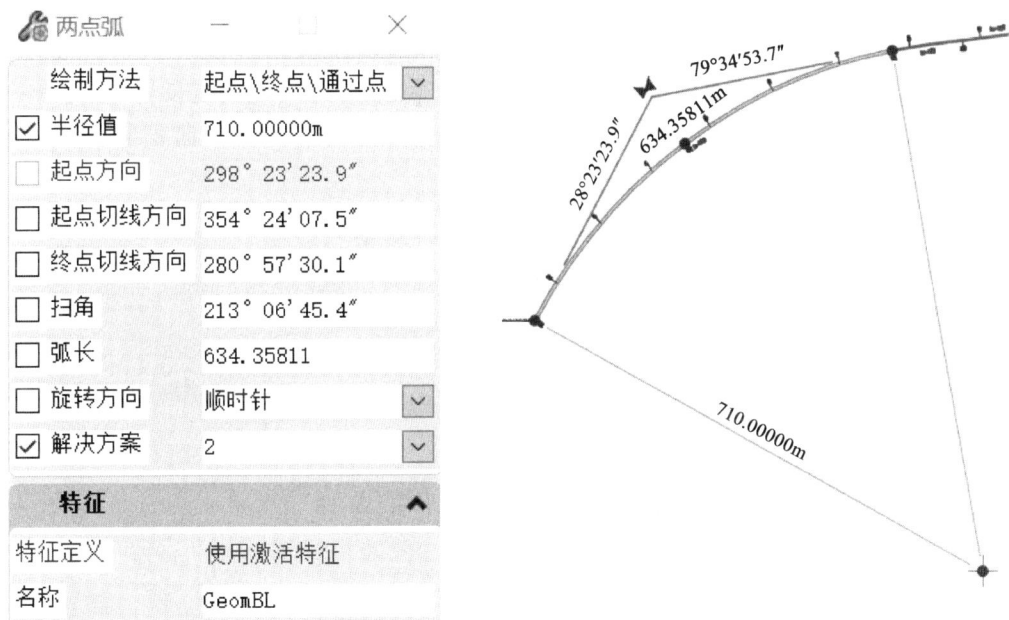

图 2-21　平面线第 1 段线型

注意：绘制完成后，在参考图显示的情况下，看不到绘制的线型，但是可以选中，也可以重新打开参考工具，选择左下角【显示】▣命令关闭参考图即可查看已绘制线型。

步骤五：绘制第 2~4 段线型，通过观察，第 2~4 段线型是双缓和曲线 + 圆曲线，选择
【弧】>【圆弧延长】>【圆 + 双缓和曲线延长】工具，修剪/延长选择"向后"，根据图纸上的
数据，第一、第二缓和曲线长度均为 100m，半径为 800m，定位元素（即单击选择第 1 段圆弧），
随后输入起始点，即三段线型起始"YH"圆缓交点，然后晃动鼠标确定方向，与参考图方向一
致即可，左键单击确定方向，捕捉圆弧重点确定圆弧长度，即三段线型末端"YH"圆缓交点，最
后点击鼠标左键确定修建/延长为"向后"，完成三段线型绘制，如图 2-22 所示。

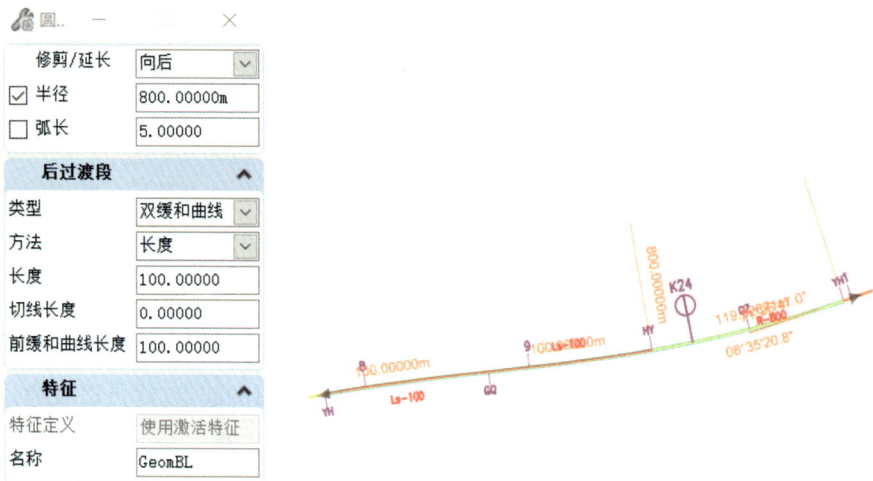

图 2-22　平面线第 2~4 段线型

步骤六：绘制第 5~8 段线型，通过观察，第 5~8 段线型是缓和曲线 + 直线（切线）+ 缓和
曲线 + 圆曲线，同步骤五，选择【弧】>【圆弧延长】>【圆 + 双缓和曲线延长】工具第一缓和
曲线长度为 100m，切线长度为 402.208m，第二缓和曲线长度为 90m，圆曲线半径为 680m，绘
制方法参考步骤五，绘制完成如图 2-23 所示。

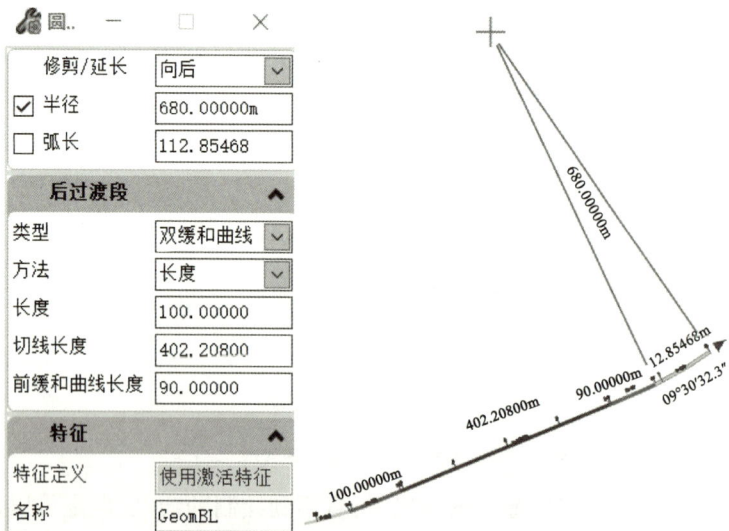

图 2-23　平面线第 5~8 段线型

步骤七:平面线复合,选择【几何图形】>【平面】>【复杂几何图形】>【按元素复合】🖊工具,方法"自动",最大间隙"0.001",名称为"××公路项目-LX-主线",从起始桩号侧定位第一个元素,当所有线型全被选中且高亮显示时,左键单击"接受复合体",完成平面线复合,如图 2-24 所示。

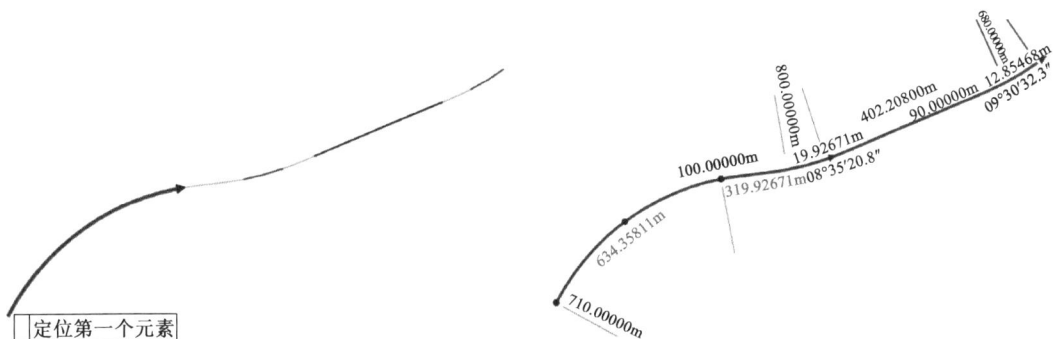

图 2-24 平面线复合

步骤八:选择【几何图形】>【平面】>【修改】>【起点桩号】🖊工具,观察"平面线.dwg"文件可知,起点桩号为"K23 + 140.653";定位平面线,起点距离为"0",起点桩号为"23140.653",如图 2-25 所示。

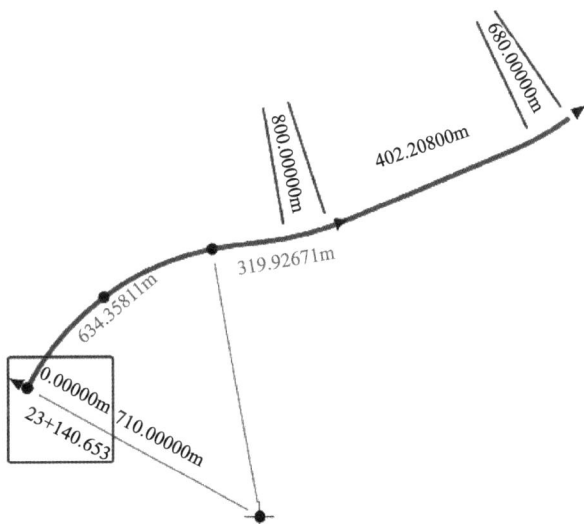

图 2-25 修改起点桩号

2. 创建纵断面模型

步骤一:选择【几何图形】>【纵断面】>【打开纵断面模型】🔳工具(或者通过选中平面线悬停鼠标弹出快捷命令),定位平面线,选择 8 个视图中任一未使用视图,在该视图空白区域单击鼠标左键,打开纵断面视图,如图 2-26 所示。

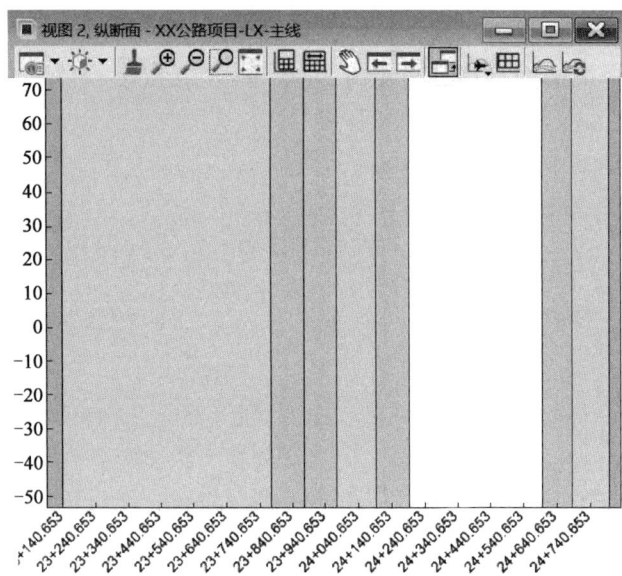

图 2-26　纵断面视图

步骤二：选择【几何图形】>【通用工具】>【土木切换】>【土木精确绘图】⚙工具，再点击【切换土木精确绘图】工具，并选择【Z】，如图 2-27 所示。

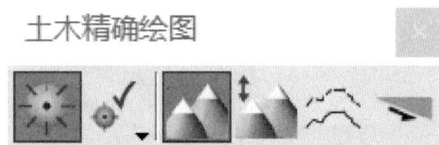

图 2-27　纵断面土木精确绘图

根据图纸"纵断面. dwg"可以找到变坡点的桩号及设计高程等参数，如表 2-12 所示。

纵断面参数　　　　　　　　　　　　　　　　　　　　　　　　表 2-12

桩号	高程（m）	竖曲线半径 R（m）	竖曲线类型
K22 + 850.000	1607.83	—	—
K24 + 030.000	1613.73	6800	凸曲线
K24 + 840.000	1581.33	23000	凹曲线
K25 + 100.000	1573.79	—	—

步骤三：选择【几何图形】>【纵断面】>【直线】>【直线坡】工具，根据桩号和设计高程定位纵断面直线坡的起终点及变坡点，完成三段直线坡的绘制，如图 2-28 所示。

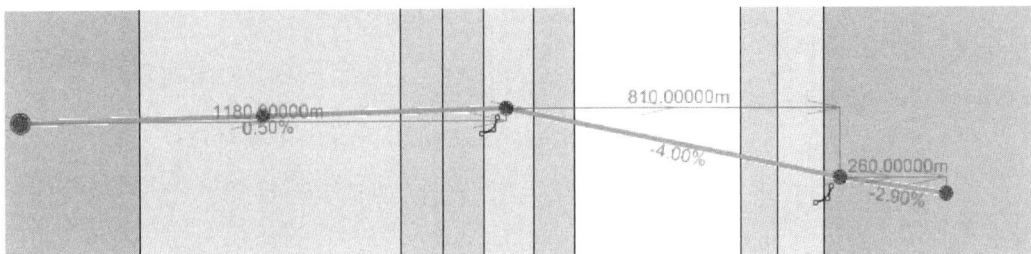

图 2-28 直线坡绘制完成

步骤四:选择【文件】>【设置】>【文件】>【设计文件设置】>【土木格式设置】,最下方找到"竖曲线参数格式",将"K 值"改为"R 值",如图 2-29 所示。

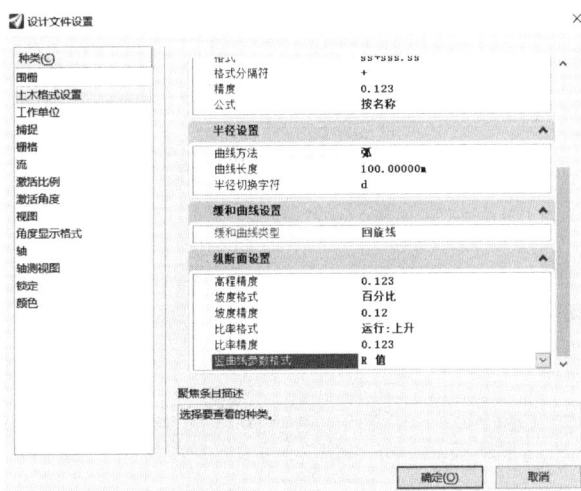

图 2-29 竖曲线参数格式

步骤五:选择【几何图形】>【纵断面】>【曲线】>【插入任意竖曲线】>【插入圆形竖曲线】工具,输入竖曲线参数(见表 2-12),修剪/延长选择"双向",选择变坡点处相邻直线进行竖曲线插入,如图 2-30 所示。

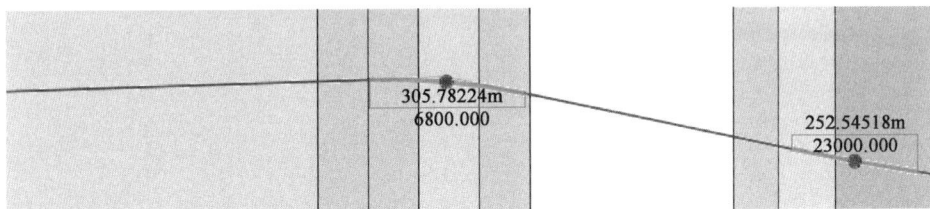

图 2-30 插入圆形竖曲线

步骤六:选择【几何图形】>【纵断面】>【复杂几何图形】>【按竖曲线单元创建纵断面】工具,方法选择"自动",最大间隙"0.001",名称为"××公路项目-LX-主线",从纵断面第一条直线坡左端单击鼠标进行选择,所有纵断全部高亮后,左键单击接受复合纵断面,如图 2-31 所示。

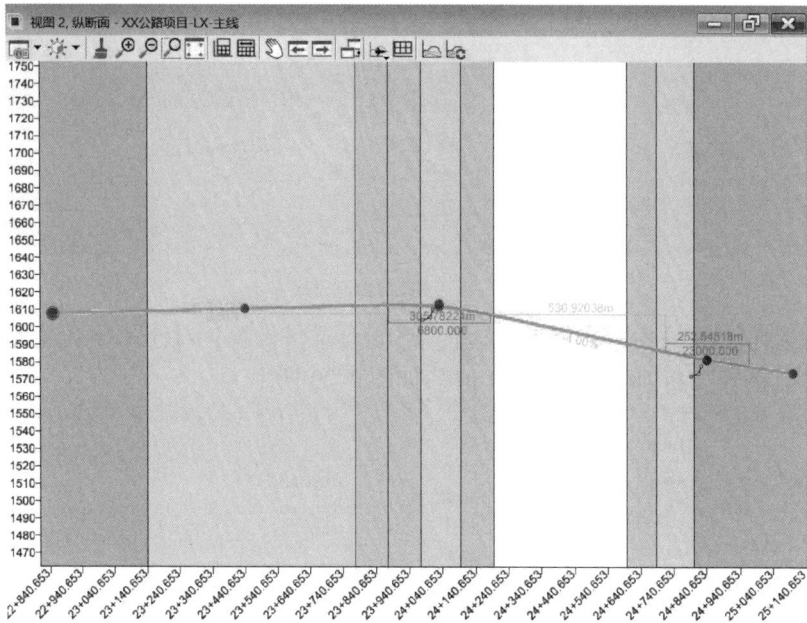

图 2-31　复合纵断面

步骤七：选择【几何图形】>【纵断面】>【设置激活纵断面】⛏工具，首先定位平面图元素，然后定位相应的纵断面元素，激活所选择的纵断面，从而生成一条三维设计线，如图 2-32所示。

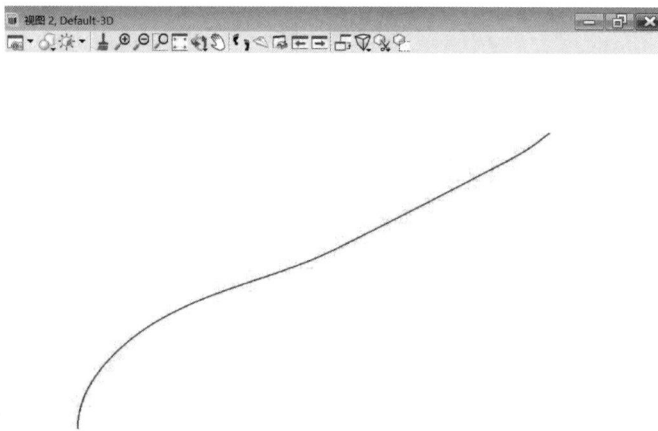

图 2-32　三维设计线

三、道路模型

道路建模的主要流程首先是平纵横的设计，然后通过横断面模板在路线模型上通过桩号定位创建道路模型,最后再根据创建出的模型进行特定部位的宽度、坡度、高度等的调整;在前面的章节中我们完成了路线的平纵设计,那么本节中首先要进行的则是"横"即横断面模板的创建,其次才是生成道路模型,最后再根据总体图进行调整。

(一)横断面模板

横断面模板是道路建模的重中之重,横断面其实也是一个二维平面,里面主要包含点、线、面三种二维元素,通过横断面生成的道路模型则是三维元素,其实就是将横断面中的二维元素点变成线、线变成面、面变成体,而道路模型的诸多变化,如加宽、超高、过渡等想要可控,都是需要在横断面模板中做好相对应的约束或规则才可以,接下来通过以下几个方面来了解下横断面模板。

1.关于横断面模板

(1)在 CSD 软件中任意一个打开的文件下,找到"OpenRoads 建模"工作流,选择【廊道】>【创建】>【模板】>【创建模板】工具即可打开横断面模板,如图 2-33 所示;横断面模板是一个独立的二维模块,横轴代表宽度,纵轴代表高度(厚度),如图 2-34 所示。

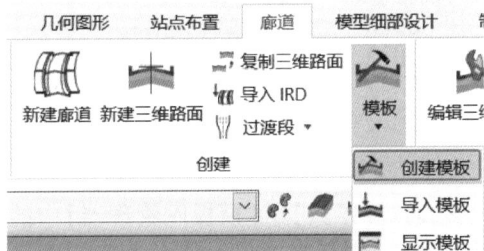

图 2-33　创建模板

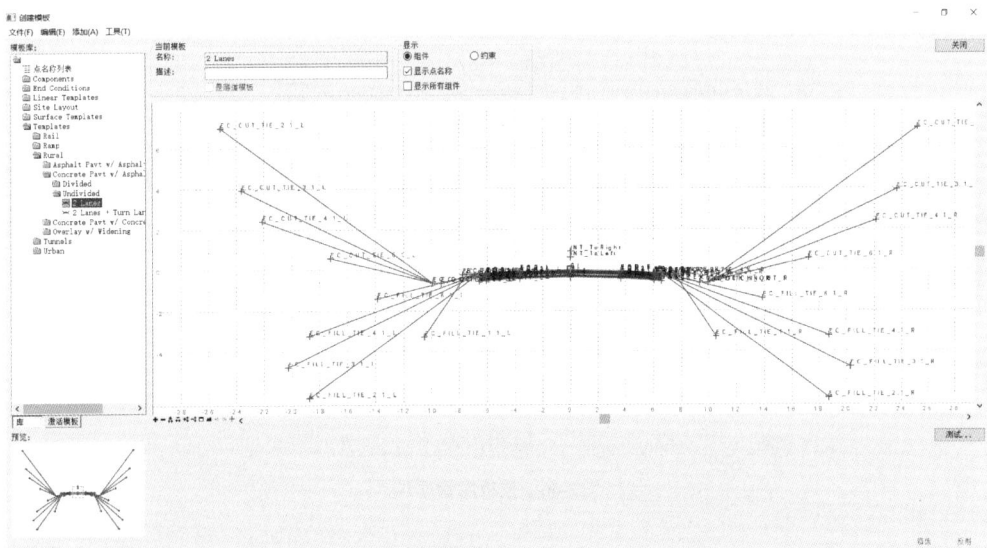

图 2-34　横断面模板

（2）模板文件目录内容如表2-13所示。

板文件目录

表2-13

文件目录	内容
Components	道路各部分单一构件，如路缘石、人行道等
End Conditions	道路末端条件，如填挖方边坡等
Liner Templates	线模板，除机动车道以外的所有部分
Site Layout	场地布局，场地面线模板
Surface Templates	面模板，机动车道部分
Templates	组件，如完整的市政/公路模板等

（3）横断面模板有自己独立的文件格式". itl"，默认打开的库模板文件名为"Civil Templates Metric. itl""Civil Templates Metric-Site. itl"；默认文件系统路径：C:\ProgramData\Bentley\OpenRoads Designer CE\Configuration\Organization-Civil_Civil Default Standards-Metric\Template Library；不同的项目可以新建专门的横断面库文件，如图2-35所示。

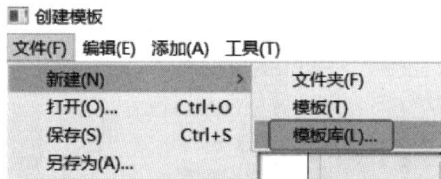

图2-35 新建模板库

（4）横断面模板可以共享，通过【工具】>【模板库管理器】中的浏览 [...] 工具，可以打开其他的横断面库文件，如图2-36所示，然后可以通过从左右两侧不同模板库文件拖拽到指定路径的形式完成模板共享。

图2-36 模板库管理器

2.新组件类型

在任一横断面视图内点击鼠标右键,选择"添加新组件"即可看到下列七种类型。

(1)简单:添加一个平行四边形,带有完全约束和坡度约束。

(2)约束:按顺序添加点,点与点之间根据放置顺序被完全约束,第一点无约束颜色为绿色,其余点颜色为红色,可闭合为面。

(3)非约束:按顺序添加点,点与点之间没有约束,颜色为绿色,可闭合为面。

(4)空点:添加一个独立的无约束点。

(5)末端条件:添加带有约束的边坡点,可对点进行投影控制。

(6)重叠/剥离:自动将外侧点闭合为面,忽略掉面内重叠的连线,常用于路基清表。

(7)圆:添加带有约束的圆,可随意修改其半径值。

3.常用绘制操作

(1)删除单一组件:选择某一组件且鼠标指在其轮廓线之上,点击鼠标右键,选择删除组件,可将其删除。

(2)删除多个组件:点击鼠标右键,选择删除组件,左键按住鼠标进行划线,与该线相交的组件会被删除。

(3)横断面精确绘图:输入完数值按回车键确定位置,其中逗号","冒号":"等符号均是英文状态下输入,若输入中文符号,当按回车确定时可能会导致软件崩溃。

(4)插入点:想要在哪条边上插入点就选择该条边(无论坡度是否一致,两点之间即为一条边)。

(5)移动点:仅当该点无任何约束,即颜色为绿色时可进行移动。

(6)复制/合并组件:单击要复制或合并的模板名称,在左下角"预览"中选择定位点,鼠标左键长按,拖拽到当前模板内。

4.动态设置

可通过【工具】>【动态设置】功能打开,或者选择横断面视图左下方的小图标 打开,如图 2-37 所示。

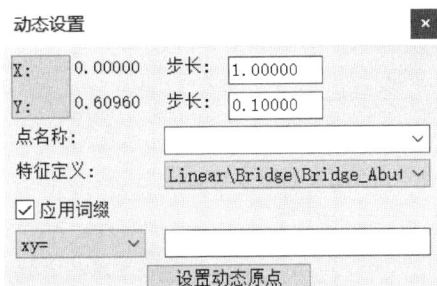

图 2-37 动态设置

其中可以设定 XY 的步长(通过鼠标捕捉坐标点时,鼠标可捕捉到"步长"的整数倍),所要绘制的点名称以及点的特征定义等,其中最主要的功能是"精确绘图"功能,名称及作用如

表2-14所示,这里要特别注意"精确绘图"输入栏中的标点符号仅支持英文符号,切勿在包含中文符号的情况下按回车键。

横断面精确绘图 表2-14

精确绘图功能	功能作用
XY	横纵轴的绝对坐标
DL	绘制的此点距离上一个点的横纵轴偏移量(如果它是组件的第一个点,则与"XY"功能一致)
HS	绘制的此点距离上一个点的水平增量距离和坡度
VS	绘制的此点距离上一个点的竖向增量距离和坡度
OL	绘制的此点相对于动态原点的增量坐标
OS	绘制的此点距离动态原点的水平增量距离和坡度

5.约束类型

双击横断面模板中的任意一点,即可打开"点属性"对话框,其中包含了点与点之间的所有约束类型。

(1)水平。子点与父点保持给定的水平距离,左负右正,如图2-38所示。

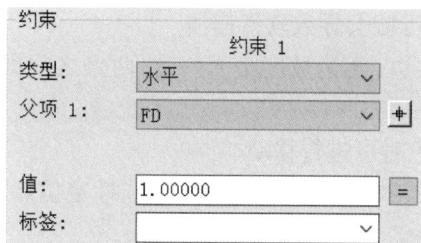

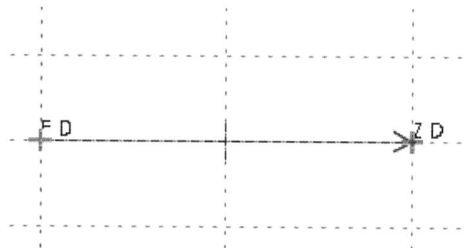

图2-38 水平约束

(2)竖向。子点与父点保持给定的垂直距离,上正下负,如图2-39所示。

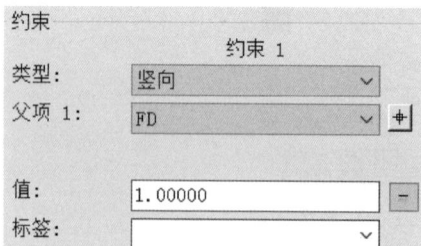

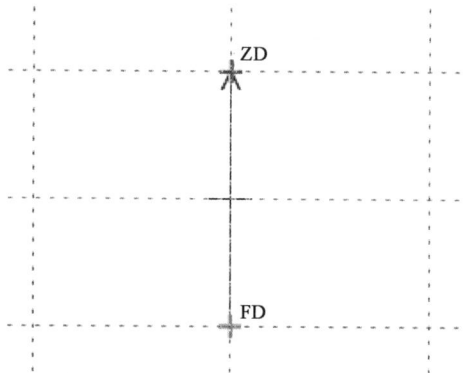

图2-39 竖向约束

(3)坡度。子点与父点保持给定的坡度,无论子点位于父点的左侧还是右侧,从左下角到右上角的斜率均为正,反之为负,如图2-40所示。

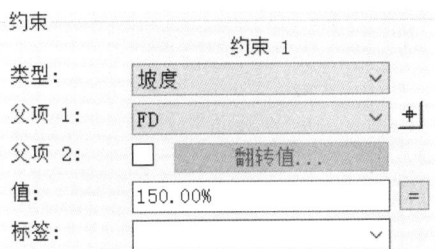

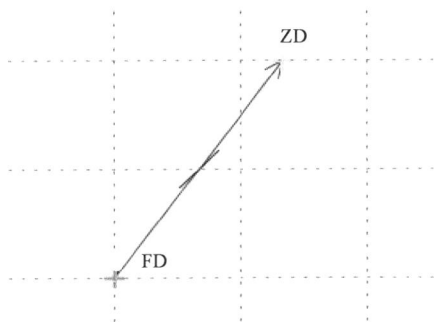

图 2-40 坡度约束

（4）平面最大值/最小值。子点在与两个父点水平方向的最大/最小距离超过给定值时，约束生效，如子点"ZD"添加平面最小值约束，父约束分别为"FD_1""FD_2"，约束值为"5"，那么无论两个父点如何移动，子点会始终在最左侧父点右侧，且保持 5 的距离，如图 2-41 所示。

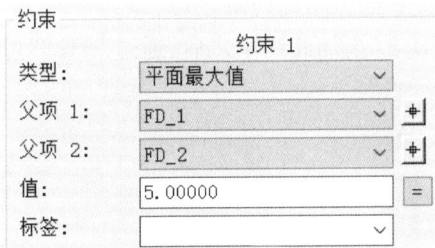

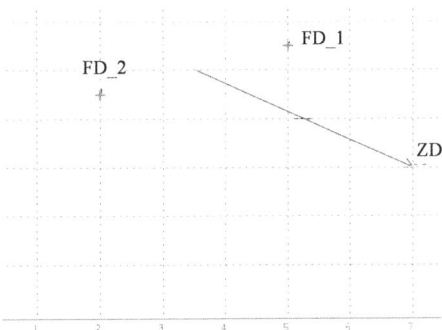

图 2-41 水平最大值/最小值约束

注：平面最大值即子点始终保持与两个父点中最右侧的点的距离为给定值。

（5）纵面最大值/最小值。子点在与两个父点竖直方向的最大/最小距离超过给定值时，约束生效，如子点"ZD"添加纵面最大值约束，父约束分别为"FD_1""FD_2"，约束值为"－5"，那么无论两个父点如何移动，子点会始终在最上方父点下方，且保持 5 的距离，如图 2-42 所示。

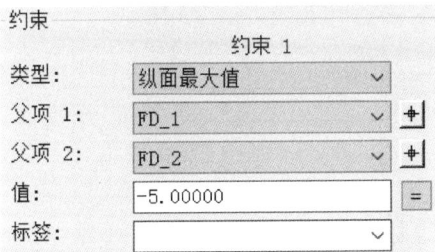

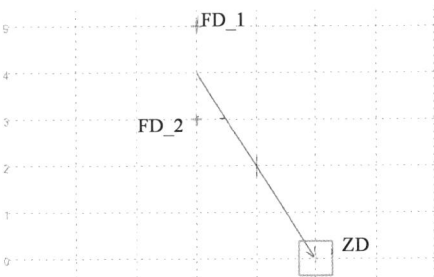

图 2-42 纵面最大值/最小值约束

注：纵面最小值即子点始终保持与两个父点中最下方的点的距离为给定值。

（6）矢量偏移。子点到两父点连线的垂直距离为给定值，矢量线左侧为负，右侧为正，如子点"ZD"添加矢量偏移约束，两父点分别为"FD_1""FD_2"，约束值为"5"，那么无论两个父点如何移动,子点会始终在由两父点构成的矢量线的右侧,且保持 5 的距离,如图 2-43 所示。

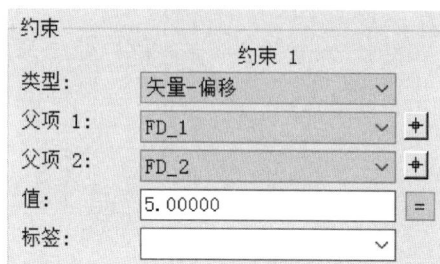

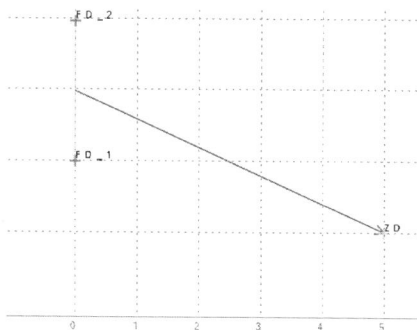

图 2-43　矢量偏移约束

注:矢量线是带有方向的线,通过上图所展示的效果我们可以分析出,父约束 1 为"FD_1",父约束 2 为"FD_2",
　　即矢量线方向是由父点 1 指向父点 2 的。

（7）对表面进行投影。此约束必须与先前定义的约束之一结合使用,即此约束不能单独存在,另一个约束将定义投影方向。当构件上的某一点添加此约束之后,该构件将具有可变性,因此变成空心,如图 2-44 所示,给构件上的点"D_3"添加此约束之后,通过"测试"可发现,该构件为可变状态,如图 2-45 所示。

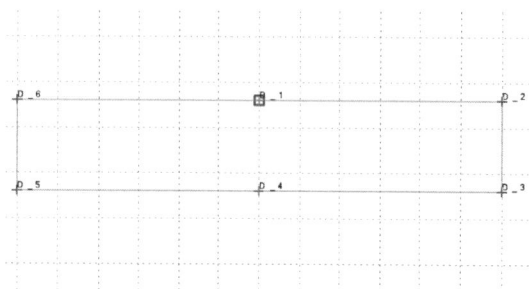

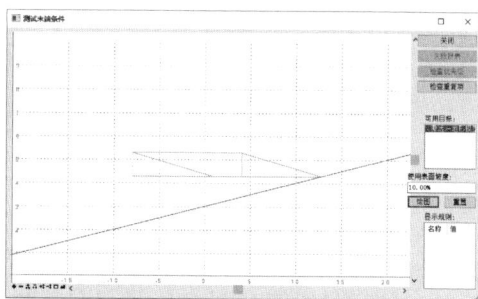

图 2-44　测试约束类型

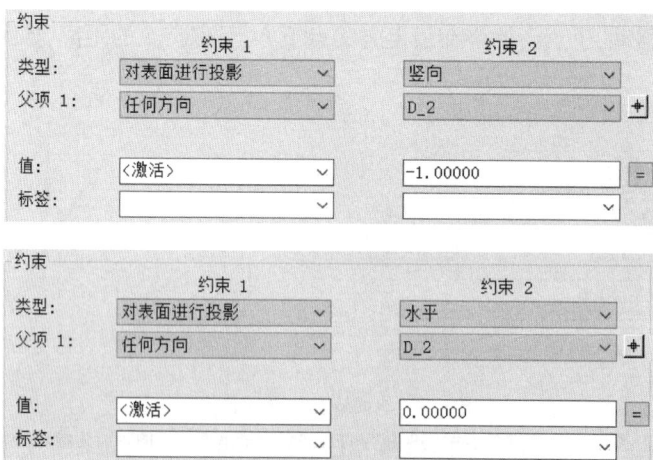

图 2-45　对表面进行投影

注:图中"D_3"约束 2 的约束类型为"竖向",且父点为"D_2",即竖向移动被锁定。所以,在测试中,点"D_3"以
　　及以"D_3"为父点的其他点只能水平方向进行移动。

（8）对设计进行投影。与"对表面进行投影"类似，但添加此约束的点是投影到模板中的已有元素（最近的末端条件或组件）上，数值的正负代表了可进行投影的方向，左负右正，数值大小决定了在该方向上可进行投影的最大距离。

（9）角度距离。此约束具有两个父点，一个是距离另一个是角度，数值是父点 1 指向父点 2 的连线，到父点 1 指向该点之间的夹角，逆时针为正值，顺时针为负值，距离是该点与父点 1 之间的距离，如图 2-46 所示。

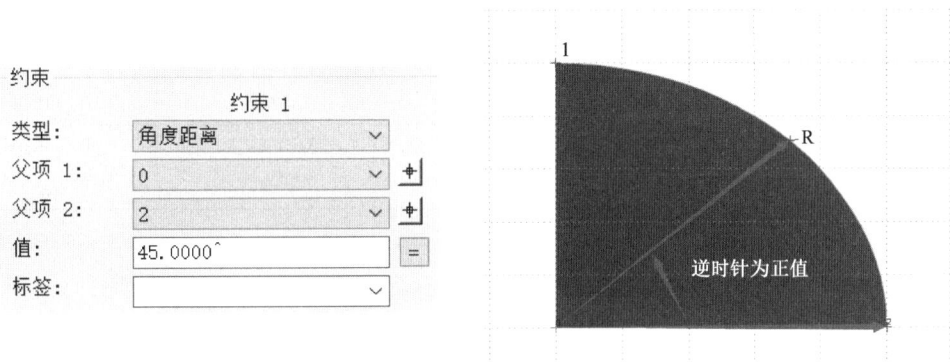

图 2-46 角度距离约束

具体创建步骤如下：

步骤一：选择【廊道】>【创建】>【模板】>【创建模板】工具，选择【文件】>【新建】>【模板库】，名称为"××公路项目-横断面库.itl"。

步骤二：在新建的横断面模板库文件中选择【文件】>【新建】>【模板】，模板名称为"××公路项目-LJMB"。

步骤三：选择【工具】>【动态设置】，特征定义选择"Linear\Miscellaneous\Draft_DNC"，不勾选"应用词缀"，如图 2-47 所示，以下所有横断面中的点都选此特征定义。

图 2-47 动态设置

注：1.特征定义"Draft_DNC"为"构造"类型，也可选择道路对应位置的点特征。

　　2."应用词缀"功能与【工具】>【选项】中所给定的左右部分的前后级相联系。

步骤四：根据资料中提供的"道路横断面图.dwg"文件中的数据进行绘制，在横断面视图内点击鼠标右键，选择【添加新组件】>【受约束】，当前组件中名称输入"5cm 细粒式改性沥青混凝土"，特征定义选择"Mesh\CC-沥青混凝土与沥青碎石类\细粒式沥青混凝土"，点名称及约束关系如表2-15所示,通过"动态设置"绘制,绘制完成第4点之后,点击鼠标右键,选择"镜像"然后选择"完成",并右键点击"CL与CL1之间的连线",选择合并组件,最后修改点名称,如图2-48所示。

5cm 细粒式改性沥青混凝土绘制 表 2-15

点序号	点名称	约束类型	父点	约束值
第1点	CL	无	无	无
第2点	XCD_EP_R	水平,坡度	CL	6, −2%
第3点	XCD_EP_R1	水平,竖向	XCD_EP_R	0, −0.05
第4点	CL1	水平,竖向	CL	0, −0.05
第5点	XCD_EP_L1	水平,竖向	XCD_EP_L1	0, −0.05
第6点	XCD_EP_L	水平,坡度	CL	−6,2%

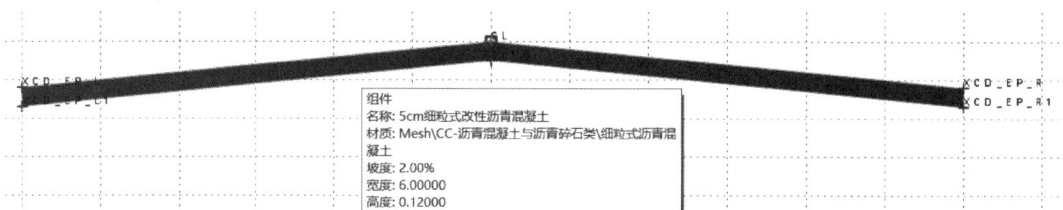

图 2-48　细粒式改性沥青混凝土绘制完成

步骤五:在横断面视图内点击鼠标右键,选择【添加新组件】>【受约束】,当前组件中名称输入"5cm 中粒式改性沥青混凝土",特征定义选择"Mesh\CC-沥青混凝土与沥青碎石类\中粒式沥青混凝土",点名称及约束关系如表2-16所示,第1、2点捕捉已有点绘制即可,其余参考步骤四中的操作,绘制完成后如图2-49所示。

中粒式改性沥青混凝土绘制 表 2-16

点序号	点名称	约束类型	父点	约束值
第1点	CL1	水平,竖向	CL	0, −0.05
第2点	XCD_EP_R1	水平,竖向	XCD_EP_R	0, −0.05
第3点	XCD_EP_R2	水平,竖向	XCD_EP_R1	0, −0.05
第4点	CL2	水平,竖向	CL1	0, −0.05
第5点	XCD_EP_L2	水平,竖向	XCD_EP_L1	0, −0.05
第6点	XCD_EP_L1	水平,竖向	XCD_EP_L	0, −0.05

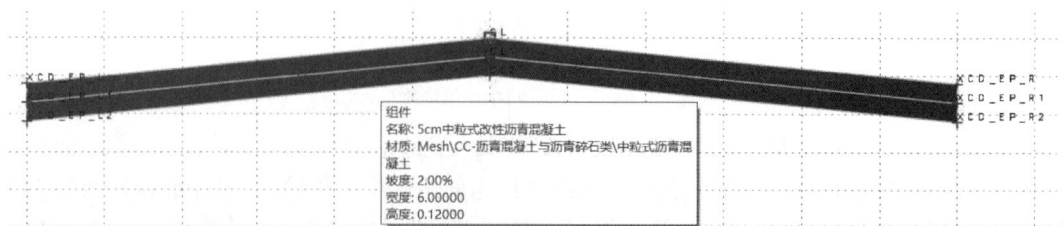

图 2-49　中粒式改性沥青混凝土绘制完成

步骤六：在横断面视图内点击鼠标右键，选择【添加新组件】>【受约束】，当前组件中名称输入"20cm 水泥稳定碎石基层"，特征定义选择"Mesh \ CC-水泥稳定碎石类 \ 水泥稳定碎石"，点名称及约束关系如表 2-17 所示，绘制方法参考以上步骤，绘制完成如图 2-50所示。

20cm 水泥稳定碎石基层绘制   表 2-17

点序号	点名称	约束类型	父点	约束值
第 1 点	CL2	水平,竖向	CL1	0,−0.2
第 2 点	XCD_EP_R2	水平,竖向	XCD_EP_R1	0,−0.05
第 3 点	XCD_EP_R3	水平,竖向	XCD_EP_R2	0,−0.2
第 4 点	CL3	水平,竖向	CL2	0,−0.2
第 5 点	XCD_EP_L3	水平,竖向	XCD_EP_L2	0,−0.2
第 6 点	XCD_EP_L2	水平,竖向	XCD_EP_L1	0,−0.05

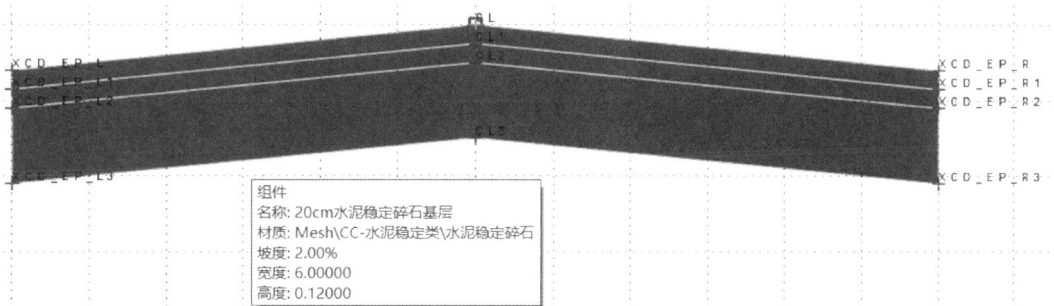

图 2-50 20cm 水泥稳定碎石基层绘制完成

步骤七：在横断面视图内点击鼠标右键，选择【添加新组件】>【受约束】，当前组件中名称输入"30cm 水泥稳定碎石底基层"，特征定义选择"Mesh \ CC-水泥稳定碎石类 \ 水泥稳定碎石"，点名称及约束关系如表 2-18 所示，绘制方法参考以上步骤，绘制完成如图 2-51所示。

30cm 水泥稳定碎石底基层绘制   表 2-18

点序号	点名称	约束类型	父点	约束值
第 1 点	CL3	水平,竖向	CL2	0,−0.2
第 2 点	XCD_EP_R3	水平,竖向	XCD_EP_R2	0,−0.2
第 3 点	XCD_EP_R4	水平,竖向	XCD_EP_R3	0,−0.3
第 4 点	CL4	水平,竖向	CL3	0,−0.3
第 5 点	XCD_EP_L4	水平,竖向	XCD_EP_L3	0,−0.3
第 6 点	XCD_EP_L3	水平,竖向	XCD_EP_L2	0,−0.2

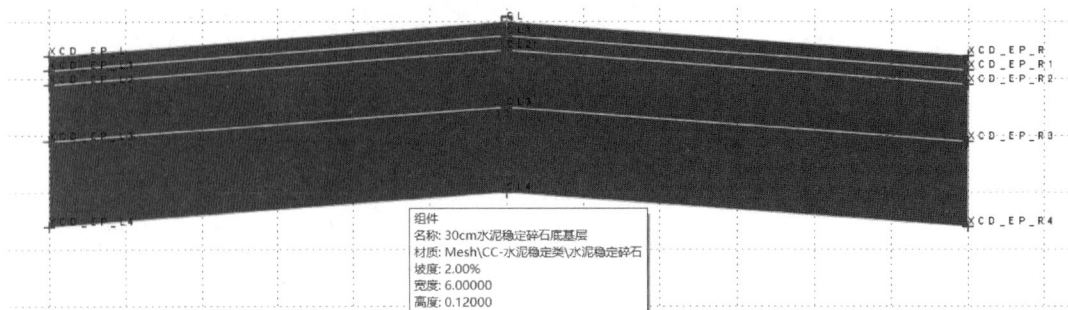

图 2-51　水泥稳定碎石底基层绘制完成

步骤八：在横断面视图内点击鼠标右键，选择【添加新组件】>【末端条件】，当前组件中名称输入"挖方边坡_L"，特征定义选择"Mesh\CC-DEMO 用\挖方边坡"，点名称及约束关系如表 2-19 所示，绘制方法参考以上步骤，绘制开始后勾选上动态设置中的"末端条件为无穷大"，完成前勾选"镜像"生成右侧挖方边坡，最后修改点名称及组件名称，绘制完成如图 2-52 所示。

挖方边坡_L 绘制　　　　　　　　　　　　　　　　　表 2-19

点序号	点名称	约束类型	父点	约束值
第 1 点	XCD_EP_L	水平,坡度	CL	−6,2%
第 2 点	WF_PT_L	水平,坡度	XCD_EP_L	−2.5, −3%
第 3 点	WF_PT_L_1	竖向,坡度	WF_PT_L	5, −150%
第 4 点	WF_PT_L_2	水平,竖向	WF_PT_L_1	−2,0
第 5 点	WF_PT_L_3	竖向,坡度	WF_PT_L_2	5, −125%
第 6 点	WF_PT_L_4	水平,竖向	WF_PT_L_3	−2,0
第 7 点	WF_L	竖向,坡度	WF_PT_L_4	5, −125%

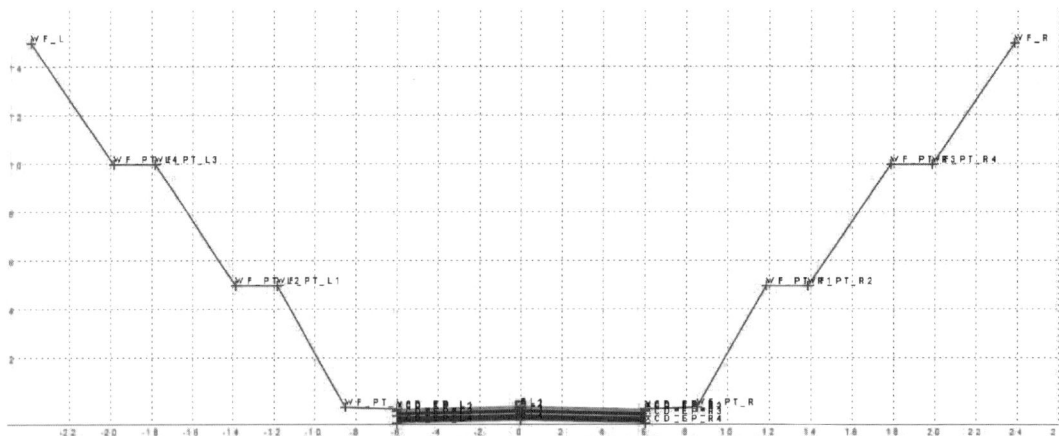

图 2-52　挖方边坡绘制完成

步骤九：在横断面视图内点击鼠标右键，选择【添加新组件】>【末端条件】，当前组件中名称输入"填方边坡_L"，特征定义选择"Mesh\CC-DEMO 用\填方边坡"，点名称及约束关系如

表 2-20 所示,绘制方法参考以上步骤,绘制开始后勾选上动态设置中的"末端条件为无穷大",完成前勾选"镜像"生成右侧挖方边坡,最后修改点名称及组件名称,绘制完成如图 2-53 所示。

填方边坡_L 绘制　　　　　　　　　　　　　　　　　　　　　　表 2-20

点序号	点名称	约束类型	父点	约束值
第 1 点	XCD_EP_L	水平,坡度	CL	−6,2%
第 2 点	TF_L	竖向,坡度	XCD_EP_L	−15,−66.67%

注:"CL = Centerline(中心线)""XCD = 行车道""EP = Edge of Pavement(边缘)""WF = 挖方""TF = 填方""PT = 平台"。

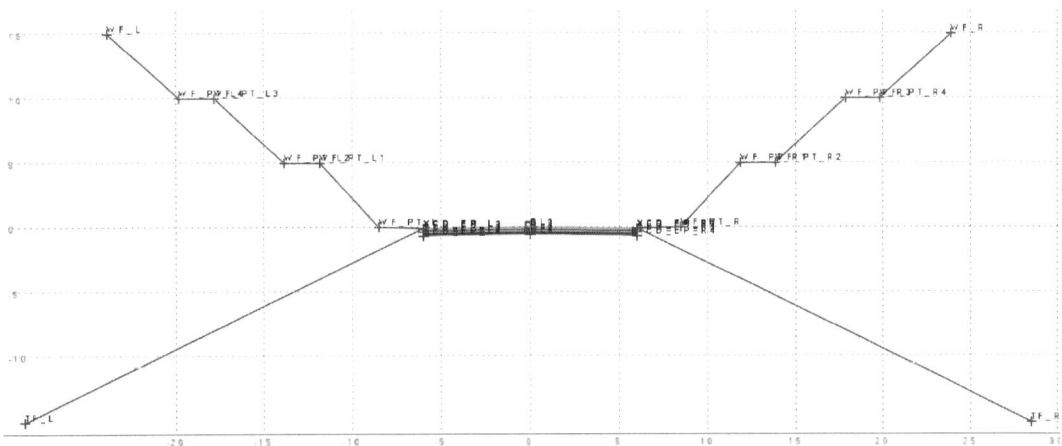

图 2-53　填方边坡绘制完成

(二)道路建模

通过资料文件中"总体图.dwg"图纸可以知道,示例项目中道路分为三段,全长 817m,采取分段建模的方式,每段的里程范围如表 2-21 所示。

道路里程分段　　　　　　　　　　　　　　　　　　　　　　表 2-21

道路	起点桩号	终点桩号
第 1 段	K23 + 146.000	K23 + 375.000
第 2 段	K23 + 965.000	K24 + 466.500
第 3 段	K24 + 713.500	K24 + 800.000

1.创建道路模型

步骤一:新建文件,名为"××公路项目-DL-道路模型.dgn",种子文件选择"Seed2D-Metric Training.dgn"。

步骤二:选择【几何图形】>【基本】>【连接工具】>【参考】▥工具,选择【连接参考】▨,导入"××公路项目-LX-主线""××公路项目-DX"两个文件,"连接设置属性"保持默认,如图 2-54 所示,并且激活地形模型。

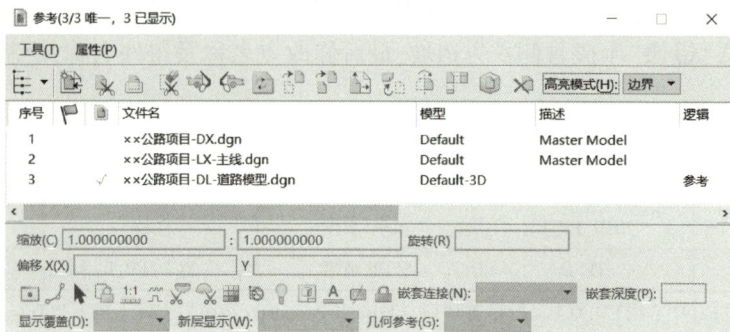

图 2-54　参考路线及地形

步骤二：选中地形模型，悬停鼠标，在快捷命令中选择"属性"，将地形属性中"替代线符"更改为"是"，然后关闭三角网显示，空白视图中鼠标右键长按，选择【ViewControl】>【2 Views Plan/3D】，将二维三维视图平铺，如图 2-55 所示。

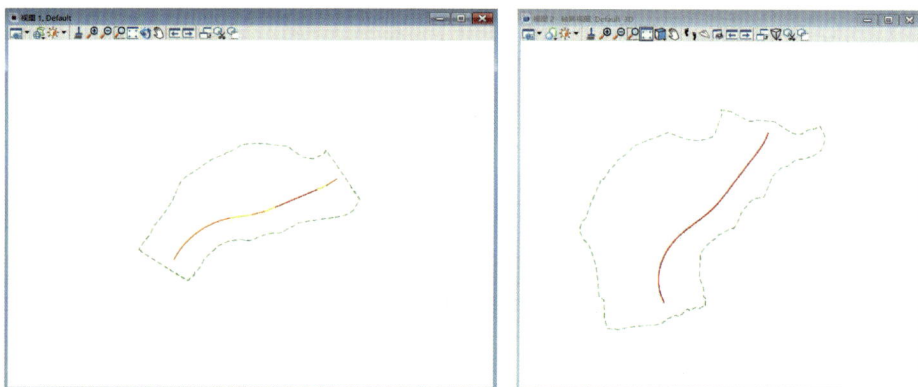

图 2-55　二维三维视图平铺

步骤三：选择【廊道】>【创建】>【新建廊道】工具，左键单击，定位平面线，然后单击鼠标右键进行重置以激活纵断面，特征定义选择"CC-道路总体模型"，特征名称为"道路模型 K23＋146.000～K23＋375.000"，单击左键，自动跳转到"创建三维路面"属性窗口下，模板选择"××公路项目-LJMB"，起点桩号"23146"，终点桩号"23375"，划分间隔（越小模型越精细）为"5"即可，如图 2-56 所示，单击左键以生成道路模型，如图 2-57 所示。

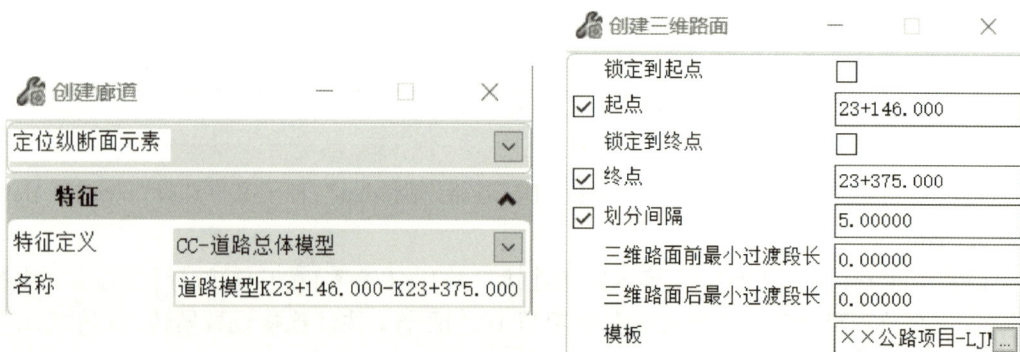

图 2-56　新建廊道属性

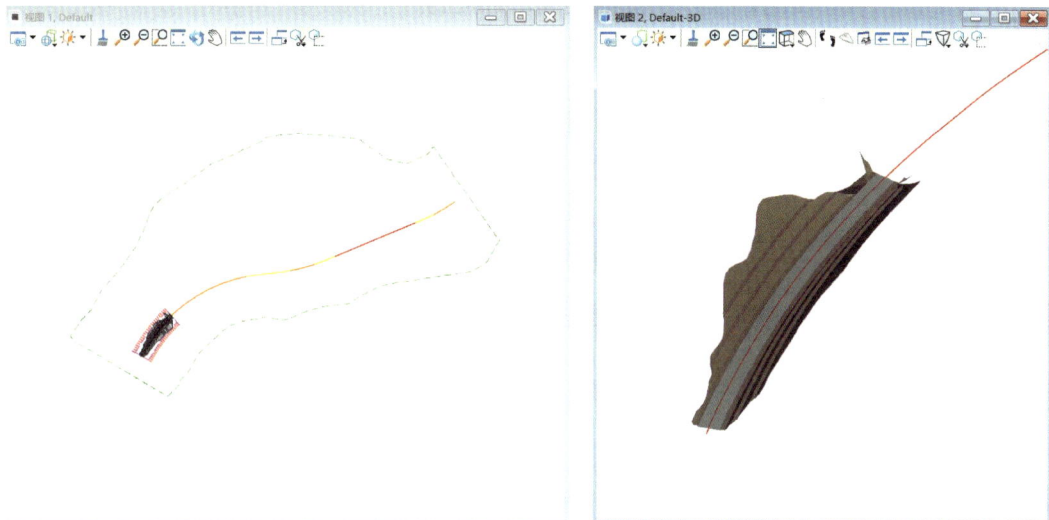

图 2-57　道路模型 K23 + 146.000 ~ K23 + 375.000

步骤四:创建另外两段道路模型,重复步骤三操作,特征名称和起终点桩号根据表 2-21 确定,创建完成如图 2-58 所示。

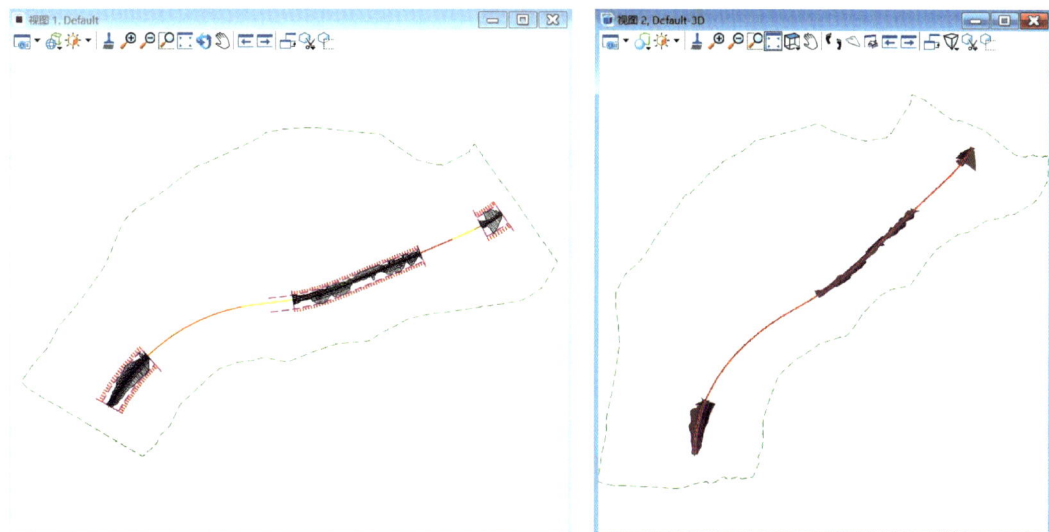

图 2-58　完整道路模型

2. 编辑道路模型

对于一些通常的市政或者公路类型的道路模型创建完成后,还是有很多细节需要进行处理,例如模板修改后道路模型的更新,又如道路的各种宽度以及坡度或者局部高度的变化等,这部分本书通过练习文件以及快速创建的练习模型为例,介绍几种常见的编辑工具,如表 2-22 所示。

常用道路模型编辑工具

表 2-22

编辑工具	图标	描述
编辑三维路面		编辑当前选定的道路所用的横断面模板，并且此修改不影响模板库中的源模板
创建参数约束		通过模板中给定的约束标签，更改一个或多个点的约束值
创建点控制		通过让模板中的点跟随设计文件中特征线进行变化，以达到道路模型的局部变化，变化可以是平面、纵面、两者，这取决于特征线是平面线还是三维线型
廊道对象		用于管理数据，是所有廊道建模对象的摘要，可对廊道模型的已有编辑进行修改
同步模板		用于从库中重新加载模板，由于更改了库模板之后廊道不会自动更新，所以需要用到此工具

（1）创建参数约束：通过参数约束实现类似公交车站加宽的变化。

步骤一：新建文件，文件名为"参数约束"，种子文件选择"Seed2D-Metric Training. dgn"。

步骤二：选择【几何图形】>【平面】>【直线】工具，特征定义为"Geom_Baseline"，随意绘制一条直线即可，如图 2-59 所示，选择直线，可通过属性窗口确定直线"距离"及"线方向"。

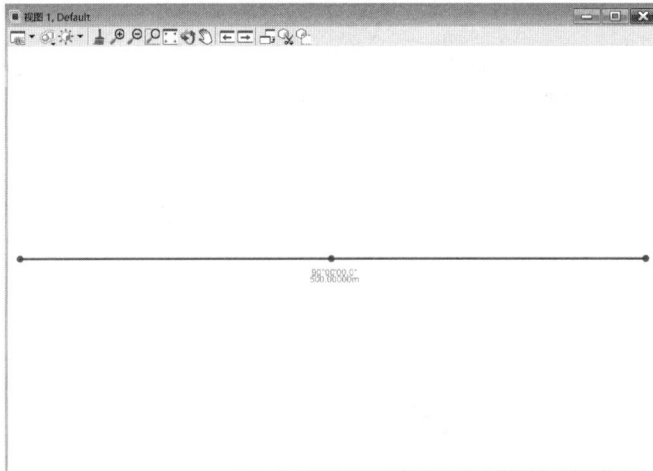

图 2-59 绘制平面线

步骤三：选择【几何图形】>【纵断面】>【元素纵断面】>【按固定高程绘制纵断面】工具，输入高程，特征定义为"Geom_Baseline"，纵断面名称默认即可，选择平面线元素，点击鼠标右键进行重置，以完成选择，进而确定高程，生成三维线型，如图 2-60 所示。

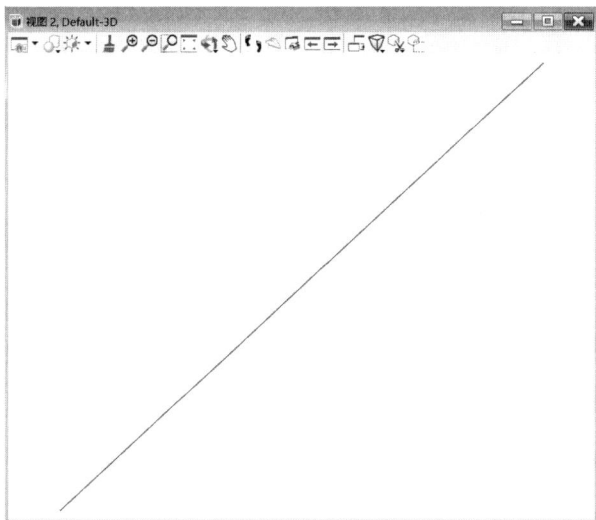

图 2-60　固定高程

步骤四:选择【廊道】>【创建】>【新建廊道】工具,左键单击,定位平面线,然后单击鼠标右键进行重置以激活纵断面,特征定义选择"CC-道路总体模型",特征名称默认即可,单击左键,自动跳转到"创建三维路面"属性窗口下,模板选择"Templates\Urban\Asphalt w/ Curbs\Undivided\2 Lanes",锁定起点桩与终点桩号,划分间隔为"5"即可,如图 2-61 所示,单击左键以生成道路模型,如图 2-62 所示。

图 2-61　新建廊道属性

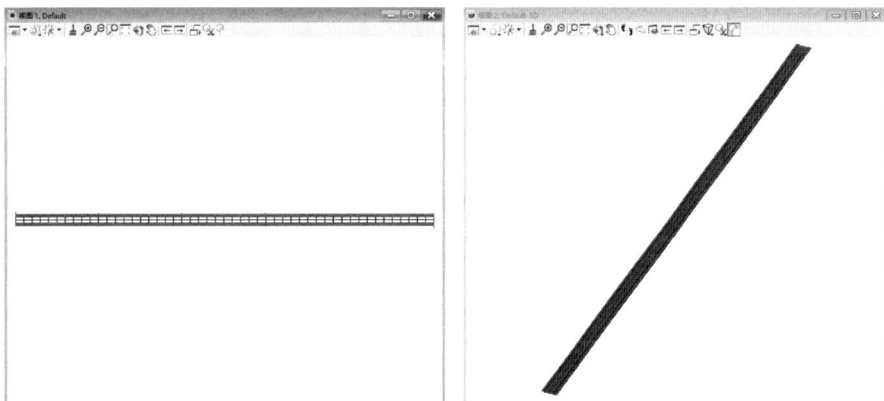

图 2-62　道路模型

步骤五：选择【廊道】>【编辑】>【创建参数约束】⊿工具，在2D视图选择廊道，起点桩号"10"，终点桩号"20"，约束标签"Pavt Width_L"，起始值"-3.65"，结束值"-8.65"，如图2-63所示。

图2-63　第一段约束属性

注：这里的约束标签"Pavt Width_L"是控制模板中点"EOP_L"水平约束值，如图2-64所示。

图2-64　约束标签

步骤六：不需结束命令，在2D视图选择廊道，起点桩号"20"，终点桩号"30"，约束标签"Pavt Width_L"，起始值"-8.65"，结束值"-8.65"，如图2-65所示。

图2-65　第二段约束属性

步骤七:不需结束命令,在2D视图选择廊道,起点桩号"30",终点桩号"40",约束标签"Pavt Width_L",起始值"−8.65",结束值"−3.65",左键接受,完成参数约束,结果如图2-66、图2-67所示。

图2-66　第三段约束属性

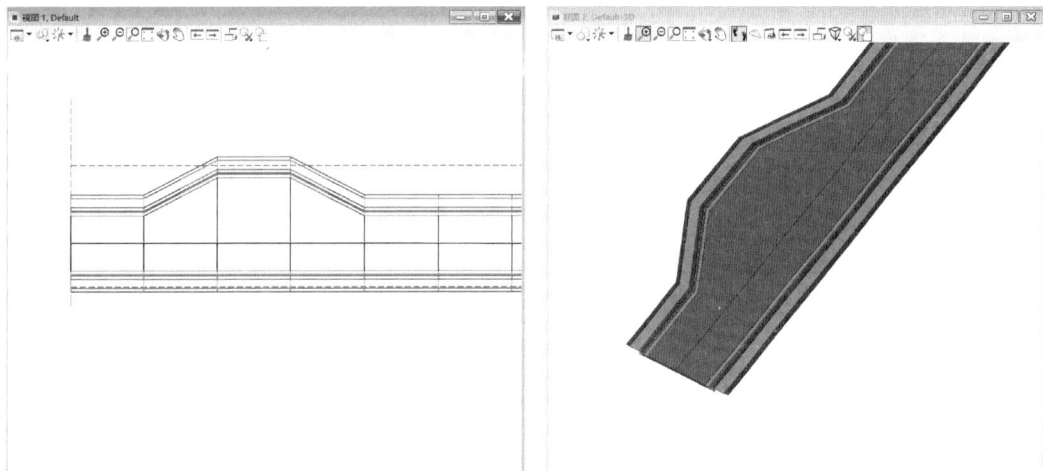

图2-67　参数约束创建完成

(2)创建点控制:通过点控制实现局部平面宽度变化。

步骤一:新建文件,文件名为"点控制",种子文件选择"Seed2D-Metric Training. dgn"。

步骤二:绘制一条平面线,并固定高程即可。

步骤三:选择【廊道】>【创建】>【新建廊道】工具,左键单击,定位平面线,然后单击鼠标右键进行重置以激活纵断面,特征定义选择"Final",特征名称默认即可,单击左键,自动跳转到"创建三维路面"属性窗口下,模板选择"Templates\Urban\Asphalt w/Curbs\Undivided\2 Lanes",锁定起点桩与终点桩号,划分间隔为"10"即可,单击左键以生成道路模型。

步骤四:选择【几何图形】>【平面】>【偏移和渐变】>【局部路段渐变偏移】工具,勾选"锁定到起点"和"锁定到终点",起点偏移"5",终点偏移"25",镜像选择"否",特征定义选择"线性/Pavement/Road_EdgeOfPavement",如图2-68、图2-69所示。

图 2-68　局部路段渐变偏移属性

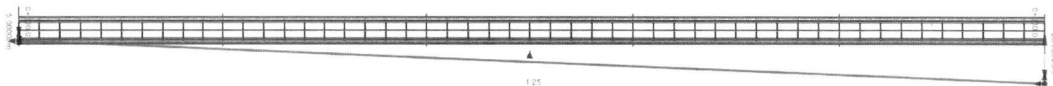

图 2-69　局部路段渐变偏移

步骤五：选择【廊道】>【编辑】>【创建点控制】┤┼工具，在 2D 视图选择廊道，勾选"锁定到起点"和"锁定到终点"，控制描述自定义即可，如"加宽"，点选择"EOP_R"，模式选择"平面"，控制类型为"线性几何"，平面图元素选择"RodEoP"（上步中所创建的偏移线），不勾选"用作次要路线"，优先级默认即可，起点终点偏移均为"0"，左键接受，完成点控制创建，如图 2-70、图 2-71 所示。

图 2-70　创建点控制属性

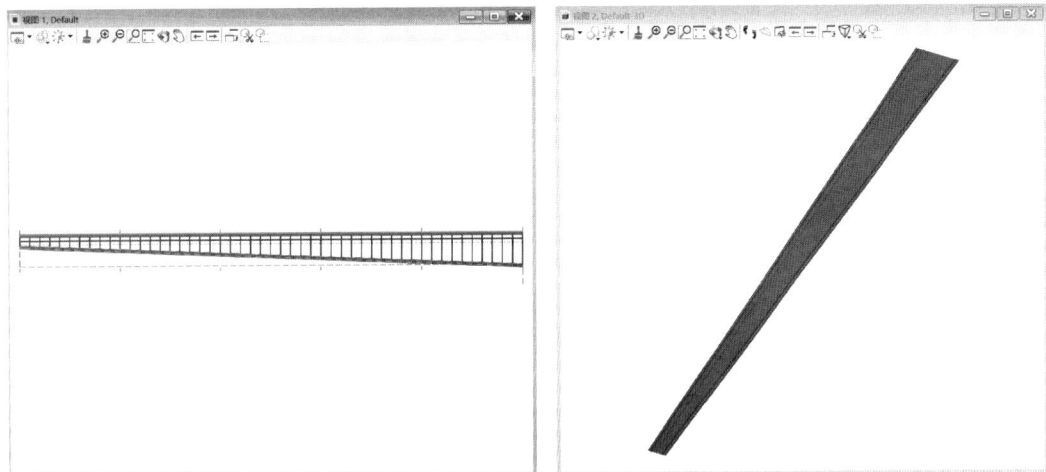

图 2-71 点控制创建完成

第二节 桥梁模型创建

桥梁可以简单划分为上部结构、下部结构、附属结构三部分。其中上部结构主要包括主梁;下部结构主要包括墩(含基础)、台(含基础);附属结构主要包括护栏、铺装、搭板、锥坡。而桥梁建模也是按这种结构划分来进行的,其中护栏、铺装在建模时与上部结构一起创建,而搭板、锥坡因为与桥台关系紧密,划分到与下部结构一起创建。

一、桥梁建模流程

桥梁建模是一个复杂且精细的过程,它需要将桥梁的上部结构和下部结构分解为多个单独的构件,如梁、墩、台等,然后逐一创建这些构件的三维模型,桥梁建模主要流程如图 2-72 所示。这种分解和单独建模的方法有助于提高模型的精度和灵活性。

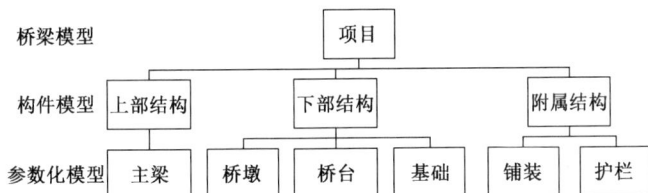

图 2-72 桥梁建模流程

上部结构建模主要包括梁板和支座等。在建模过程中,需要详细考虑桥面的布局、梁板的形状和尺寸等因素。对于复杂的桥梁结构,如斜拉桥或悬索桥,还需要创建拉索或钢缆的三维模型。

下部结构建模包括桥墩、桥台和基础等。这些构件的建模需要考虑到地质条件、承载能力等因素。例如,桥墩的形状和尺寸需要根据地质勘察数据和设计要求来确定。

附属结构建模包括桥面铺装、护栏等。根据桥梁的设计要求和实际情况,确定需要建模的附属结构类型和尺寸。在建模过程中,需要注意模型的精度和细节,确保每个结构都能够准确反映实际情况。

在 BIM 建模中,构件的模型通常是参数化的。这意味着可以通过修改主控参数来快速调整模型的形状、尺寸和其他属性。这种参数化的建模方法不仅提高了建模效率,还使得模型更易于修改和优化。

当所有构件的模型都创建完成后,需要根据桥梁的实际结构和相对位置将这些模型拼搭起来形成全桥模型。这个过程需要确保各个构件之间的连接和位置关系准确无误。

完成全桥模型后,需要进行模型验证和优化工作。这包括检查模型的几何形状、结构合理性、材料使用等方面是否符合设计要求。如果发现问题或不足之处,需要及时进行调整和优化。

总的来说,桥梁建模是一个复杂而精细的过程,需要综合考虑多个因素和技术要求。通过采用参数化的建模方法和精确的拼搭技术,可以创建出高质量、高精度的桥梁模型,为桥梁的设计、施工和维护提供有力的支持。

二、桥梁构件模型创建

(一) 创建基准和工作平面

1. 高程和轴网的概念

(1)高程即建筑物在立面、剖面的高度定位。在 Revit 软件中,高程是一个无限的水平平面,凡是同一高度位置上的点,均在这个平面上。为了方便修改高程,在软件中,高程的绘制是有长度限制的,在南、北立面绘制的高程,左、右端点间可以理解为高程的长;在东、西立面绘制的高程,左、右端点间可以理解为高程的宽。从软件显示角度来说,高程是一个有限的水平平面,但实质上高程是一个无限的水平平面。

(2)轴网,即建筑物在平面视图中的位置定位。在 Revit 中,轴网和高程理解很像,轴网不是一条线,而是和高程水平垂直的竖直面。通常看到的轴网是竖直面和水平面相交得到的交线,也可以理解为投影线。因此在二层的高程中,可以在同样的位置看到同样的交线,因为轴网的本质是竖直面。

2. 创建高程

(1)创建项目

启动 Revit 2022,在启动界面,选择【模型】→【新建】,弹出"新建项目"对话框,在"样板文件"下拉列表框中选择 2"构造样板",如图 2-73 所示,单击【确定】进入"新建项目"界面。

(2)创建高程

结合桥梁总体布置图及构件详图创建桥梁项目,如图 2-74 所示。

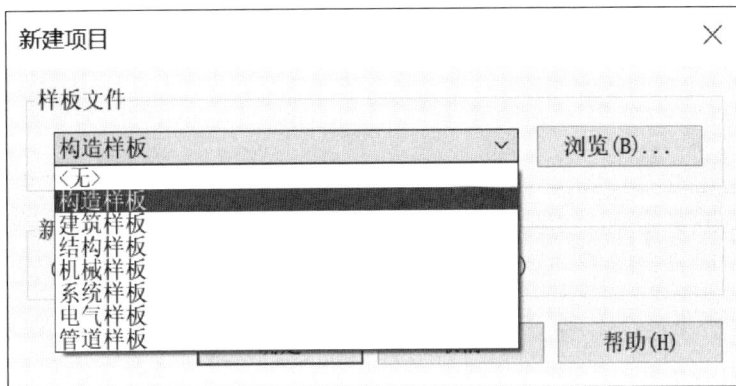

图 2-73　新建项目

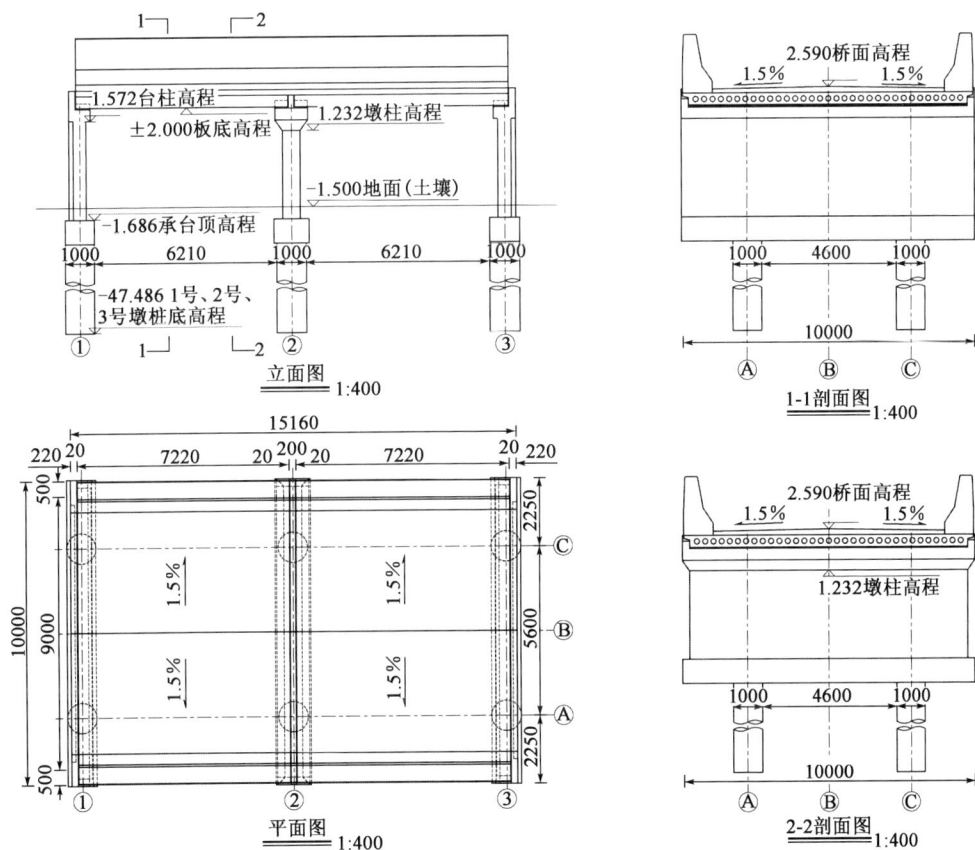

图 2-74　桥梁总体布置图

在"新建项目"界面,选择【项目浏览器】→【立面】,双击打开【东】(以"东立面"为例),此时绘图区域切换至东立面视图,在显示项目样板文件中的高程中删除多余高程,只保留"标高 1"和"标高 2"。"标高 1"的默认高程值为 ± 0.000,"标高 2"的默认高程值为 4.000,如图 2-75 所示。注意:Revit 中高程值的单位为米(m)。

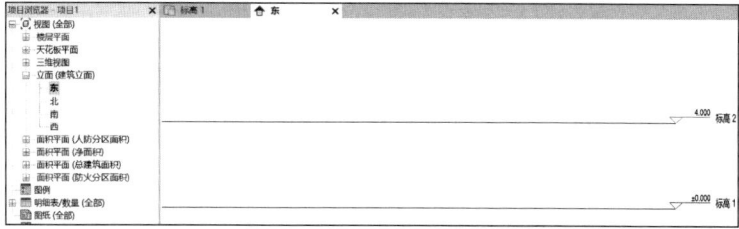

图 2-75　东立面视图

根据桥梁总体布置图复制"标高 1"，输入间距值 1686mm，修改高程名称为"承台顶标高"，见图 2-76。

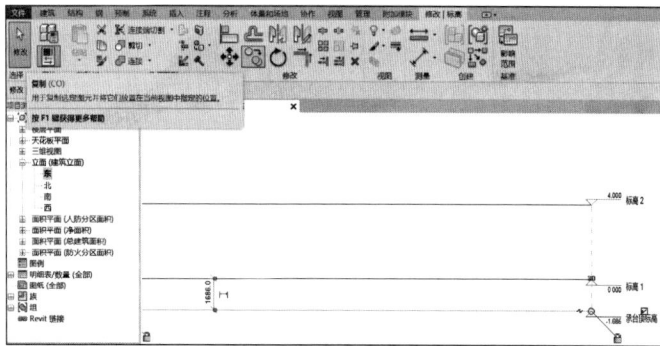

图 2-76　复制创建高程

鼠标点击"标高 2"数值，修改为 1.232，并调整名称为"墩柱标高"，重命名相应视图，如图 2-77所示。

图 2-77　修改高程

复制"标高 1"，输入数值分别为 1572 和 2000，创建"台柱标高"和"板底标高"，如图 2-78所示。

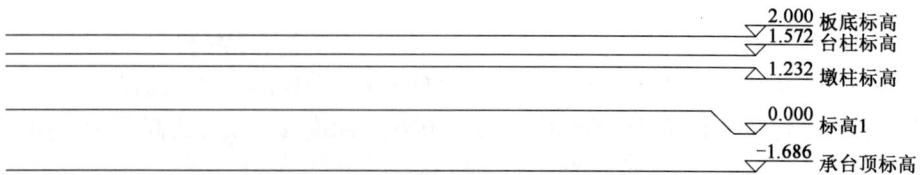

图 2-78　"台柱标高"和"板底标高"创建

将创建完成的高程添加到项目浏览器的楼层平面视图中,如图 2-79 所示。

图 2-79　新建楼层平面对话框

确定后完成楼层平面中新建高程平面视图的添加。

3.创建轴网

双击项目浏览器中楼层平面中"标高 1"视图,创建桥梁总图布置图的平面轴网。打开【建筑选项板】>【基准选项卡】>【轴网】,如图 2-80 所示。

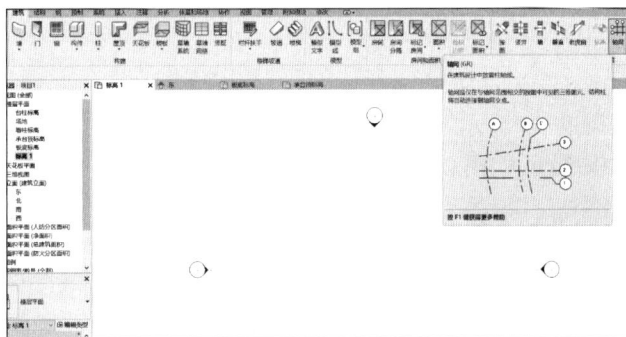

图 2-80　轴网命令

依次绘制间距为 7210 的 1 ~ 3 轴,2800 的 A ~ C 轴,如图 2-81 所示。

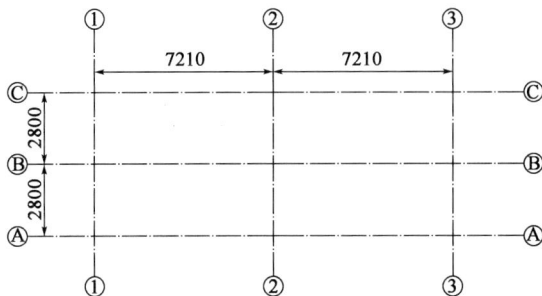

图 2-81　桥梁项目轴网创建

4.创建工作平面

设置的 Revit 工作平面是一个用作视图或绘制图元起始位置的虚拟二维表面,是建模的重要参照。设置工作平面后,所有在建模过程中绘制的点、线、面都会放在这个工作平面上。通过设定不同的工作平面来进行绘制,Revit 可以完成一些复杂的形体建模。

以已经命名的面作为工作平面。选择"项目浏览器"→"楼层平面",双击打开"台柱底标高"(以"台柱标高"为例),此时绘图区域切换至"台柱标高"视图。在功能区选择"建筑"选项卡,在"工作平面"面板单击"设置"按钮,弹出"工作平面"对话框。在对话框中,单击"名称"下拉选项,选项中列出了已经命名的工作面,选择其中一个,即可作为新工作面,如图 2-82 所示,比如选择"台柱标高",单击"确定"完成"台柱标高"工作平面的设置。

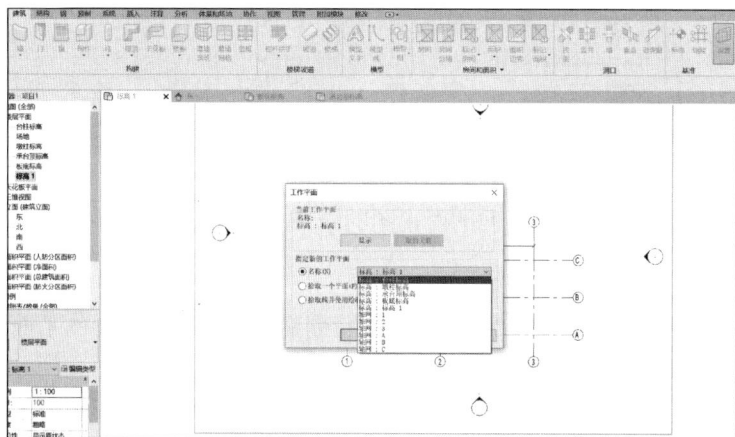

图 2-82　选择"台柱标高"工作平面

在"工作平面"面板单击"显示"按钮,此时绘图区域会形成一个默认网格间距为"2000"的可视"板底标高"工作平面,如图 2-83 所示。

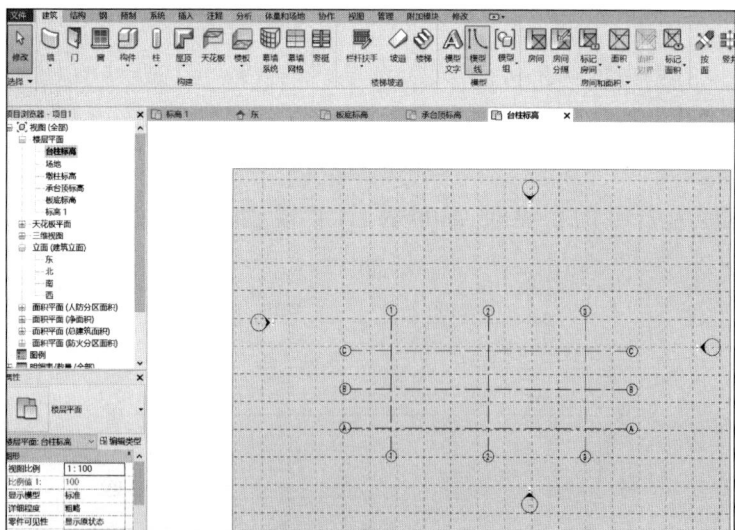

图 2-83　可视工作平面

拾取一个平面作为工作平面。将视图切换至三维视图,选择"建筑"-"设置"按钮,弹出"工作平面"对话框。在对话框中,勾选"拾取一个平面"按钮,单击"确定"。将光标移动至构件任意面,会出现蓝色边框进行虚拟选中,单击鼠标选择工作面(以构件底面为例),即完成工作平面的拾取。

5.创建场地模型

(1)场地设置

根据图2-84中的地面(土壤)高程,创建长度为17000mm和12000mm的地形,创建高程。选择"体量和场地"选项卡,在"场地建模"面板,单击右下角的斜向箭头,打开"场地设置"对话框,如图2-85所示。

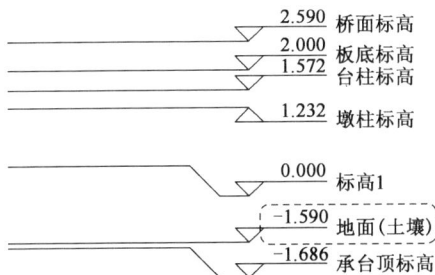

图2-84　地面(土壤)高程

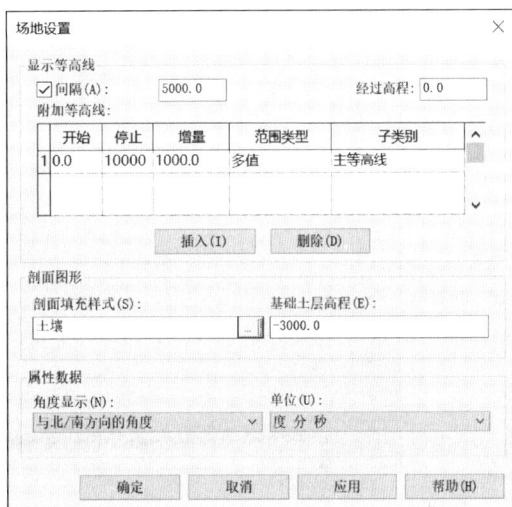

图2-85　场地设置对话框

在此,可以设置等高线的显示形式、设置地面的剖面图案和地形表面属性。

①显示等高线:设置主等高线和次等高线的间距。间隔:设置主等高线的间隔距离。经过高程:设置主等高线经过的高程,通常设置第一条主等高线的高程。附加等高线:在主等高线中间附加次等高线或主等高线。在"范围类型"中选择单一值,只附加一条等高线;选择多值:按增量间距附加多条等高线。选择单一值时,只有"开始"可用,选择多值时,"开始""停止"同时可用。"开始"是附加等高线开始的高程,"停止"是指附加等高线结束的高程。插入、删除:插入或删除附加等高线。注意:在快速工具栏单击"细线"按钮或在"视图"选项卡-"图形"面板,单击"细线"按钮,可以显示主等高线为粗实线,次等高线为细实线。

②剖面图形。剖面填充样式:单击后面的"|＿|",打开"材质浏览器"可以选择地面剖面图案,默认为"土壤-自然"图案。基础土层高程:基础土层的厚度,±0.000以下土层的深度。属性数据:设置地形表面角度显示和单位属性。

(2)创建地形表面

选择"体量和场地"选项卡,在"场地建模"面板,单击"地形表面"工具,激活"修改|编辑表面"选项卡。在"工具"面板可以通过"放置点""通过导入创建"创建地形表面,同时还可以

对创建的地形表面进行"简化表面"操作。

①"放置点"：通过输入点的高程，将带有高程的点放置在地面上。注意：放置三个高程相同的点时，就形成一条闭合等高线。高程为绝对高程，默认单位为 mm。

②"通过导入创建"：一是通过导入的 DWG、DXF、DGN 格式的三维等高线数据创建地形表面，二是通过其他软件生成的高程点数据创建地形表面。

③"简化表面"：减少地形表面点数，减少地形表面点数可以提高系统性能。

在"项目浏览器-楼层平面-地面（土壤）"平面视图，根据地形要求绘制确定好的矩形轮廓线（可应用"建筑-工作平面-参照平面"绘制辅助线），选择"放置点"放置矩形四个点，创建一个地形表面，在"属性-材质和装饰"中添加材质类型土壤，如图 2-86 所示。

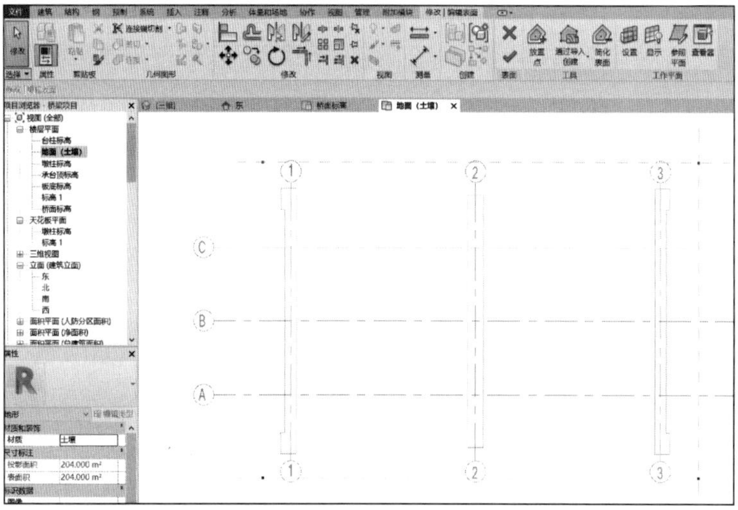

图 2-86　创建地形表面

（二）内建模型创建桥梁下部构件

在 BIM 道路桥梁工程建筑物中，有些构件是相似的，也是有规律可循的，采用载入族的方式来创建此类构件，可以提高建模效率，节约建模时间；但有些构件是差异较大的异形部件，如果采用系统族或载入族的方式创建，过程烦琐复杂，宜采用内建模型的方式创建此类构件。

内建模型又称内建族，是在内建模型界面，使用拉伸、融合、旋转、放样、放样融合方法在项目中创建的"实心形状"或"空心形状"模型。内建模型只能在当前项目中创建、存储、使用。

1.内建模型界面的打开方法

（1）在项目中，单击"建筑-构建-构件-内建模型"或"结构-模型-构件-内建模型"打开"族类别和族参数"对话框。

（2）选择"常规模型"，单击"确定"按钮，打开内建模型"名称"对话框。

（3）输入要创建的模型名称，如"承台及基础"，单击"确定"按钮，如图 2-87 所示。

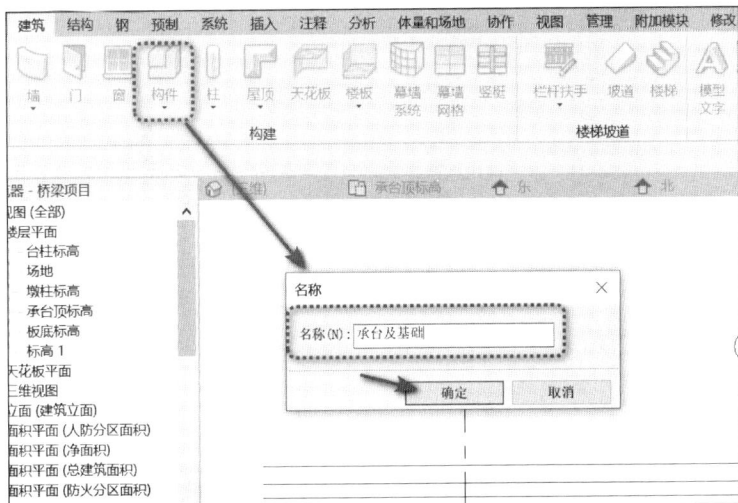

图 2-87　承台及基础内建模型

2. 承台及基础模型创建

利用桥台结构(图 2-88),选择"承台顶标高"平面图创建桩基础模型。

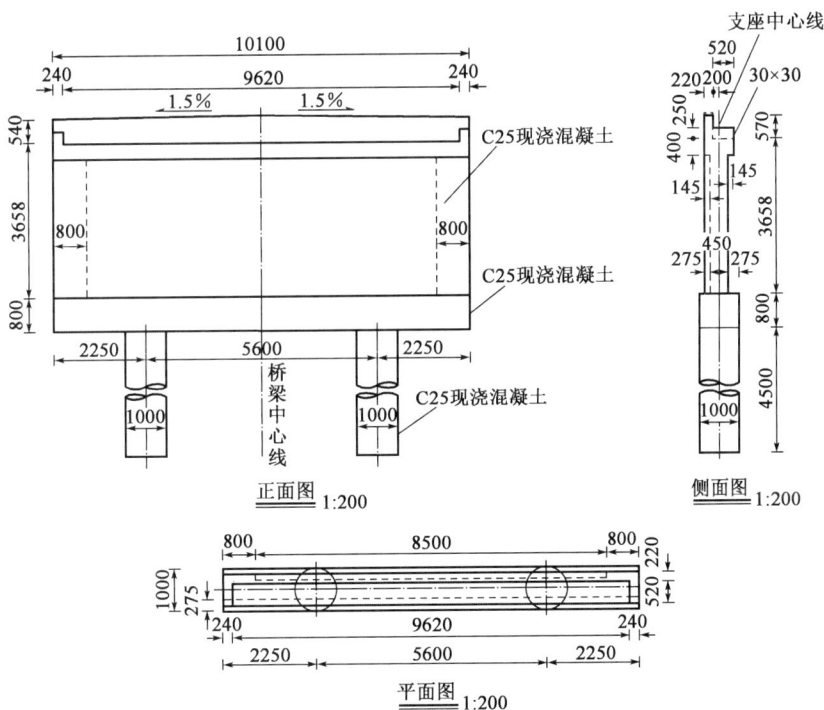

图 2-88　桥台结构图(尺寸单位:mm)

选择"创建-拉伸"命令,在 1-1 轴与 A-A 和 C-C 轴相交位置绘制半径为 500mm 的圆形,修改拉伸起点为 −800mm、拉伸终点为 −45800mm,如图 2-89 所示。

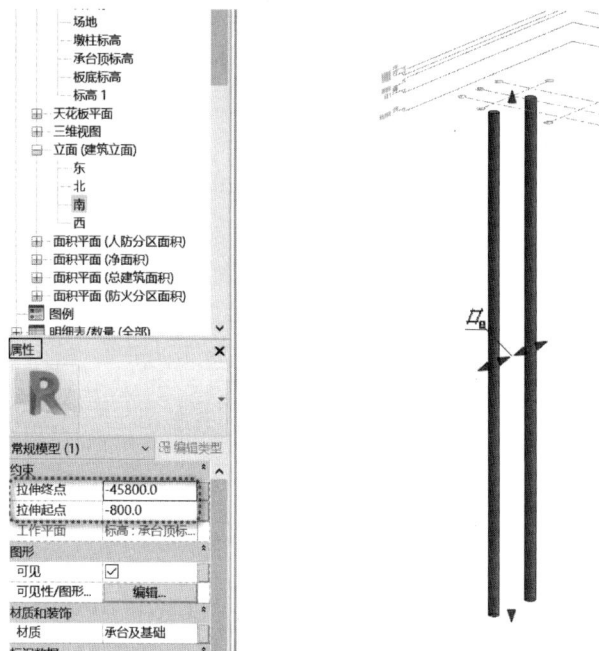

图 2-89　桩基础模型创建

切换到"项目浏览器-楼层平面-承台顶标高"平面视图，继续启动"创建-拉伸"命令，绘制宽为 1000mm、长为 10100mm 的矩形，修改拉伸起点为 −800mm、拉伸终点为 0mm，勾选后完成承台模型创建，如图 2-90 所示。

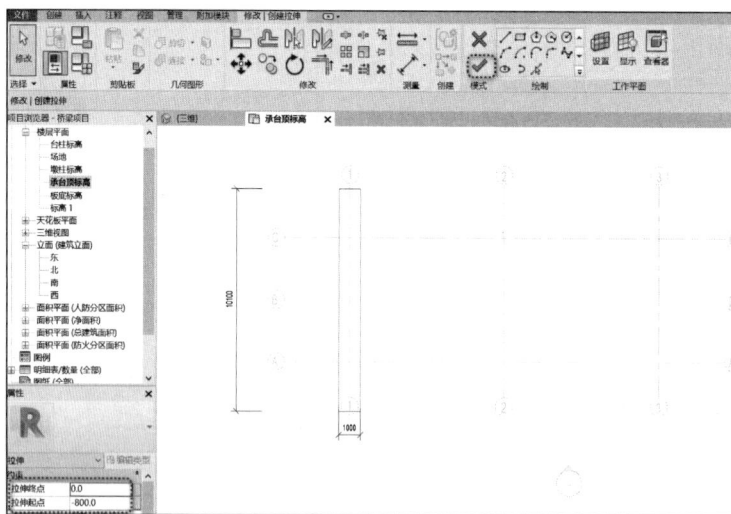

图 2-90　承台模型创建

将桩基础和承台构件应用"修改｜拉伸-几何图形"中"连接几何图形"命令进行连接，然后选择承台部分，单击属性选项板中的材质和装饰，打开材质浏览器，新建材质后重命名为"承台及基础"，在资源浏览器中外观库选择"混凝土-现场浇筑"，勾选"图形"选项卡中"使用渲染外观",单击"应用"后,选择"确定"完成材质的添加,见图 2-91。

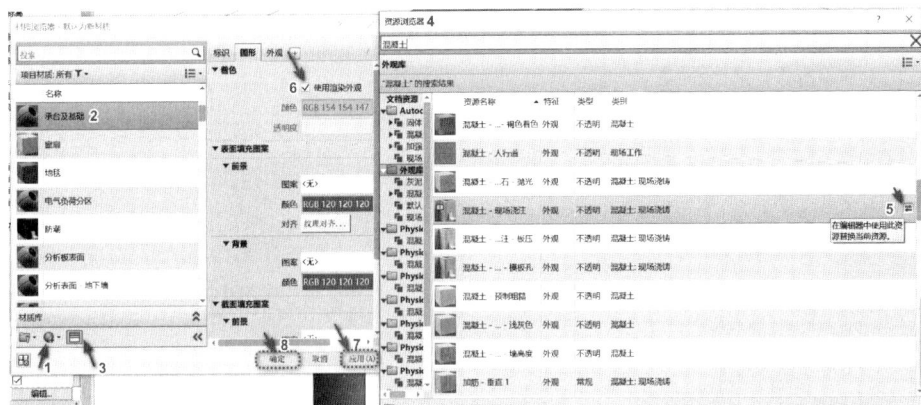

图 2-91 材质添加

3.桥台模型创建

切换到"项目浏览器-立面-南"立面视图,单击"建筑-构建-构件-内建模型",内建常规模型并将其命名为"桥台模型",继续启动"创建-拉伸"命令,根据图 2-87 侧面图绘制台身轮廓,绘制距离 1 轴长度为 370mm、台身高度为 3258mm、顶部宽度为 595mm 的矩形轮廓,切换到三维模型,发现轮廓处于 A 轴线位置处,将其拉伸起点修改为 − 2250mm,拉伸终点修改为 7850mm,完成长方体模型创建。仍在南立面视图中,启动"创建-空心拉伸"命令,在台身左下角点开始绘制数值为 145mm、高度为 3258mm 的矩形轮廓,修改空心拉伸起点为 − 1450mm、空心拉伸终点为 7050mm,见图 2-92。

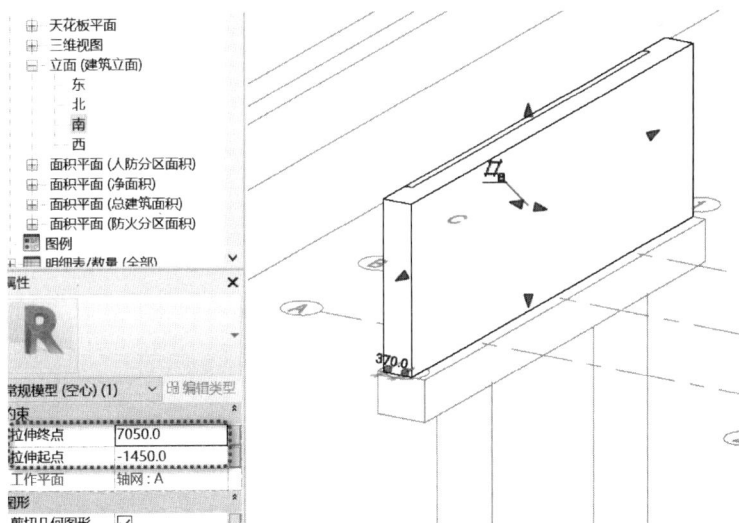

图 2-92 台身模型创建

仍在南立面视图,继续应用"创建-拉伸"命令,在台身左上角点绘制宽度为 740mm、高度为 400mm 的矩形轮廓,并在右上角点处修剪 30 × 30mm 的倒角,修改拉伸起点为 − 2250mm、拉伸终点为 7850mm,完成台帽模型的创建。

切换到"项目浏览器-立面-西"立面视图，启动"创建-拉伸"命令，弹出工作平面对话框，指定新的工作平面"名称-轴网:1"确定后创建两边挡块模型，见图2-93。

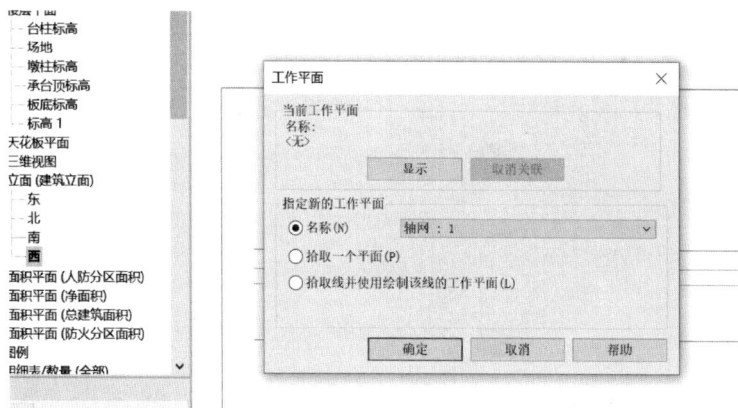

图2-93　指定工作平面

在台身顶部左角点绘制高为400mm、宽为240mm的矩形轮廓，应用"镜像-拾取轴"命令选择 B 轴线，将此轮廓从左侧镜像到右侧，见图2-94。

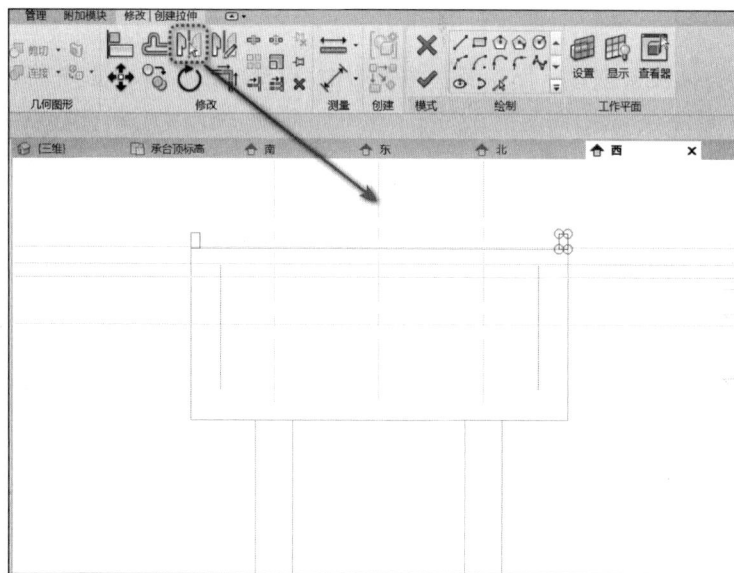

图2-94　挡块轮廓镜像

修改挡块轮廓拉伸起点为 −200mm、拉伸终点为320mm，完成挡块模型的绘制。

继续在"项目浏览器-立面-西"立面视图，启动"创建-拉伸"命令，弹出工作平面对话框，指定新的工作平面"名称-轴网:1"绘制挡墙模型。以模型左端点作为起点绘制挡墙轮廓，左侧高度为540mm，挡墙模型中间高两端低，双向坡度为1.5%，因此中间点高度为616mm，见图2-95。

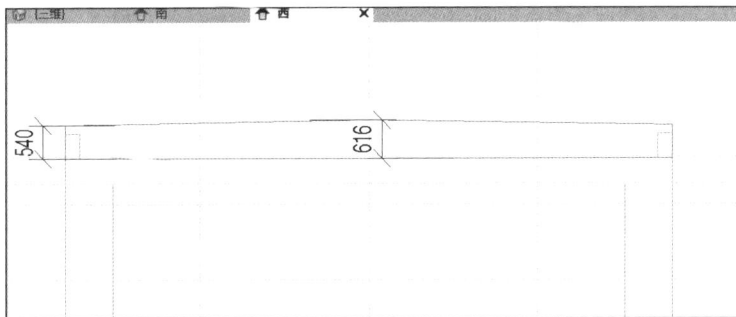

图 2-95　挡墙轮廓

修改拉伸起点为 -370mm、拉伸终点为 -200mm,完成挡墙模型的创建。应用承台及基础材质添加方法,完成桥台材质的添加,此处不再赘述。

4. 桥墩模型创建

在三维视图中选择"承台及基础"和"桥台"模型,切换到"项目浏览器-楼层平面-承台顶标高"平面视图,应用"修改｜常规模型-修改-镜像拾取轴"命令,拾取 B 轴,将选择的常规模型镜像到另一侧。

结合桥墩结构图 2-96 可知,桥墩下面承台与桥台下面承台不同,此处应用前述"承台及基础"模型的创建方法,在 2-2 轴线处重新创建"桥墩承台及基础"模型。

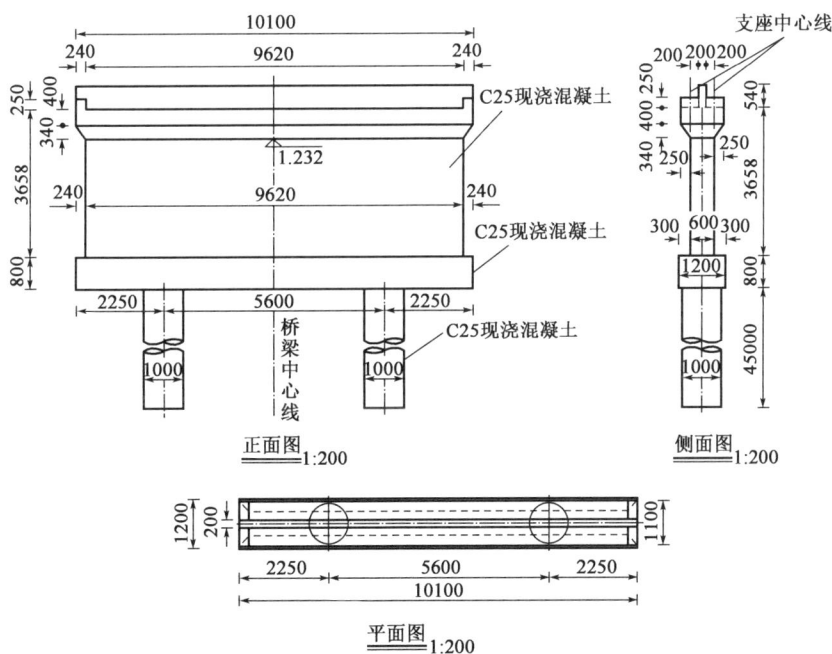

图 2-96　桥墩结构图(尺寸单位:mm)

同样选择内建常规模型,并将其命名为"桥墩模型",切换到"项目浏览器-楼层平面-墩柱标高"平面视图,选择"创建-拉伸"命令进行墩身模型的创建,在 2-2 轴线上与 A-A 轴垂直距离为 2010mm 处绘制数值为 300mm 的线段,然后绘制高度为 9620mm、宽度为 600mm 的矩形轮廓,修改拉伸起点为 –2918mm、拉伸终点为 0mm,完成墩身模型绘制。

墩帽模型需分两部分创建,第一段墩顶高程至 340mm 处采用融合命令绘制,第二段 400mm 高度处可采用拉伸命令绘制。在"项目浏览器-楼层平面-墩柱标高"平面视图,选择"创建-融合"命令进行第一段模型创建,底部轮廓为 600mm × 9620mm 的矩形,完成后切换到顶部轮廓,绘制 1100mm × 10100mm 的矩形,完成后修改"属性-融合-约束-第二端点"数值为 340mm,见图 2-97。

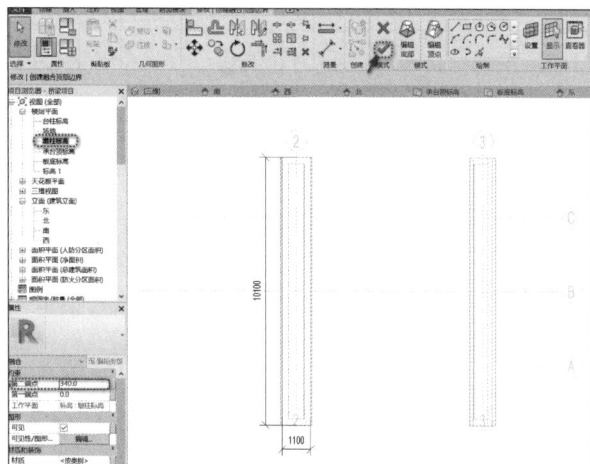

图 2-97　墩帽融合模型(尺寸单位:mm)

在"项目浏览器-楼层平面-墩柱标高"平面视图,选择"创建-拉伸"命令进行第二段墩帽模型创建,绘制 1100mm × 10100mm 的矩形轮廓,修改拉伸起点为 340mm,拉伸终点为 740mm,完成墩身模型绘制。

在"项目浏览器-立面-南"立面视图,启动"创建-拉伸"命令,绘制 250mm × 450mm 矩形,并拾取 2-2 轴进行轮廓镜像,修改拉伸起点为 –2250mm,拉伸终点为 –2010mm,完成一侧挡块模型的创建,再应用"修改│常规模型-修改-镜像拾取轴"命令,拾取 B 轴完成另一侧挡块模型的镜像,见图 2-98。

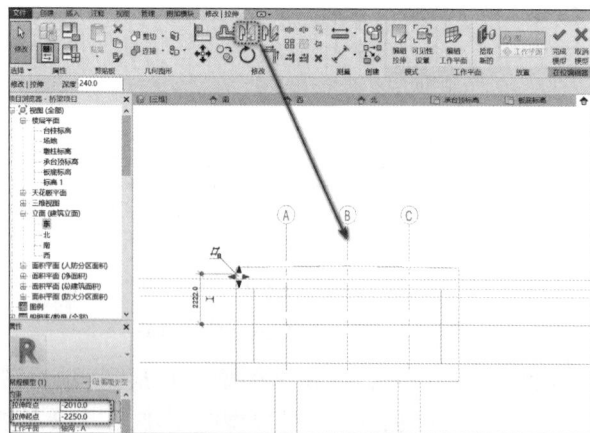

图 2-98　挡块模型的创建

墩帽上部隔板模型的创建,仍然选择"项目浏览器-立面-南"立面视图,启动"创建-拉伸"命令,绘制 200mm×540mm 矩形,修改拉伸起点为 –2250mm,拉伸终点为 7850mm,完成墩帽上部隔板模型的创建,连接后添加材质,见图 2-99。

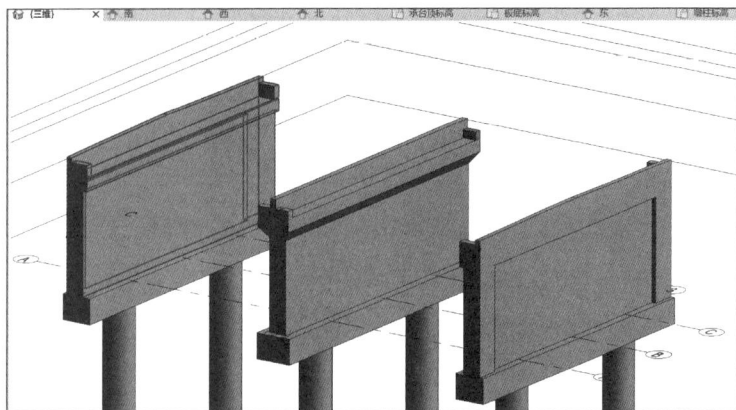

图 2-99 桥墩三维模型

(三)内建模型创建桥梁上部构件

1. 支座模型创建

根据空心板梁构造图确定支座的位置,见图 2-100。

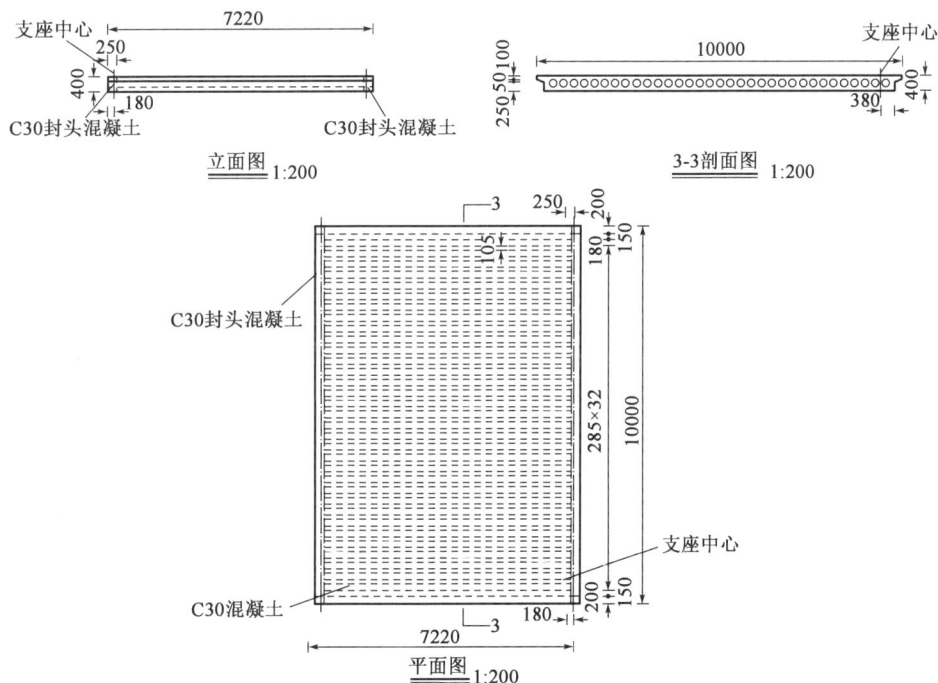

图 2-100 空心板梁构造图(尺寸单位:mm)

每跨空心板梁与桥墩、桥台接触处各放置一排橡胶支座，共 16 个，规格为 D（直径）=200mm，H（高度）=28mm，共 32 个。根据此条件并结合桥梁总体布置图、桥台结构图、桥墩结构图和空心板构造图确定支座的位置和间距，首个支座中心距离挡块边缘为 390mm。切换到"项目浏览器-楼层平面-板底标高"平面视图，内建模型并将其命名为"支座"，启动"创建-拉伸"命令，距离 A-A 轴 1620mm 位置绘制半径为 100mm 的圆形轮廓，修改拉伸起点为 -28mm、拉伸终点为 0mm，完成支座模型创建，见图 2-101。

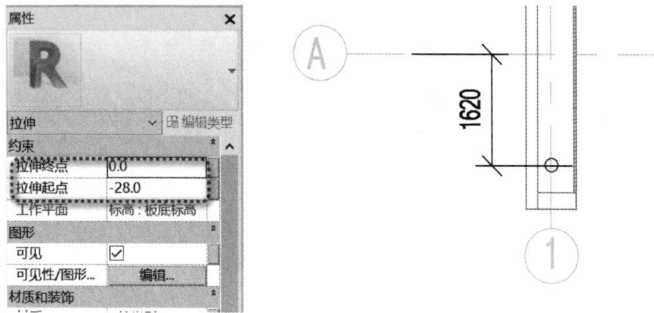

图 2-101　支座模型创建（尺寸单位：mm）

　　添加支座材质为橡胶，完成单个支座模型创建后，在"板底标高"平面视图中，选择单个支座，单击"修改｜常规模型-修改-阵列"命令，选择"线性"，取消"成组并关联"，项目数修改为 16 个，选择移动到"最后一个"，在绘图区点击第一点和最后一点，完成桥台上部支座模型的阵列布置，见图 2-102。

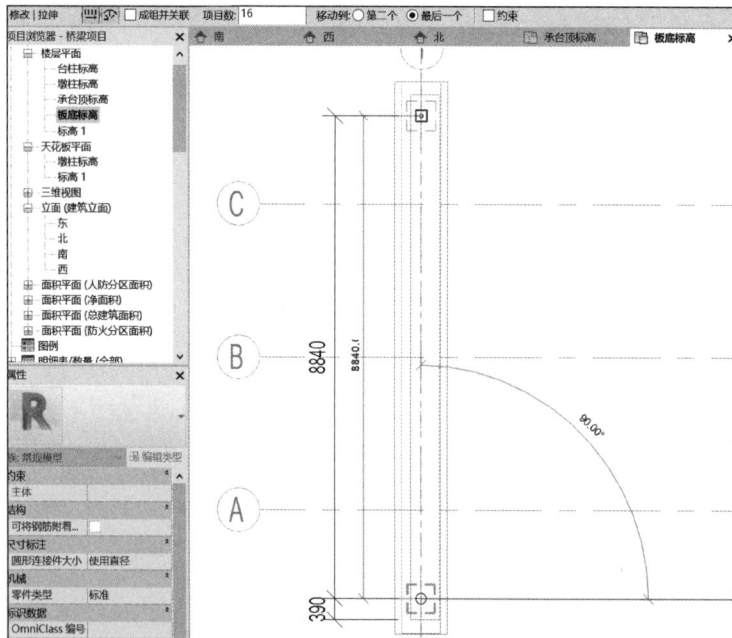

图 2-102　支座模型阵列（尺寸单位：mm）

　　左侧桥台支座布置完成后，选择此列支座，镜像到右侧桥台上。将桥台上的支座分别复制到桥墩上，完成整个桥梁项目支座的布置，见图 2-103。

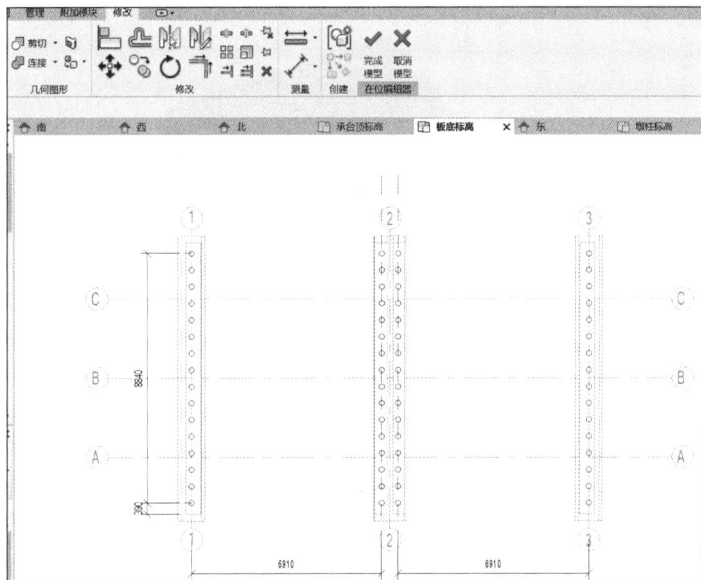

图 2-103　桥梁项目支座的布置(尺寸单位:mm)

2. 空心板模型创建

继续应用内建模型创建空心板,在"项目浏览器-立面-东"立面视图内建模型并将其命名为"空心板"。应用"创建-拉伸"命令在东立面绘制空心板轮廓,参照图 2-100 空心板剖面图给定尺寸完成轮廓绘制,见图 2-104,并将拉伸起点和终点分别修改为 – 180mm 和 7040mm,完成空心板模型创建。

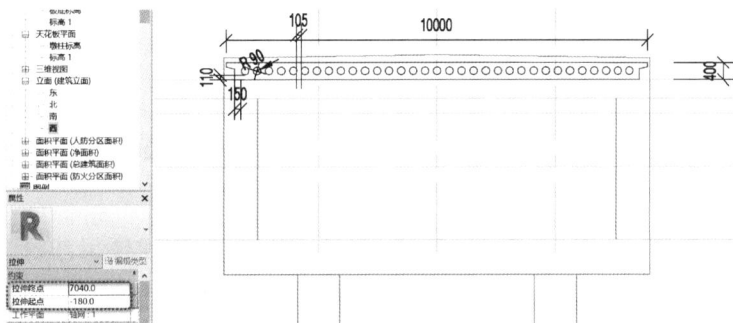

图 2-104　空心板拉伸轮廓

空心板模型创建完成后,对其添加混凝土材质,添加方法同前。根据空心板构造图可知空心板两端还需设置封堵混凝土。选择"项目浏览器-立面-东"立面视图,隐藏桥台模型,选择空心板模型后,单击"修改│常规模型-模型-在位编辑"命令,选择"创建-拉伸"命令,绘制半径为 90mm 的圆形轮廓,修改拉伸起点为 – 180mm、拉伸终点为 70mm,完成一侧封堵混凝土的添加,切换到"项目浏览器-立面-南"立面视图,将此封堵混凝土镜像到空心板的另一侧,添加封堵混凝土材质,由此完成空心板模型的创建,再将创建完成的空心板模型镜像到另一跨,完成桥梁上部结构的创建,见图 2-105。

89

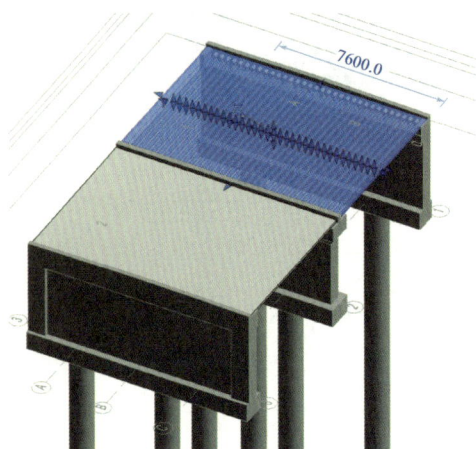

图 2-105　桥梁上部模型的三维显示（尺寸单位：mm）

（四）内建模型创建桥梁附属结构

1. 防撞墙模型创建

根据桥梁附属结构图确定防撞墙的位置，见图 2-106。

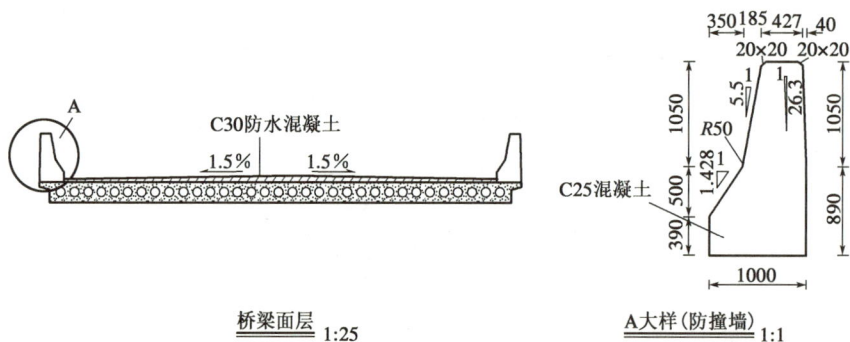

桥梁面层 1:25　　　　　　　　A大样（防撞墙）1:1

图 2-106　桥梁附属结构图

同样在"项目浏览器-立面-西"立面视图，隐藏桥台模型，内建模型并将其命名为"防撞墙"，选择"创建-拉伸"命令，弹出工作平面对话框，指定新的工作平面"名称-轴网：1"，确定后根据图 2-106 防撞墙轮廓，修改拉伸起点为 −180mm、拉伸终点为 14500mm，见图 2-107。

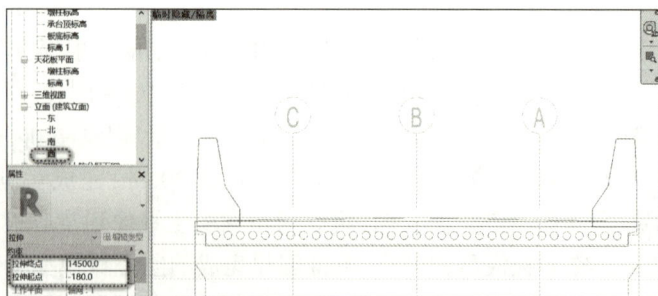

图 2-107　防撞墙轮廓

模型完成后,给防撞墙添加混凝土材质,完成防撞墙模型的创建。

2.桥面铺装模型创建

根据桥梁总体布置图2-73和桥梁附属结构图2-106,在"项目浏览器-立面-西"立面视图中隐藏桥台模型,创建桥面高程2.59m,内建模型并将其命名为"桥面铺装层",选择"创建-拉伸"命令,在弹出工作平面对话框,仍指定新的工作平面"名称-轴网:1",确定后绘制桥面铺装层轮廓,根据图2-106可知,铺装层为双向坡度为1.5%的斜线,此坡度可按两直角边为1000mm和15mm的方向确定,延长后至两端防撞墙边界,绘制完成后轮廓,见图2-108,拉伸起点和终点与防撞墙一致即可。

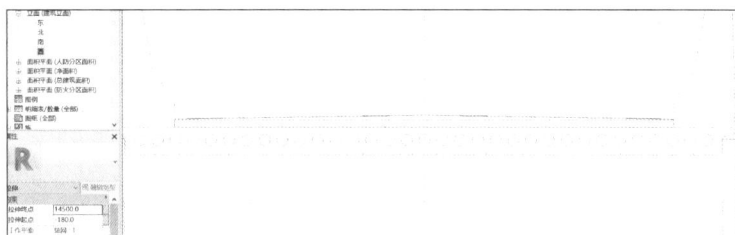

图2-108 桥面铺装层轮廓

添加桥面铺装层模型材质为黑色混凝土,整体三维效果见图2-109。

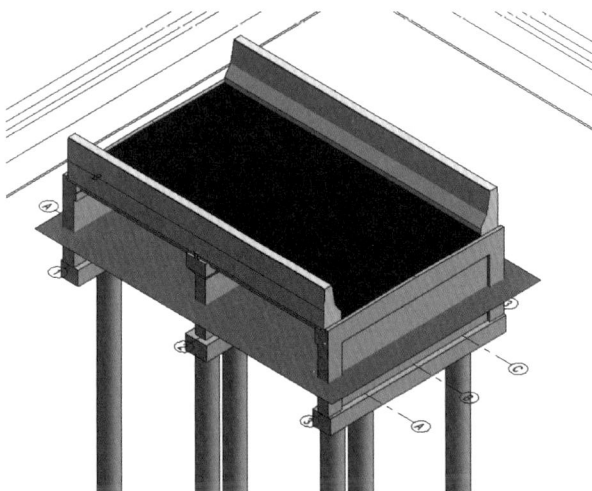

图2-109 桥梁整体三维效果

三、创建桥梁图纸及明细表

(一) 创建桥梁图纸

1.新建图纸

选择"视图"选项卡-"图纸组合"面板-"图纸"按钮,在"新建图纸"对话框-"选择标题栏"

中选择一种图纸类型,如"A3 公制",出现 A3 图纸,包含图框和标题栏样板,如图 2-110 所示。图纸右侧为项目信息栏,双击右侧信息栏,进入族编辑状态,按照需要进行修改和调整。

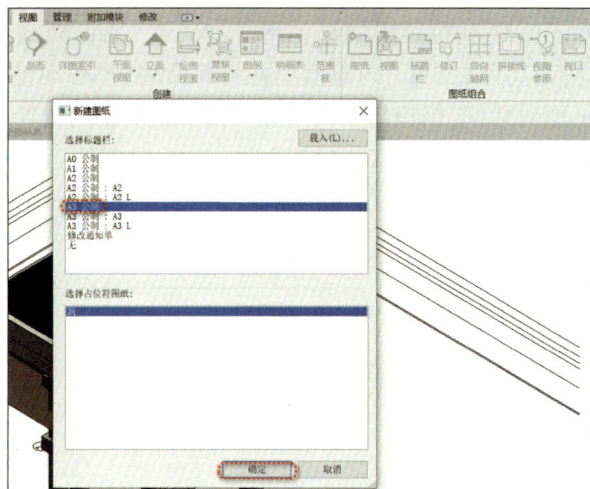

图 2-110　"新建图纸"对话框

如果选项中没有合适的图纸,可以单击"载入",载入其他图纸,系统自带图纸不符合桥梁工程图要求,因此以下进行 A3 图框的创建。

2. 创建 A3 图框与标题栏

在"文件"界面,选择"新建"-"标题栏"弹出"选择族样板文件"对话框,选择"A3 公制图框"。

(1)创建周边线。打开样板进入族文件,此时界面显示图幅的周边线。选中四条周边线,在"子类别"功能面板中,单击"线型"下拉菜单,选择"细线"。

(2)创建图框线。单击"创建"选项-"详图"-"线",在"子类别"功能面板中单击"线型"下拉菜单,选择"宽线"。A3 图纸周边尺寸为 30mm 和 10mm,绘制图框线,如图 2-111 所示。

图 2-111　A3 图框(尺寸单位:mm)

（3）创建标题栏。根据道路工程制图标准标题栏要求,见图 2-112,创建标题栏分格线,先用宽线画出标题栏的外框 34mm × 140mm,再用细线分格。选择"创建"选项卡,单击"文字"功能面板的"文字"单击"编辑类型"按钮,在打开的"类型属性"对话框中单击"复制"按钮,弹出"名称"对话框。在"名称"对话框中输入"3.5mm"。在"类型属性"对话框中,修改"背景"为"透明","文字字体"为"仿宋","文字大小"为"3.5mm","宽度系数"为"0.7",完成标签栏比例、日期和图号文字的输入,如图 2-113 所示。

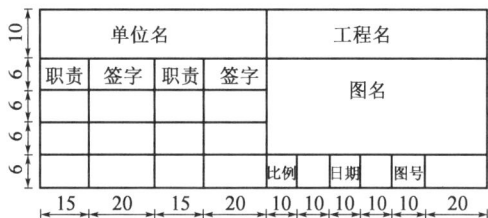

图 2-112　标题栏要求(尺寸单位:mm)

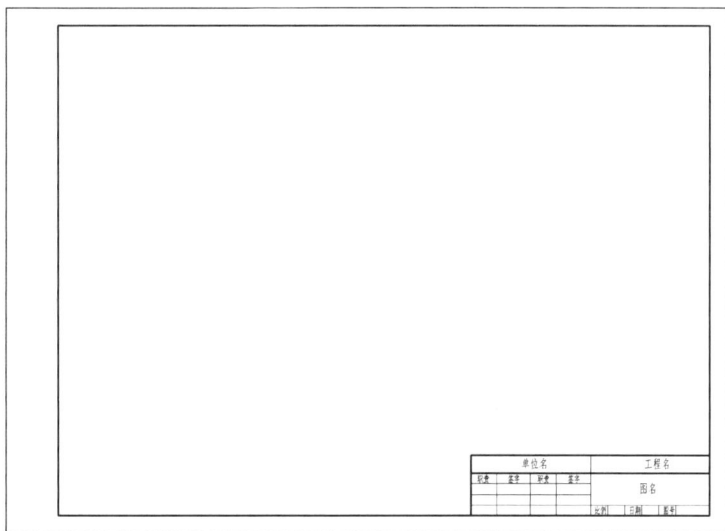

图 2-113　A3 图纸

同样在打开的"类型属性"对话框中单击"复制"按钮,弹出"名称"对话框。在"名称"对话框中输入"5mm"。在"类型属性"对话框中,修改"背景"为"透明","文字字体"为"仿宋","文字大小"为"5mm","宽度系数"为"0.7",完成标题栏其他文字的输入,见图 2-112。单击快速工具栏里的"保存"按钮,另存为族文件,命名为"A3 图框和标题栏"。

根据模型尺寸确定选用图纸大小,同时确定视图比例。

3.创建桥梁项目图纸

选择"视图"-"图纸组合"-"图纸"按钮,打开"新建图纸"对话框,在此对话框里单击"载入",加载"A3 图框和标题栏"图框。

此时在"项目浏览器"中产生一个"图纸(全部)"的分支,在"图纸(全部)"分支下产生一个带有编号的未命名的图纸,可以重命名该图纸。

（1）创建平面视图

为了不影响项目模型的平面视图属性，另外复制一个平面视图。在"项目浏览器"，选择"楼层平面"-"墩柱标高"视图，单击鼠标右键，选择"复制视图"-"复制"命令，复制新建视图，此时，在楼层平面里增加一个"墩柱标高副本 1"视图，选择"墩柱标高副本 1"视图，单击鼠标右键，重命名该视图为"桥梁平面图"，如图 2-114 所示。

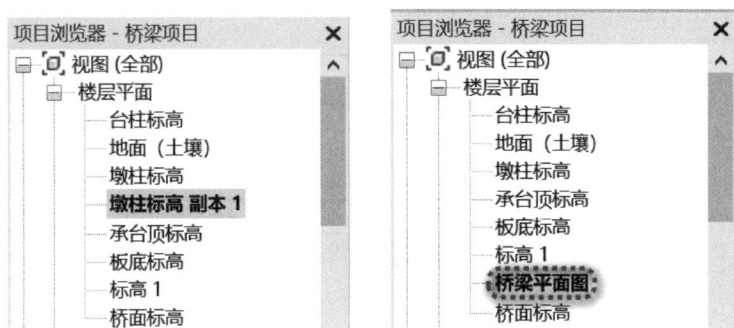

图 2-114　复制及重命名桥梁平面图

在"属性"选项板中，可以打开"可见性/图形替换"对话框，在"注释类别"选项卡中设置剖面、高程、轴网等类别是否可见，这里选择可见。在"图形显示选项"点击"编辑"，弹出"图形显示选项"对话框，将"样式"选为"隐藏线"，点击"确定"。在"显示隐藏线"中，调整为"全部"，此时，底部不可见线条用虚线表示。选择"视图范围"-"编辑"，调整顶部、剖切面、底部及视图深度为"无限制"，见图 2-115。

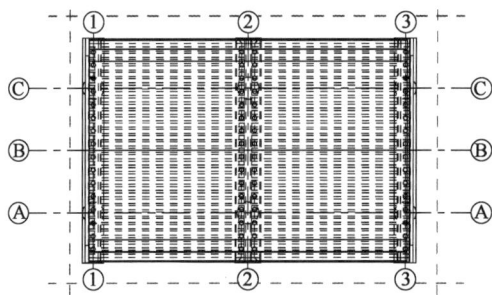

图 2-115　桥梁平面图

（2）创建立面视图

立面视图有东、西、南、北四个视图。同创建平面视图，在"项目浏览器"中，选择"立面（建筑立面）"中的一个视图，如"南"立面图。在弹出的快捷菜单中，选择"复制视图"-"复制"命令，复制"西"立面图。此时在"项目浏览器"中，"立面（建筑立面）"里增加一个"南副本 1"的立面视图，重命名该视图为"桥梁立面图"。同创建平面视图，编辑桥梁立面图，结果如图 2-116所示。

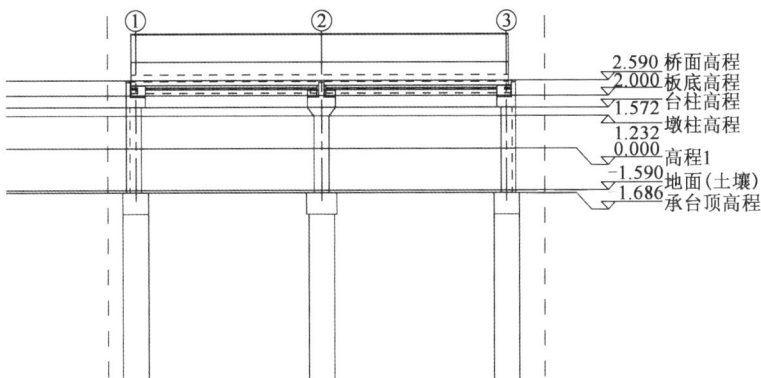

图 2-116 桥梁立面图(高程单位:m)

(3)创建剖面图

①创建全剖视图。单击"视图"-"创建"-"剖面"按钮,在平面视图(或立面视图)中,沿所需要剖切的位置点击以放置剖切线,见图 2-117。同时在"项目浏览器"中产生一个"剖面(建筑剖面)"的分支,在该分支下自动产生一个名称为"剖面 1"的剖视图,单击鼠标右键,可以对该剖视图重新命名。

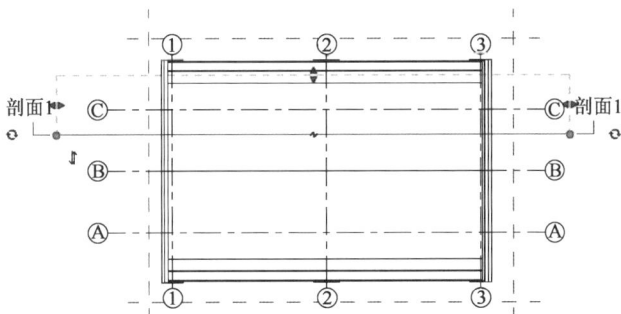

图 2-117 创建剖面 1

单击翻转控制柄(双向箭头)可以翻转剖面方向;剖切线起点和终点位置各有一个循环剖面标头控制柄,单击可更换剖面标头样式;图中的蓝色虚线框表示剖切范围,可拖拽箭头调整剖切范围大小。在"可见性/图形替换"对话框"注释类别"中将不需要的图元隐藏;将"显示隐藏线"调整为"全部",完成剖视图的创建,双击"项目浏览器"-"剖面(建筑剖面)"→"剖面1",在绘图区中显示剖视图。

②创建阶梯剖视图。阶梯剖视图是在全剖视图的基础上进行拆分后改建的,可以多次拆分。首先沿需要剖切的位置创建一个全剖切符号,再选择"修改视图"-"剖面"-"拆分线段"按钮,在原有剖切线上,点击需要转折的位置然后任意移动鼠标,完成阶梯剖面创建,如图 2-118所示。

(4)放置视图

选择"视图"-"图纸组合"-"视图"按钮,弹出"视图"对话框,视图列表中列出当前项目中所有可用视图。选择其中一个视图,单击在图纸中添加视图(A)按钮,光标在绘图区拖动一个包含该视图的视口,移动光标至合适位置,单击放置视图。也可以直接在"项目浏览器"中找到相应视图,按压鼠标左键不松开,移动鼠标至绘图区域,放置视图。在图纸内调整视图窗口、视图位置、视图属性和视图名称。注意不要在此修改视图,它远没有在模型中修改方便。将所有需要的视图均按上述方法拖放到图纸中的合适位置放置,并调整视图。

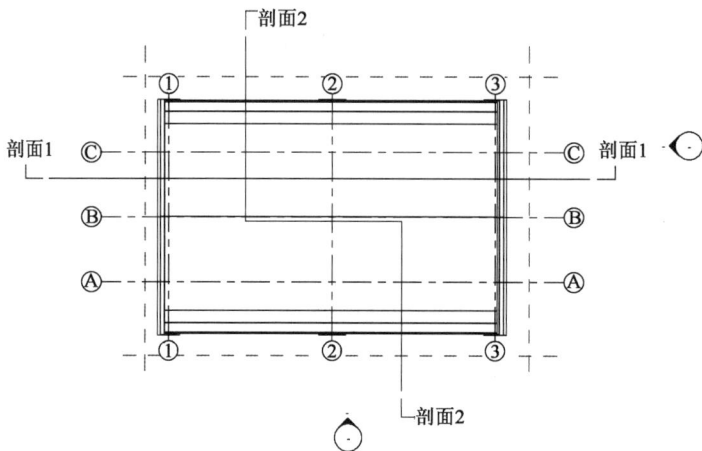

图 2-118　创建阶梯剖面

这里以放置桥梁剖面 1 视图为例,防止后视图比例稍小、位置不当、图名偏左,需要调整。

①调整属性选项。选中剖面 1 图视口,激活"修改视口"选项卡,修改"属性"选项板里的"视图比例"设置为"自定义",比例值调整为 1∶80;将"可见性/图形替换"对话框中"注释类别"里的"立面"关掉,"剖面"和"剖面框"也关掉;将"显示隐藏线"调整为"全部";把"裁剪区域可见"选项的对勾去掉。

②移动视图视口。点击视图视口边线,移动视图视口至图纸的左下角位置。

③修改图名。点击视图视口边线,激活视图图名,此时图名标题延伸线两端各出现一个蓝点。点击图名,修改图名,比如给图名增加比例,注意图名中不能有":"号;拖动蓝点,调整标题延伸线至合适长度;移动图名至桥梁剖面图的正下方。

④调整视口。选择"修改视口"-"视口"-"激活视口"。移动水闸平面图到合适位置;调整完毕,选择"视图"-"图纸组合"-"视口"-"取消激活视口"。

结果如图 2-119 所示。

(二) 创建明细表

明细表是指可以在图形中插入、用以列出建筑模型中的选定对象相关信息的表。修改项目时,所有明细表都会自动更新。在"视图"选项卡中,选择"创建"面板中的"明细表"下拉列表,选择创建"明细表/数量"。"明细表/数量"用于创建建筑构件明细表或关键字明细表。在"视图"选项卡—"明细表"下拉选项中选择"明细表/数量",弹出"新建明细表"对话框,从"类别"列表中选择"常规模型",在"名称"中填写"桥梁构件明细表",单击"确定"按钮,见图 2-120。

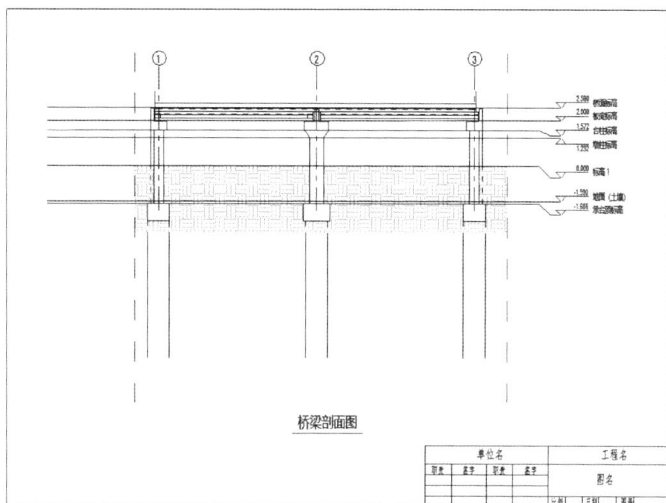

图 2-119　调整后桥梁剖面图(高程单位:m)

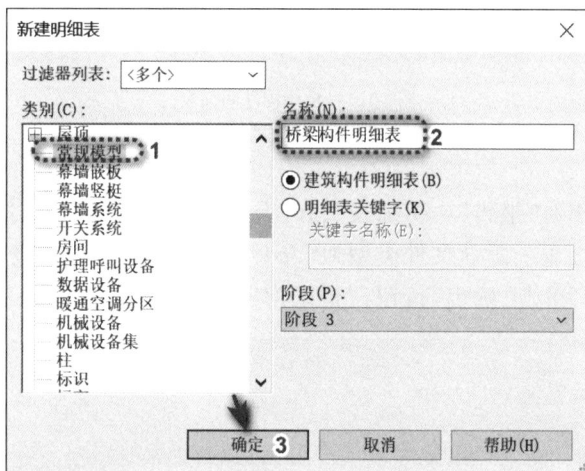

图 2-120　新建明细表对话框

1.设置"明细表属性"

(1)选择"字段"。在"字段"选项卡-"可用的字段",选择创建明细表所需的字段,也就是明细表的内容,比如型号、族、族与类型、体积、合计等。选择的字段通过"添加参数"与导入到"明细表字段(按顺序排列)",选择不需要的字段可以通过"移除参数"与退回到"可用的字段"。

(2)"过滤条件"。在"过滤器"选项卡-"过滤条件",设置过滤条件。

(3)"排序/成组"。选择"排序/成组",通过设置排序条件,页眉、页脚,总计形式和列举实例的内容创建明细表外观形式。

(4)设置"格式"。选择"格式",设置每个字段的排版样式。

（5）设置表格"外观"。选择"外观"，设置明细表表格线的形式及表内标题和正文字体大小。

在"明细表属性"对话框中，选择创建明细表所需的字段，这里选择族、族与类型、类型、体积、合计；"排序/成组"选项卡勾选"总计"；切换到"格式"选项卡，"字段"中选择"体积"，"无计算"修改为"计算总数"；"外观"选项卡，去掉勾选"数据前的空行"，单击"确定"按钮，创建构件明细表，在"项目浏览器"-"明细表/数量"下产生一个明细表，名称就是"桥梁构件明细表"，见图2-121。

\<桥梁构件明细表\>				
A	B	C	D	E
族	族与类型	类型	体积	合计
承台及基础	承台及基础:承台及基础	承台及基础	78.78 m³	1
桥台模型	桥台模型:桥台模型	桥台模型	19.65 m³	1
承台及基础1	承台及基础1:承台及基础	承台及基础	78.77 m³	1
桥台模型1	桥台模型1:桥台模型	桥台模型	19.65 m³	1
桥墩承台及基础	桥墩承台及基础:桥墩承	桥墩承台及基础	80.38 m³	1
桥墩模型	桥墩模型:桥墩模型	桥墩模型	25.34 m³	1
支座	支座:支座	支座	0.06 m³	1
空心板	空心板:空心板	空心板	44.47 m³	1
防撞墙	防撞墙:防撞墙	防撞墙	40.02 m³	1
桥面铺装层	桥面铺装层:桥面铺装层	桥面铺装层	18.79 m³	1
总计: 10			405.90 m³	

图 2-121　桥梁构件明细表

2. 导出明细表

选择"文件"-"导出"-"报告"-"明细表"，在"导出明细表"对话框，指定保存路径，命名文件名，如"桥梁构件明细表"，默认文件类型为".txt"格式，单击"保存"按钮。在"导出明细表"对话框，默认设置即可，单击"确定"按钮，"桥梁构件明细表"导出完成，见图2-122。

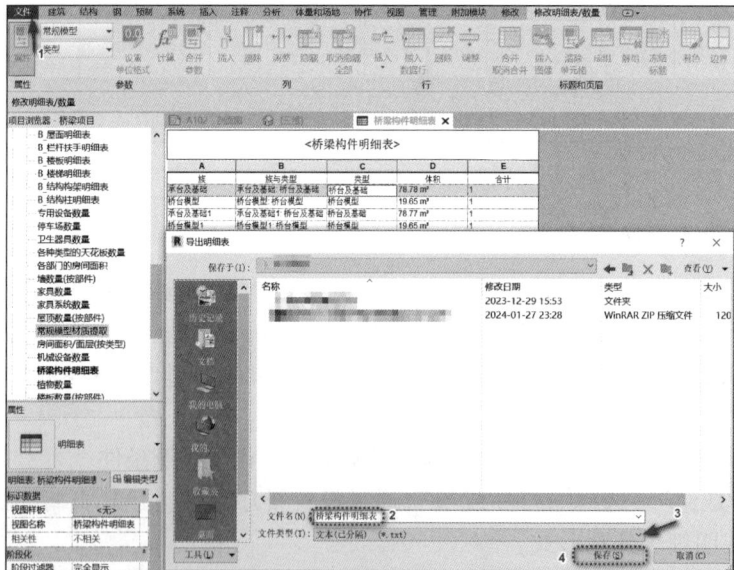

图 2-122　桥梁构件明细表导出

四、桥梁模型的渲染

渲染就是对赋予材质属性的模型添加光源(自然光或人造光),再用"真实"视觉样式在模型视图中显示其真实材质外观,得到模型的立体图片。因此,渲染的前提是要有一个反映模型真实材质外观的视图。在 Revit 软件中创建渲染首先要创建相机视图。

(一) 相机视图的创建及设置

1. 创建相机视图

相机视图实质上就是模拟真实相机对具有真实感(具有材质、阴影效果)的模型进行拍照,产生具有透视效果或轴测效果的三维视图。三维透视图的立体效果较强。创建的相机视图在项目浏览器的三维视图里显示。相机在三维空间的位置由相机距投影面的高度和相机在投影面上的投影点位置决定,因此设置相机位置需要先确定相机在投影面上的投影点位置,其次确定相机距投影面高度。投影面就是选定的楼层平面。

(1)在"楼层平面"状态下,选择"视图-创建-三维视图-相机",绘图区光标则变成一个相机和一个箭头。

(2)在视图"属性"选项板上方出现一个相机"属性"工具条,在此勾选透视图,则创建的是三维透视图,去掉对勾,则创建的是三维轴测图。"偏移"值为相机距基准投影面的距离,也就是相机高度。"自"后面的选项为项目模型中的楼层平面,从中选择一个楼层平面,即为基准投影面。

(3)在合适位置单击鼠标放置相机,移动鼠标到第二点目标点,单击鼠标则系统自动切换到三维状态,在绘图区显示一个三维视图,即相机视图。同时在项目浏览器中的三维视图增加了一个三维视图样式。

创建相机视图。事实上在确定相机位置和目标位置时,就创建了一个相机视图,除非事前设计好了相机位置,否则创建的相机视图并不理想,故需要对相机视图进行调整。

选择"楼层平面"-"墩柱标高",进入"墩柱标高"楼层平面状态。在项目浏览器里找到前一步创建的三维视图1,单击选中它,然后单击鼠标右键,在出现的即时菜单里选择"显示相机",在"墩柱标高"楼层平面中就显示出相机、目标点和裁剪框。在三维视图"属性"选项板里,修改远裁剪偏移值,或拖动远裁剪边框上的拖曳点,调整远裁剪边框距相机的距离,以达到目标取景深度;修改视点高度和目标高度值,以达到相机仰视取景或俯视取景的效果,如图 2-123所示。

注意:此处的视点高度和目标高度值是指相机距项目 ±0.000 高程的值,不是距地面的值。在三维视图"属性"选项板里调整远裁剪偏移、视点高度和目标高度值,解决了相机视图的取景问题,有时景物并不一定完全在视图范围内,还需要调整视图范围。此时双击项目浏览器里刚创建的三维视图,在绘图区显示调整后的相机视图。再在这个三维视图名称上单击鼠标右键,在出现的即时菜单里选择"显示相机",或在绘图区中单击相机视图的边框,在相机视图的每个边框中间上产生一个控制柄。拖曳控制柄,调整视图边框直到景物在视图框内合适为止。

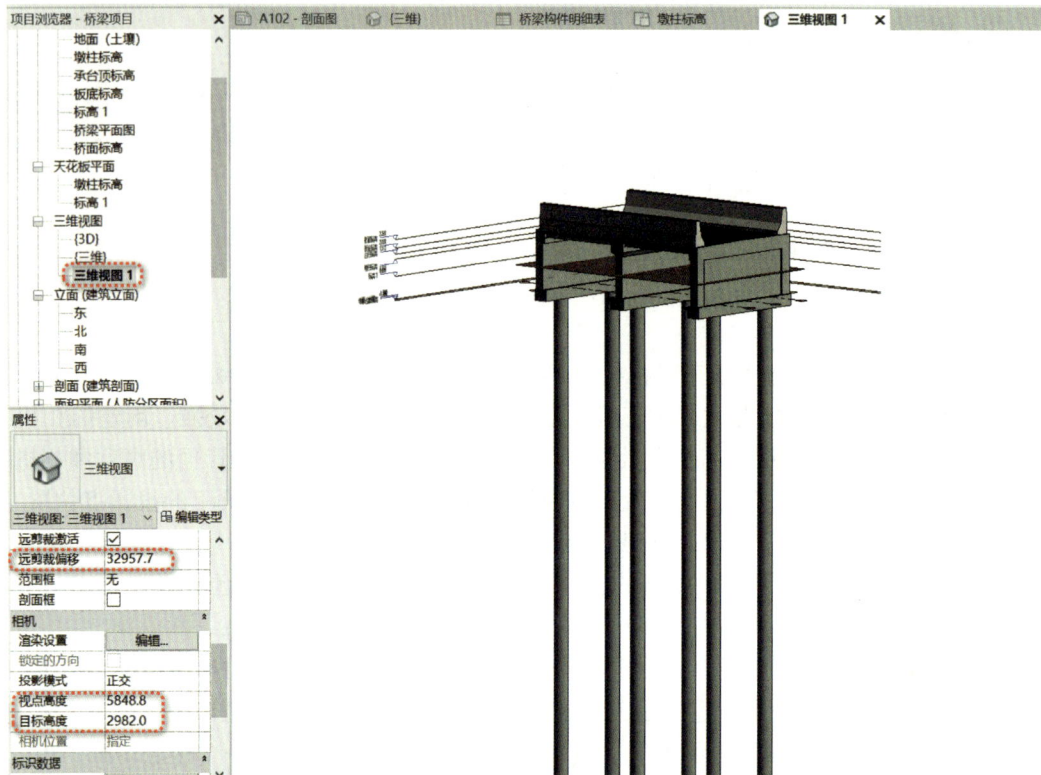

图 2-123　三维视图属性

2. 设置相机视图的视觉表现

相机视图只是对项目模型的一种表现形式,它主要通过三维视图达到模型的立体感通过选择合适的视觉样式,可以让相机视图的立体效果和真实效果更加满意。

(1)在视图控制栏中,选择视觉样式-图形显示选项,打开"图形显示选项"对话框。

(2)打开"模型显示"下拉选项,里面的"样式"列出了线框、隐藏线、着色、一致的颜色和真实五种显示样式,这里的选项内容与视图控制栏里的"视觉样式"一致。"显示边缘"和"使用反失真平滑线条"可以调整模型轮廓线的光滑度。"透明度"是调整模型图元的透明程度。"轮廓"是轮廓线宽的几种选项。

(3)打开"阴影"下拉选项,里面有"投射阴影"和"显示环境阴影"两个选项,勾选这两个选项,给项目模型添加阴影。这种显示在隐藏线、着色两种显示样式中效果最好。

(4)打开"勾绘线"下拉选项,勾选"启用勾绘线"给模型添加勾绘线,可以达到素描的效果。

(5)打开"深度提示"下拉选项,勾选"显示深度"给模型添加淡入、淡出效果。

(6)打开"照明"下拉选项,显示的是"日光设置"里的"照明"样式,也可以在此重新进行"日光设置"。在这里可以调节"日光""环境光"和"阴影"的强弱。

(7)打开"真实"下拉选项,可以模拟相机设置曝光值。此选项只在"真实"样式下可用,分自动曝光和手动曝光。在此可以对视图进行"颜色修改"。

（8）打开"背景"下拉选项,首先选择"背景样式":无、天空、渐变、图像。选择"天空",背景是单色的,选择"渐变",背景由天空颜色、地平线颜色和地面颜色三色过渡而成。选择图像,需要载入一张图片作为背景图。

在对相机视图进行表现时,上述八个功能不一定都要选用,针对不同需求进行设置一般用到"样式""阴影""照明""背景"这几项,运用了"隐藏线样式"、勾选"投射阴影"和"显示环境阴影""渐变色"功能。

注意"模型显示"里选择了"透明",则"阴影"里"投射阴影"和"显示环境阴影"两个选项不可用,也就是说模型透明了,则无阴影。

3. 创建视图样板

（1）在"图形显示选项"对话框"模型显示"下拉选项中选择一种显示样式,如"隐藏线",根据需要分别对模型显示、阴影、照明、真实和背景选项设置视图样板属性。

（2）单击"另存为视图样板"按钮,将上述设置的显示样式保存为一种视图样板。根据需要可创建若干个视图样板。

4. 对相机视图进行视觉表现

对"图形显示选项"对话框中"模型显示"的线框、隐藏线、着色、一致的颜色和真实五种显示样式分别设置视图属性,那么在视图控制栏里的"视觉样式"将根据设置对相机视图进行视觉表现。

（1）"线框"。显示绘制了所有边和线而未绘制表面的模型图像。

（2）"隐藏线"。显示绘制了除被表面遮挡部分以外的所有边和线的图像。

（3）"着色"。显示处于着色模式下的图像,而且具有显示间接光及其阴影的选项。

（4）"一致的颜色"。显示所有表面都按照表面材质颜色设置进行着色的图像。

（5）"真实"。在模型视图中即时显示真实材质外观。可以创建实时渲染以使用"真实"视觉样式显示模型,也可以渲染模型以创建照片级真实感的图像。

（二）相机视图的渲染

渲染是为了三维可视化图片表现得更加真实,因此创建渲染必须先创建要渲染的三维相机视图。

1. 打开相机视图

打开一个相机视图,调整视图范围,直到模型视图在合适位置。

2. 设置渲染属性

选择"视图-演示视图-渲染",打开"渲染"对话框。"渲染"对话框中的"渲染"按钮,是在对下面选项内容设置完成后,对相机视图进行渲染的开始键。

（1）"质量"设置的是图片渲染的质量级别,分绘图、中、高、最佳、自定义（视图专用）。"绘图"级别最低,"最佳"质量最好。除非特殊需要或计算机配置很高,一般情况不要选择"最佳"质量级别渲染,它占用计算机内存很大,渲染很慢,会让计算机发热,甚至会导致计算机死机。

（2）"输出设置"的分辨率有"屏幕"和"打印机"两种选项。"屏幕"是当前打开的相机视图，"打印机"是根据像素输出的图片，有 75dpi、150dpi、300dpi、600dpi 四种选择。相同大小的图片，像素越大，图像越清晰，图片所占的空间也就越大。

（3）"照明"分室外、室内照明，共有六种方案，就是日光和人造光的单独选择和组合选择。"照明"里的"日光设置"可以通过其后的"选择太阳位置"按钮，打开"日光设置"对话框。在"日光设置"对话框里选择"照明"样式，在"预设"选项里选择"来自左上角的日光"，即方位角 225°，仰角 35°。如果选择"人造光"，激活下面的"人造光"按钮，可以对人造光进行分组，根据灯光分组情况有计划地控制灯光的亮度。

（4）"背景"与前面"图形显示选项"里的背景有所不同，虽然都是对相机视图的渲染，但这里更注重对"天空"的表达。

（5）"图像"也就是成像结果，通过"调整曝光"可以控制图片亮度、饱和度等。

3. 渲染相机视图

做好上述设置，单击"渲染"对话框中的"渲染"按钮，激活"渲染进度"对话框，显示渲染进度。渲染完毕后相机视图会转换成渲染后的图片，如图 2-124 所示。

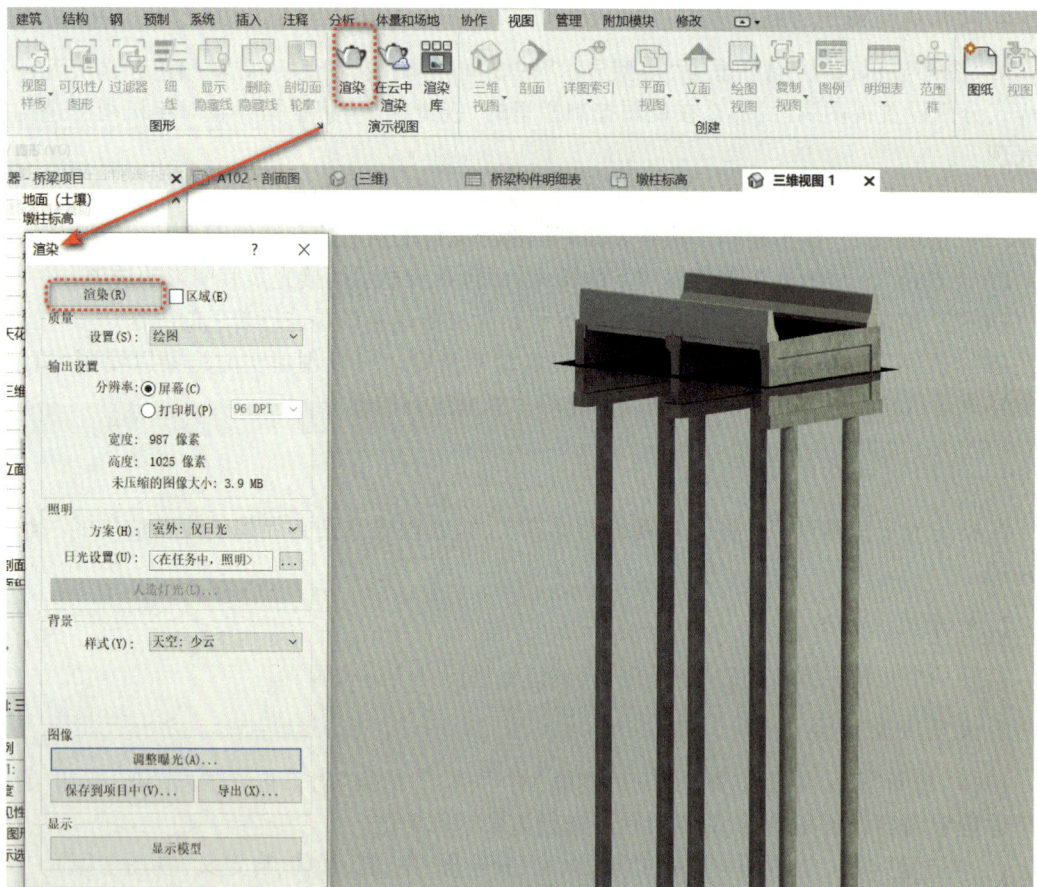

图 2-124　渲染设置及渲染照片

4. 保存渲染图片

（1）渲染完成，在"渲染"对话框中单击"保存到项目中"按钮，则出现"保存到项目中"对话框，在此填写图片名称，单击"确定"，这样会在项目浏览器的"渲染"分支中添加一个渲染视图。

（2）在"渲染"对话框中单击"导出"按钮，则出现"保存图像"对话框，在此选择图片保存路径，给图片命名，选择图片文件类型，单击保存，渲染图片则会被保存起来。

（3）在"渲染"对话框中单击"显示模型"按钮，在绘图区中的渲染视图会自动转换为相机视图，再单击"显示渲染"按钮，在绘图区中的相机视图会自动转换为渲染视图。注意，渲染视图的渲染效果是以真实材质和阴影表现出来的，所以效果更加逼真。清晰度则是靠渲染的质量级别和图片像素决定的。

渲染质量还可以自定义。在"渲染"对话框，"质量"设置中选择"编辑"，则会打开"渲染质量设置"对话框。在大质量设置中选择"自定义（视图专用）"则可以对光线和材质精度进行设置。如果选择绘图、中、高、最佳级别渲染时，其他选项不可用，同时激活"复制到自定义"，单击"复制到自定义"则会将选定的渲染级别复制到自定义设置中。

第三节　隧道模型创建

在 Revit 中创建隧道模型，可以采用以下步骤：

首先，需要准备好线路平曲线、竖曲线要素表，以及设计模型的基本数据，如里程、侧墙高度、限界距离、线间距、轨面高度、材料、长度等信息。这些信息可以根据建模目的来确定。此外，需要了解基本的线路知识，以及 Revit 嵌套族的知识和基本的 Dynamo 操作知识。

在 Revit 中，可以使用 Dynamo 插件来创建三维空间曲线。根据线路平纵数据，绘制出空间曲线路径。接下来，需要创建隧道断面的轮廓族，这可以通过 Revit 的族编辑器来完成。根据隧道的设计要求，创建出合适的断面轮廓族。使用 Dynamo 插件，将创建好的断面轮廓族沿着三维空间曲线进行放样，生成隧道模型。这里可以根据隧道断面的变化情况，选择适当的生成方式。如果隧道断面没有变化，可以直接进行放样；如果隧道断面有变化，则需要分别创建各个断面的轮廓，然后利用线路平面定位隧道起/终点的位置和方向，采用 Dynamo 节点程序快速依次分段放样融合。生成隧道模型后，可以根据需要对其进行细化和完善。例如，可以添加喷混、锚杆、土钉等结构，以及进行地形裁剪等操作。这些操作可以通过 Revit 自身的功能或者结合其他插件来完成。

最后，可以将创建好的隧道模型导出为需要的格式，如 IFC、DWG 等，以供其他软件或平台使用。同时，也可以将模型应用到实际的工程项目中，进行后续的设计、施工和管理等工作。

根据上述步骤，以没有隧道断面变化的图纸为例进行隧道模型创建过程的介绍。本节隧道模型主要以创建可载入参数化族为例讲述隧道模型创建过程。

一、创建模型族的准备工作

Revit 族有三种类型即为系统族、可载入族和内建族。系统族是在 Revit 中预定义的，如墙、楼板、天花板、轴网、高程等，它们无法创建，不能从外部文件载入到项目中，也不能将其保存到项目之外的位置。可载入族是使用族样板在项目外创建的 rfa 文件，可以载入到项目中，具有高度可自定义的特征，因此可载入族是 Revit 中最常被创建和修改的族。一般习惯性称呼的"族"都是指可载入族。内建族是指在项目环境中直接创建的特殊构件，只能在当前项目中使用，不能用于其他项目，应用范围具有一定的局限性，本章第二节中桥梁项目的创建就采用的内建族。

创建族时，首先需要选择族样板文件（.rft），Revit 的族样板文件数量很多，可以将其分为五类。文件夹中的标题栏和注释样板都属于注释，主要编辑的是文字属性。公制轮廓族样板编辑的是二维平面属性，常用的族样板是"公制轮廓.rft"。自适应族可以根据项目需要自由变化，灵活适应许多独特的条件，常用族样板是"自适应公制常规模型.rft"。概念体量是为设计师提供概念设计的平台，其可使复杂的构造直观、快速地展示出来，并灵活地对复杂结构进行修改和调整。常规模型族样板包括基于主体的族样板、基于面的族样板、基于线的族样板、独立族样板和专用族样板。采用基于主体的族样板可以创建依赖于主体（幕墙、楼板、墙、天花板、屋顶）的构件；采用基于面的族样板可以创建基于工作平面或形体任意表面的构件；采用基于线的族样板创建的构件载入项目时需要通过绘制线或拾取线的方式放置构件；采用独立族样板创建的构件载入项目时可以放置在任意位置而不依赖于主体；当构件需要与模型进行特殊交互时可使用专用族样板，如"结构框架"族样板仅可用于创建结构框架构件。

创建隧道模型可采用"公制常规模型"，该族样板可以制作几乎所有的三维模型族。

（一）族类别和族参数

选择"创建"-"属性"-"族类别和族参数"，打开"族类别和族参数"对话框，对族类别和相应的族参数进行设置。族类别的选择决定了该族在 Revit 中如何分类，创建族之前需要想好族属于什么类别，并对族进行合理分类。族参数用于规定族行为，不同的族类别对应不同的族参数。

1. 族类型

选择"创建"-"属性"-"族类型"，打开"族类型"对话框，可以新建族类型、新建参数，编辑参数，或为现有参数输入参数值。单击"新建类型"按钮口，可以创建一个新的类型。如族类别选择"常规模型"，常用的族参数如下：

基于工作平面：默认不勾选，勾选表示创建基于面的公制常规模型，如果创建一个垂直于倾斜面的构件模型，则应勾选此参数。

总是垂直：默认勾选，表示族载入到项目时，始终保持竖直状态，即使该族放置于倾斜的构件上，也显示为垂直。

可将钢筋附着到主体：默认不勾选，对于钢筋混凝土结构构件，应勾选此参数，便于后续配置钢筋。

共享：当子族嵌套到主族时，如果勾选子族的此参数，则可以从主族中独立选择和独立标记，同时可以用明细表统计到该族。

2. 族参数

单击"新建参数"按钮口，打开"参数属性"对话框，可以新建参数，包括设置参数类型、输入参数名称、选择规程、类型、分组方式等。选择已有参数，单击"编辑参数"按钮，打开"参数属性"对话框,可以对参数属性的名称、规程、参数类型和参数分组方式等进行编辑。

在"参数属性"对话框中,有四种参数类型,分别是族参数、共享参数、类型参数和实例参数,它们的作用各有不同。

(1)类型参数与实例参数

类型参数是"族类型"的参数,而实例参数是"族实例"的参数。在项目环境中,选中构件模型,在"属性"选项板中出现的是实例参数,而在"属性"选项板-"编辑类型"-"类型属性"对话框中出现的是类型参数。修改实例参数,只改变选中的模型图元,而修改类型参数,则会改变项目中该类型的所有模型图元。

(2)族参数与共享参数

在族环境中定义的共享参数,存储在一个独立的.txt文件中,共享参数会出现在项目文件"明细表属性"对话框的"可用的字段"中,用于统计该参数的明细。

(二)参照平面

参照平面是创建族的重要工具,主要用于在参照平面上锁定形体,从而达到通过参照平面驱动形体的目的。

"基准"选择"创建"-"参照平面",激活"修改放置参照平面"选项卡。

1.创建参照平面

通过"线"或"拾取线"命令创建参照平面。

2.参照平面属性

参照平面"属性"选项板中参照平面有"是参照"的属性,该属性可设置为非参照、强参照、弱参照等,主要用于控制参照平面的优先级别。当设置为强参照时,载入项目放置族时会自动捕捉到该平面或将临时尺寸标注到该平面,参照的捕捉等级次于强参照,而非参照则无法捕捉。

二、创建隧道族

根据所给的隧道视图2-125,识图并创建隧道模型。

打开"Revit 2022",在开始界面-"族",点击"新建",打开"新族-选择样板文件"对话框,选择"公制常规模型",单击"打开",进入族环境。

(一)创建隧道衬砌结构模型

1.创建隧道衬砌形体

隧道衬砌结构主要由拱圈、边墙及仰拱组成。隧道一般按35m长度进行施工,隧道衬砌结构各组成部分可采用放样或拉伸命令来创建,下文主要采用放样命令实现。

切换到"立面-前"视图,单击"创建"选项卡-"基准"面板-"参照平面"命令,创建距离参照高程2600mm的参照平面线,并以此为起点分别创建 – 45°和45°的两条斜参照平面线。

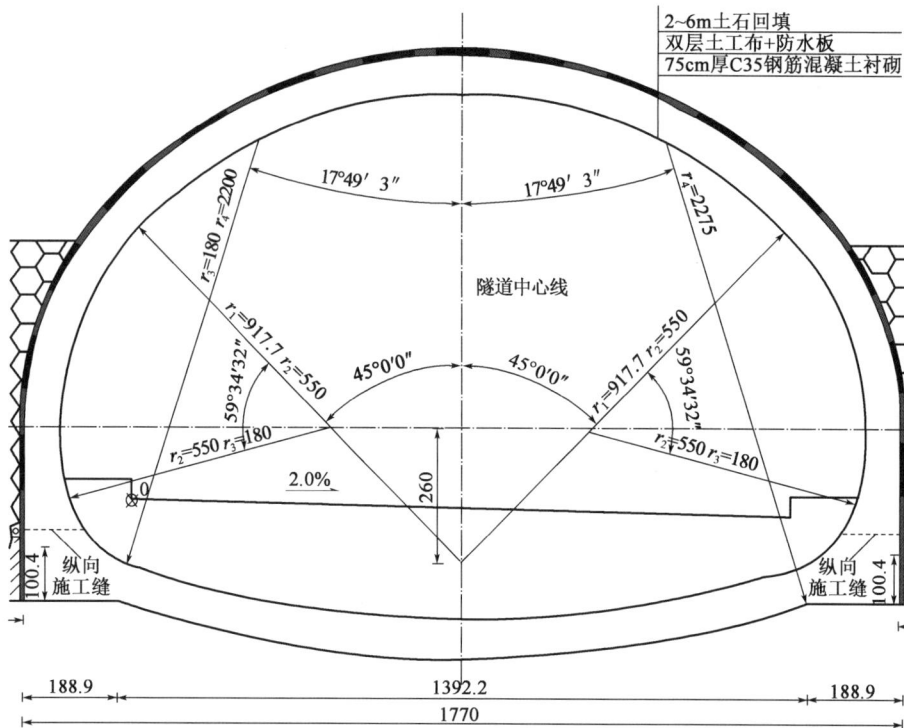

隧道衬砌内轮廓横截面
(1:100)

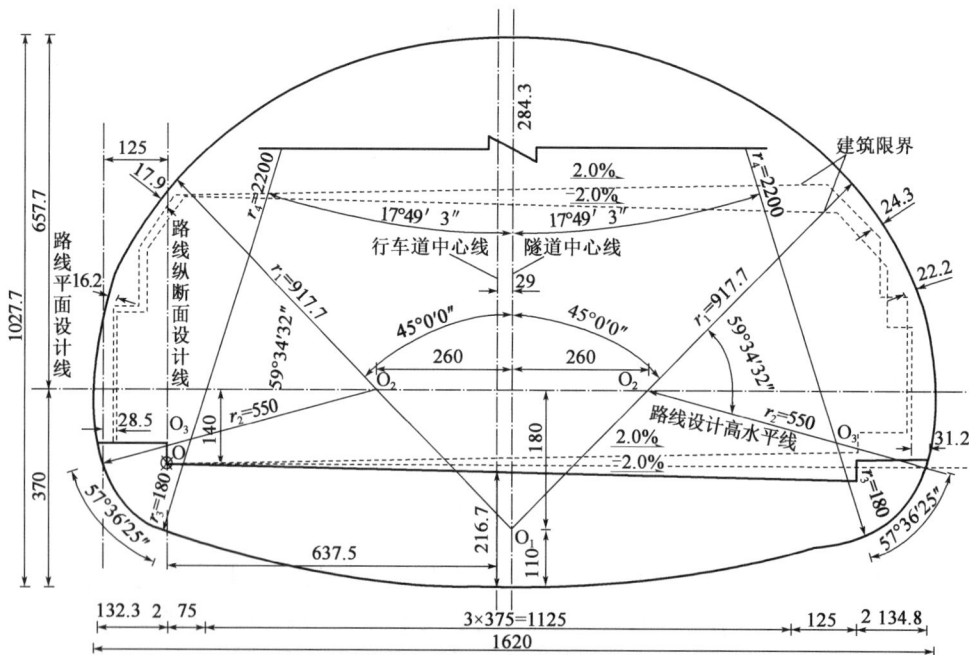

图 2-125　隧道衬砌横断面设计图(尺寸单位：mm)

（1）创建衬砌主拱圈

切换到"立面:右"视图,单击"创建"选项卡-"形状"面板-"放样"命令,选择绘制路径中直线命令,创建长度为 35000mm 的直线,绘制完成后勾选,路径绘制完成。切换至"立面-前"视图,选择"编辑轮廓",单击"绘制-圆心-端点弧"绘制半径为 9177mm,起点为 A 终点为 B 的圆弧,并单击"修改-偏移"命令,更改偏移距离为 750mm,直线连接形成封闭图形,完成轮廓编辑和放样,完成拱圈模型的创建,如图 2-126 所示。

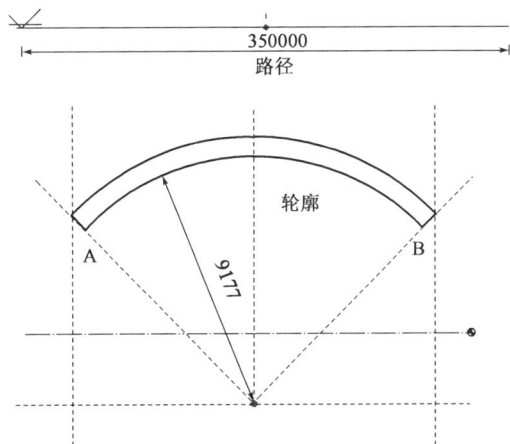

图 2-126　拱圈模型的创建(尺寸单位:mm)

（2）创建衬砌边墙

边墙模型为左右两部分,仍采用放样命令完成,绘制一侧,另一侧可采用镜像命令实现。

①切换到"立面-右"立面,单击"创建"选项卡-"形状"面板-"放样"命令,选择绘制路径中的直线命令,创建长度为 35000mm 的直线,绘制完成后勾选,路径绘制完成。

②切换至"立面:前"视图,选择"编辑轮廓",单击"绘制:圆心-端点弧"绘制半径为 5500mm,起点为 A,输入弧的角度为 59.576°的圆弧在确定其终点后,单击"修改-偏移"命令,更改偏移距离为 750mm,将外轮廓线底部终点调整至高度为 2600mm 位置。根据图 2-125,仰拱与边墙之间设立了纵向竖缝,竖缝距离仰拱内衬底面高度为 1483mm,应用"参照平面"命令拾取内衬边墙终点和隧道中心与 2600mm 高度的参照平面线交点,在此斜线上找到距离内衬边墙终点 1800mm 位置作为圆弧圆心点,启用"绘制-圆心-端点弧"拾取 C 点和 D 点,完成对半径为 1800mm 圆弧段的绘制,其他部分应用直线连接形成封闭图形,单击"修改-镜像"选择镜像内容和对称轴,完成轮廓镜像,操作如图 2-127 所示。

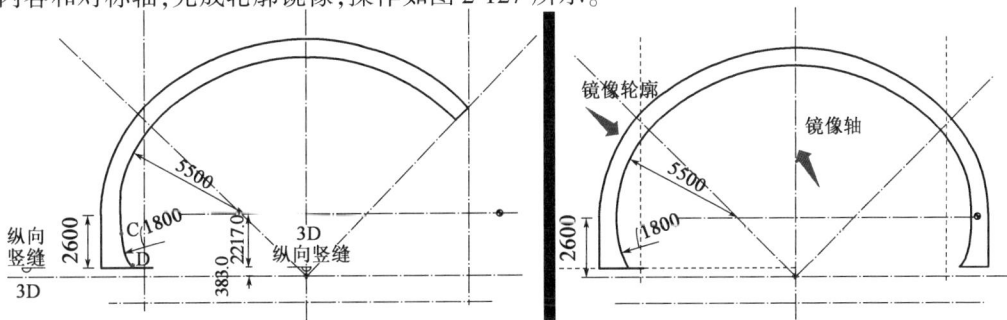

图 2-127　边墙模型的建模(尺寸单位:mm)

③单击"模式-勾选"，完成轮廓绘制，继续单击"模式-勾选"，完成边墙模型的放样。

（3）创建衬砌仰拱

仰拱模型仍可采用放样命令完成。

①切换到"立面-右"，单击"创建"选项卡-"形状"面板-"放样"命令，选择绘制路径中的直线命令，创建长度为35000mm的直线，绘制完成后勾选路径绘制完成。

②切换至"立面-前"视图，选择"编辑轮廓"，单击"绘制：圆心-端点弧"按1800mm半径绘制弧的角度为28.11°内衬轮廓线，并将此线镜像，单击"绘制-起点-终点-半径弧"，拾取左边起点E，右边终点F，输入半径为22000mm，生成仰拱内衬轮廓线，并单击"修改-偏移"命令，更改偏移距离为750mm，将外轮廓线底部终点调整至两侧距离为1889mm的边界位置，其他部分应用直线连接形成封闭图形，操作如图2-128所示。

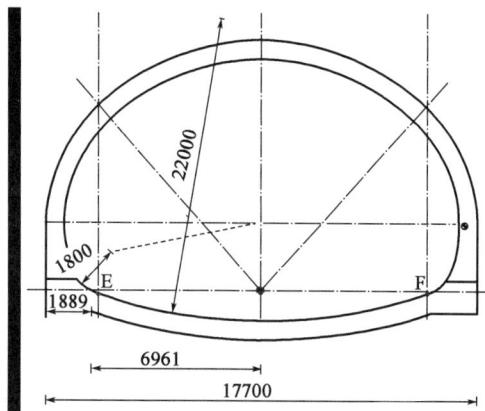

图2-128　仰拱模型的建模（尺寸单位：mm）

③单击"模式-勾选"，完成轮廓绘制，继续单击"模式-勾选"，完成仰拱模型的放样。

2. 参数化设置

以拱圈参数化的设置为例进行介绍。

（1）添加参照平面

打开"前立面"视图，选择"视图"-"图形"-"可见性/图形"，打开"立面：前的可见性/图形替换"对话框，在"注释类别"选项卡，取消勾选"标高"，则"参照标高"被隐藏，便于捕捉与参照高程重合的参照平面。

选择"创建"-"基准"-"参照平面"，沿断面轮廓，添加水平和竖直参照平面；打开"参照标高"楼层平面视图，选择"创建"-"基准"-"参照平面"，沿断面轮廓，添加竖直参照平面，如图2-129所示。

（2）添加尺寸标注

打开"前立面"视图，选择"创建"-"尺寸标注"-"对齐"，依次对参照平面之间的距离进行尺寸标注；打开"参照标高"楼层平面视图，选择"创建"-"尺寸标注"-"对齐"，对参照平面之间的距离进行尺寸标注，如图2-130所示。

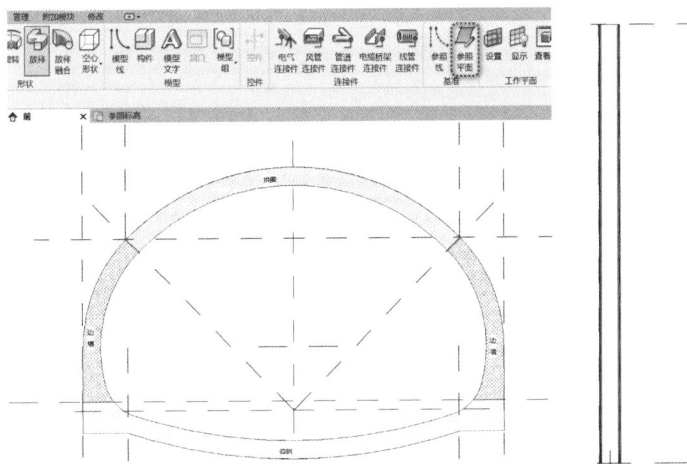

图 2-129　添加参照平面

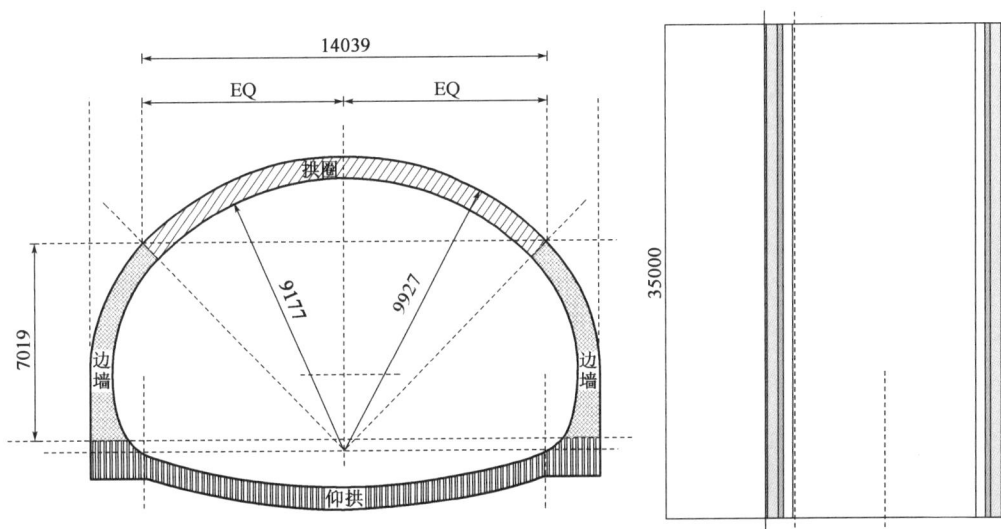

图 2-130　添加尺寸标注(尺寸单位:mm)

（3）关联尺寸标注

选择"创建"-"属性"-"族类型"，打开"族类型"对话框，打开"参数属性"对话框，新建"拱宽"类型参数，单击"确定"，参数创建成功；采用同样的方法，新建"拱圈位置高""拱圈内半径""拱圈外半径"和"隧道长度"参数，其中"隧道长度"宜为实例参数，其"参数属性"对话框设置，其余参数均为类型参数。新建"拱圈内半径"和"拱圈外半径"参数后，在"族类型"对话框-"公式"中，应输入计算公式，如图 2-131 所示。

在绘图区域，选中"尺寸标注:7019"，在"标签尺寸标注"-"标签"下拉选项中，选择"拱圈位置高"，则"尺寸标注:7019"与"拱圈位置高"关联成功；采用同样的方法，将其他尺寸标注与对应的参数关联，如图 2-132 所示。

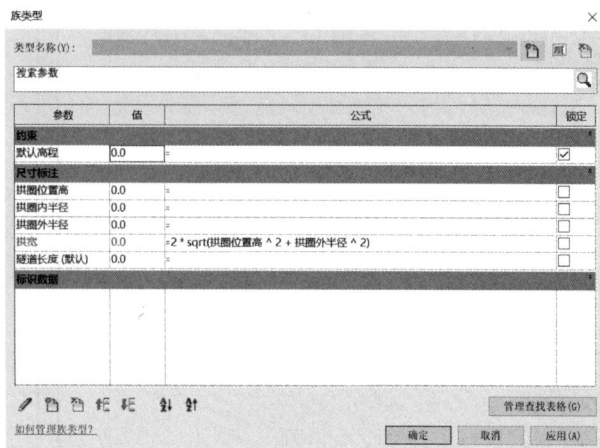

图 2-131 "族类型"对话框

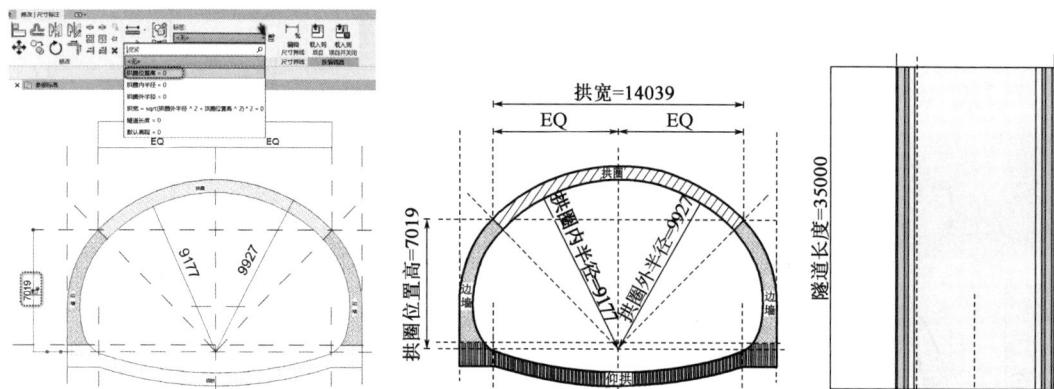

图 2-132 关联尺寸标注(尺寸单位:mm)

（4）锁定到参照平面

经测试,前立面视图的轮廓均已与参照平面锁定。打开"参照标高"楼层平面视图,将其轮廓与其对应的参照平面锁定。

（5）调试

选择"创建"-"属性"-"族类型",打开"族类型"对话框,如图 2-133 所示,依次调整各参数值,单击"应用"或"确定",查看形体变化是否正确,若出现错误,则检查步骤（1）~步骤（4）并进行调整。

衬砌其他部分可参照拱圈参数设置一样进行,此处不再赘述。

3.关联材质

（1）新建参数

选择"创建"-"属性"-"族类型",打开"族类型"对话框,单击"新建参数",打开"参数属性"对话框,如图 2-134 所示,新建"材质"类型参数,参数类型为"材质",单击"确定",返回"族类型"对话框,单击"确定"退出。

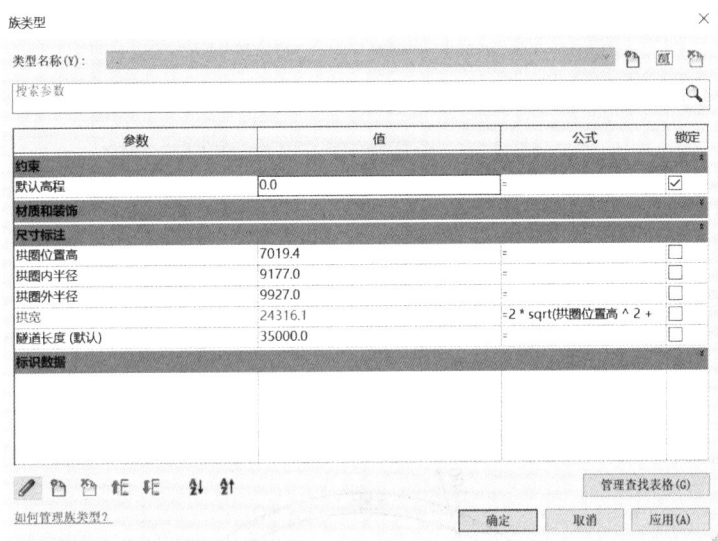

图 2-133 关联参数后的"族类型"对话框

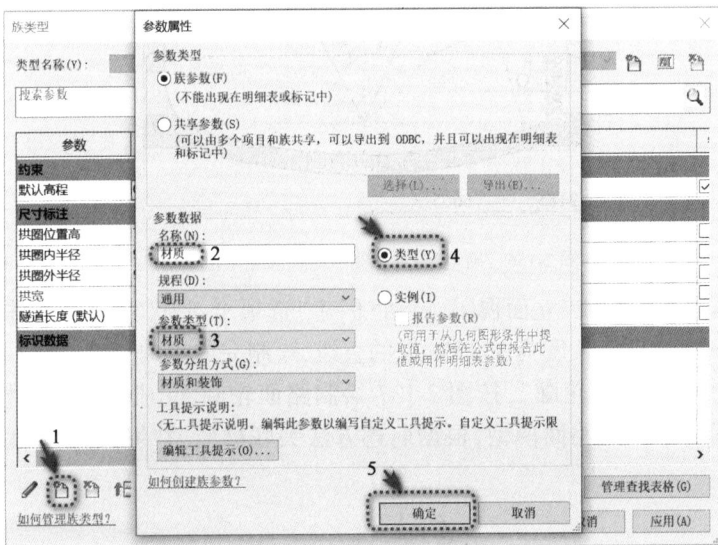

图 2-134 新建材质参数

（2）关联参数

选中衬砌拱圈模型，在"属性"选项板-"材质和装饰"区域-"材质"，单击右侧方块，打开"关联族参数"对话框，选择"材质"，如图 2-135 所示，则材质属性与材质参数关联成功。衬砌其他部分材质同样可采用此种方式进行材质关联。

将设置完成的衬砌模型，另存为"隧道衬砌族"，以便后期载入形成隧道。

（二）创建隧道路面模型

识读隧道图 2-125 中可找到路面关键点"设计标高"O 点位置，见图 2-136。

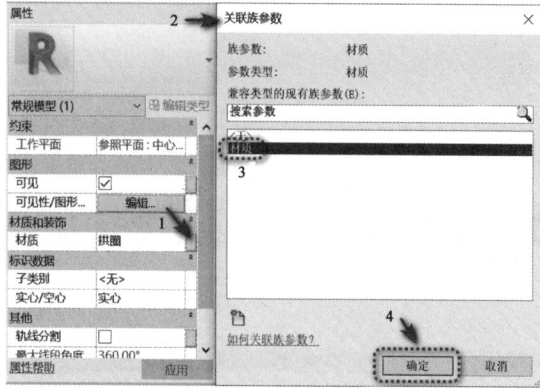

图 2-135　关联材质

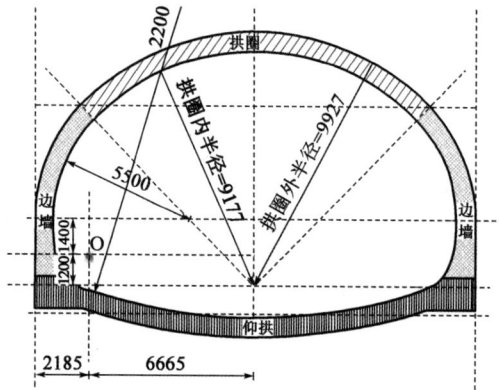

图 2-136　确定"设计标高"O 点(尺寸单位:mm)

在"项目浏览器-立面-前"立面视图,启动"创建"选项卡-形状"面板-"放样"命令,选择绘制路径中的直线命令,创建长度为 35000mm 的直线,绘制完成后勾选,路径绘制完成。切换至"立面:前"视图,选择"编辑轮廓",按图 2-137 绘制路面轮廓,完成隧道路面模型绘制。将隧道衬砌模型删除,保留隧道路面模型,根据前述方法关联材质,并将其另存为"隧道路面族",见图 2-138。

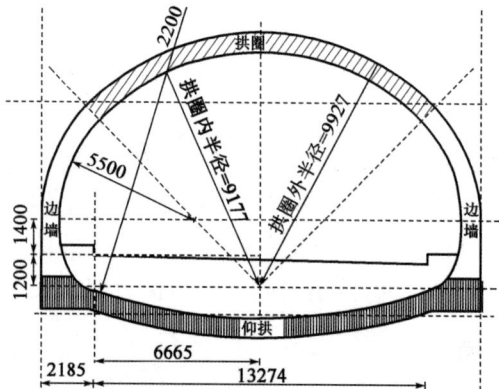

图 2-137　隧道路面轮廓(尺寸单位:mm)

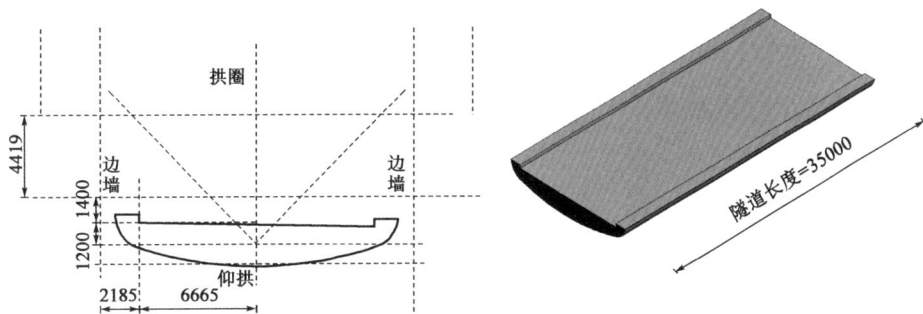

图 2-138 隧道路面模型(尺寸单位:mm)

(三) 创建隧道钢拱和锚杆模型

根据钢拱和锚杆图纸绘制创建隧道钢拱和锚杆模型,见图 2-139。

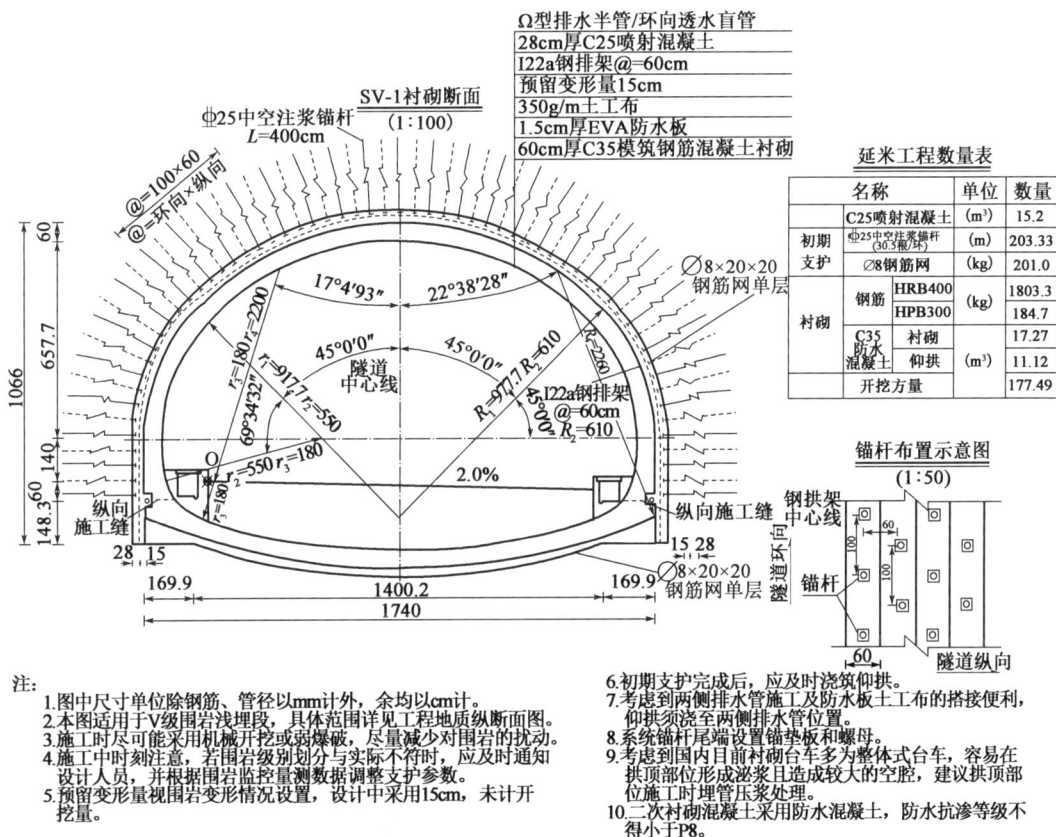

图 2-139 钢拱和锚杆图纸(尺寸单位:mm)

在"项目浏览器-立面-前"立面视图,启动"创建"选项卡—"形状"面板—"放样"命令,绘制路径,选择"拾取线"拾取衬砌外轮廓线,绘制完成后勾选,切换至"项目浏览器-楼层平面-参照标高"平面视图,选择"编辑轮廓",根据工字钢 I20a 规格绘制轮廓,完成隧道钢拱模型绘制。将隧道衬砌模型删除,保留隧道路面模型,根据前述方法关联材质,并将其另存为"隧道钢拱族",见图2-140。

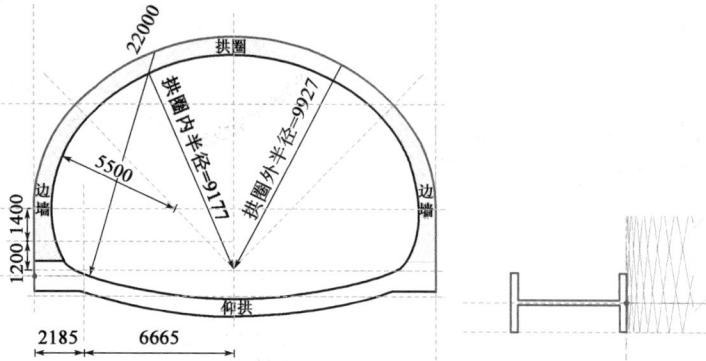

图2-140 钢拱模型路径与轮廓(尺寸单位:mm)

选择钢拱架模型,启动"阵列"命令,在弹出的工具栏选择"线性",项目数修改为"50",移动到选择"第二个",在绘图区选择钢拱架第一点到第二点输入数值为600mm,完成钢拱架阵列,见图2-141。

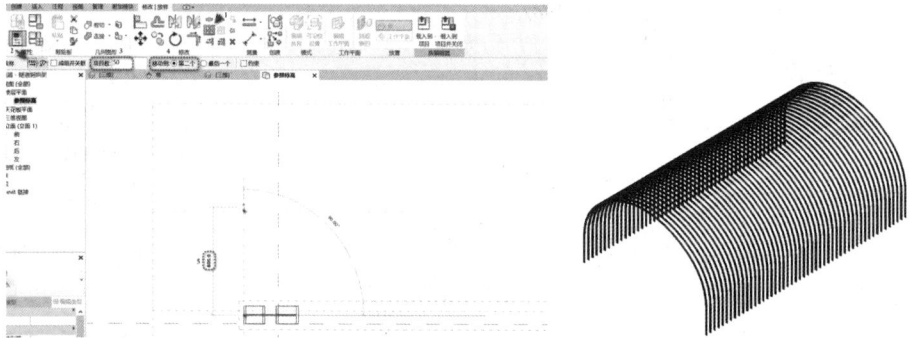

图2-141 钢拱架阵列

在绘制完成的钢拱架模型,选择"项目浏览器-立面-前"立面视图,启动"创建"选项卡—"形状"面板—"放样"命令,选择"绘制路径"在拱圈顶点绘制长度为4000mm的直线,单击"编辑轮廓",弹出"转到视图"对话框,选择"楼层平面:参照标高"打开视图后,在平面视图中绘制半径为12.5mm的圆,完成轮廓绘制后勾选完成一个锚杆的放样模型,见图2-142。

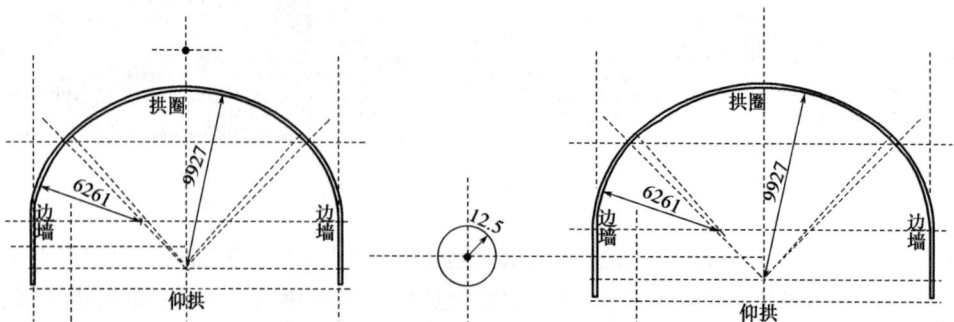

图2-142 锚杆模型的放样(尺寸单位:mm)

将此锚杆按一侧阵列后，另一个镜像模型的方式，完成其他锚杆模型的绘制过程。"项目浏览器-立面-前"立面视图，选中锚杆模型后，启动"阵列"命令，选择"半径"，勾选成组并关联，将项目数修改为10，"旋转中心"选择"地点"，在绘图区选择拱圈圆心点为阵列圆心点，拾取锚杆底部点为第一点，转动5°为第二点，完成镜像，见图2-143。

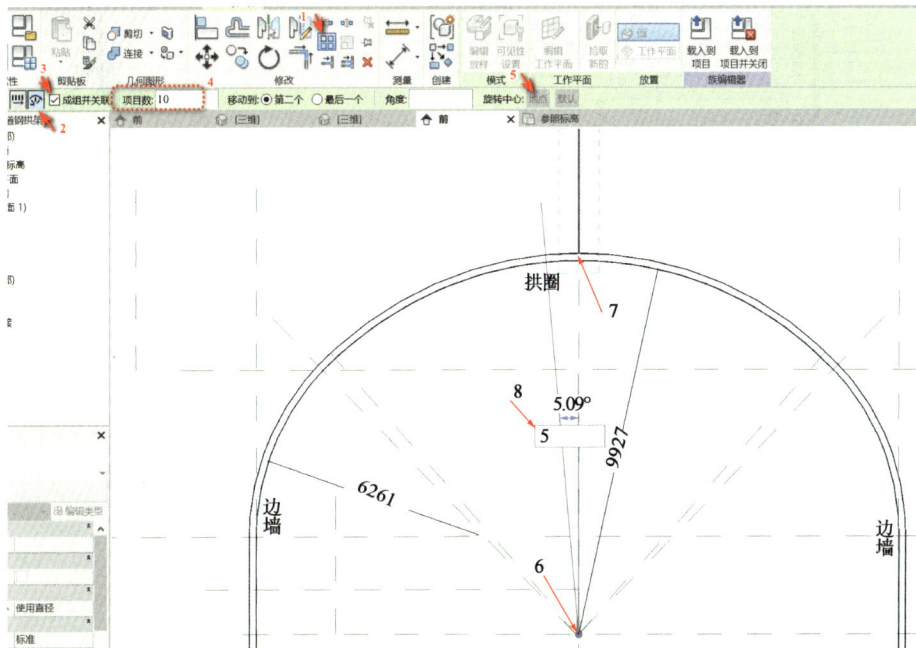

图2-143　锚杆圆心阵列(尺寸单位:mm)

选择阵列后的一侧，并镜像，完成另一侧锚杆模型的镜像。采用同样的方法对半径为6261mm弧段进行圆心阵列，项目数为6，阵列角度为9°，同样阵列后镜像完成另一侧锚杆模型的镜像。最后是下面直线段锚杆，复制两个，间距为1000mm，镜像后，完成最外侧钢拱架和锚杆模型的绘制，见图2-144。

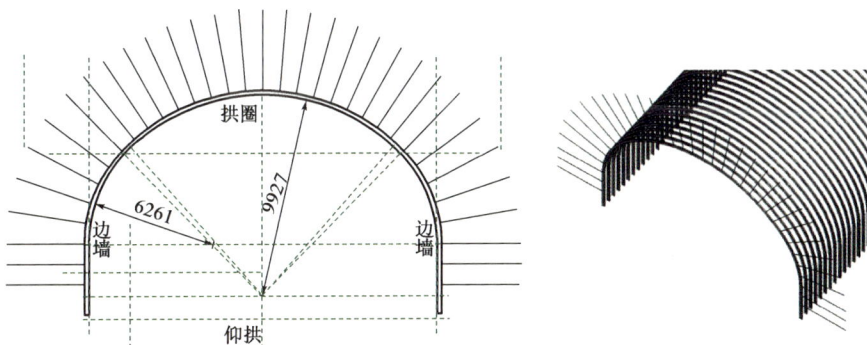

图2-144　外侧钢拱及锚杆模型(尺寸单位:mm)

第二层钢拱架采用同样方法创建锚杆模型，应与之前模型错开布置，完成后的效果，见图2-145。

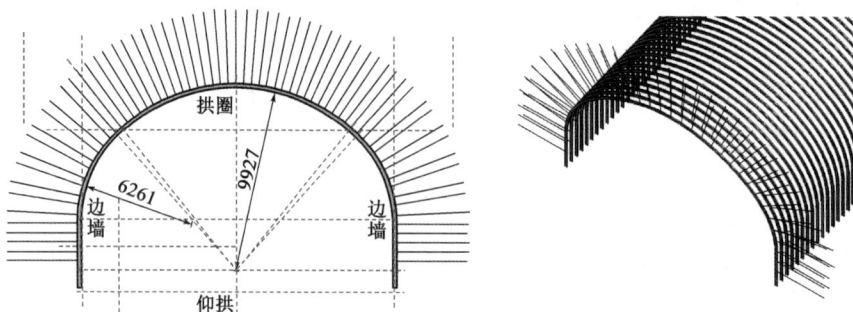

图 2-145　隧道钢拱及锚杆模型(尺寸单位:mm)

三、创建隧道模型

将隧道族构件分别载入到隧道项目中。

(一) 新建隧道项目

选择"文件-新建-项目"中的构造样板,确定后进入到构造样板中,重命名为"隧道项目",见图 2-146。

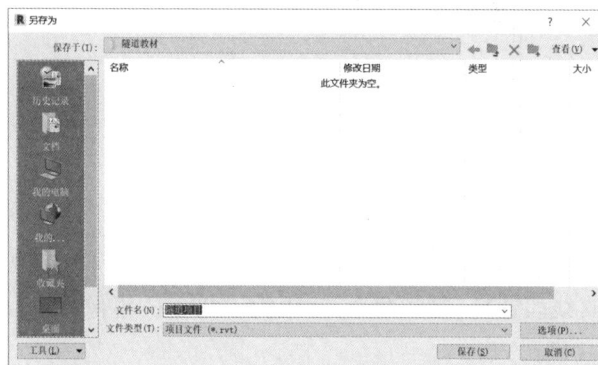

图 2-146　另存隧道项目

(二) 载入隧道族构件

切换到"项目浏览器-立面(建筑立面)-东"立面视图,创建如图所示高程和轴网,以便后期隧道族构件的载入和定位,见图 2-147。

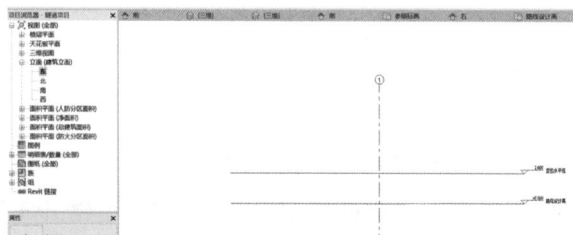

图 2-147　高程和轴网创建

切换到"项目浏览器-楼层平面-路线设计高"平面视图，选择"插入"-"载入族"，弹出载入族对话框，找到对应隧道族构件，依次载入到隧道项目中，见图2-148。

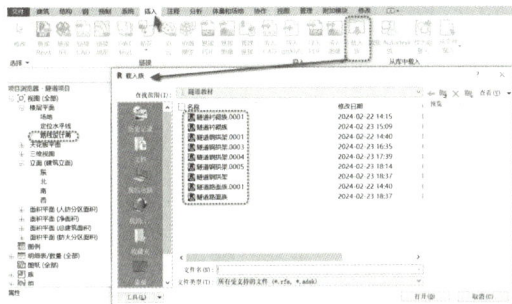

图2-148　载入族对话框

载入后需要放置构件，选择"建筑选项板-构件-放置构件"依次将隧道构件放置到隧道项目中，见图2-149。

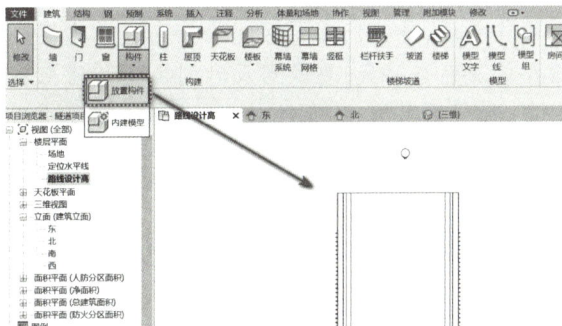

图2-149　放置构件

放置构件如出现位置偏差可通过选取不同平面或者立面调制其位置，直至于图纸完全吻合，三维效果见图2-150。

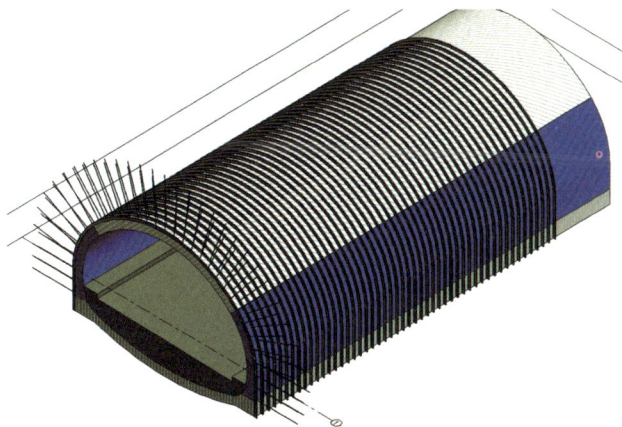

图2-150　三维隧道模型

此隧道模型仅完成了一段创建，可根据实际情况完成其他段的复制或者阵列，这里不再赘述。

第三章

模型更新与协同

本章主要介绍建筑信息模型的更新与协同,对应《道路桥梁建筑信息模型技术应用人员职业标准》中级模型更新与协同的技能和知识要求。

随着 BIM 技术的不断推广使用,建筑信息模型作为多维度的数字化模型,如何对这个数字化模型进行设计更新、协作管理,是我们需要探究的重点。对建筑全生命周期而言,每一个阶段,都是对建筑信息模型的更新与替代,要做到及时同步模型信息就需要优化模型结构、更新模型数据、提高协作效率、加强数据管理,通过对各种数据的录入更新,实现对建筑在设计建设运营各个阶段的分析和管理。

第一节　BIM 的更新

传统设计一般分为工可阶段、初步设计阶段和施工图阶段。设计工作开始于资料收集,拟定主要设计条件,再提供给道路、桥梁、交通设施、排水、照明等下游专业,由各专业进行提资验证、反提资、专业设计,最后各专业进行出图、校审、归档等工作。不同专业的设计内容分布在各自独立图纸上,以二维图纸在各个专业之间传递,各专业在不同的建设阶段信息独立性强,专业间顺序性高,上下游专业的信息传递是单线的,上游专业完成设计后下游专业才能开始设计,协同性差,专业间资料难以及时更新。

BIM 设计要实现设计全过程信息共享,各专业都工作在同一个信息框架下,既能在设计阶段内实现信息共享,也能在整个设计周期内作为信息载体传递信息,就要求 BIM 可以实时更新修改变化,反馈到各参与方。

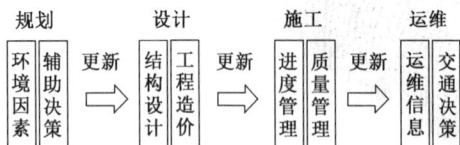

图3-1　BIM 的更新

随着项目推进,不同的项目实施阶段所要求的 BIM 详细程度是不一样的,信息完善度是由简单到完备,由单专业到多专业的协同,BIM 通过不断地修改更新,最终完成,如图3-1所示。

良好的信息统一与更新机制是确保 BIM 信息始终保持准确的关键。

一、BIM 的信息统一

(一) IFC 标准

使各种不同软件中的模型信息统一和标准化表达,是协同工作的第一步。为了使数据统一并提供标准化的信息输入和输出数据接口,实现不同应用系统之间的数据交换。国际协同工作联盟(IAI,International Alliance for Interoperability)制定了的建筑业国际工业标准(IFC,Industry Foundation Classes)。IFC 标准是一套工程数据交换标准,通过现代计算机技术实现建筑数据的交换和表达,其目的是为建筑业提供一个不依赖于任何应用系统的中间数据标准,在横向上解决不同应用系统间的数据交换问题,在纵向上解决整个建筑生命周期内的数据管理问题。IFC 标准已被接纳成为国际标准化(ISO)标准。经过十几年的发展,IFC 的覆盖范围、体系框架、应用领域都得到很大的改进和扩展。IFC 标准采用形式化的数据规范语言 EXPESS 来描述建筑工程信息。IFC 模型可以划分为领域层、共享层、核心层和资源层四个功能层次,每个层次都包含一些信息描述模块。每个功能层次间遵守"重力原则",即每个层次之间只能引用同层次以及下层次的资源信息,而不能引用上层次资源信息,如图 3-2 所示。因此,当上层次的资源信息发生变动时,下层次资源信息不影响,以此保证信息描述的稳定性。

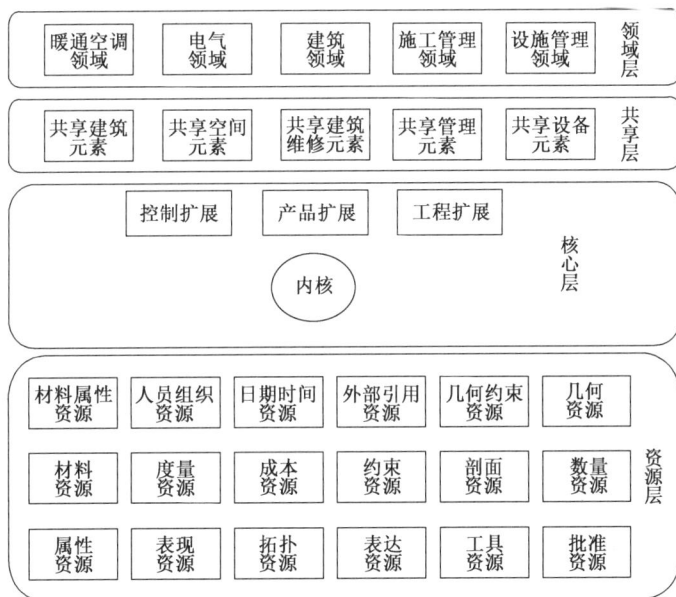

图 3-2　IFC 标准体系结构

(二) IFC 标准与 BIM 技术关系

BIM 技术主要将承载的不同专业在不同应用上创建的项目信息集成到统一的模型中,打通信息间隔,满足不同专业间的信息组织管理和交换共享,满足各专业在不同阶段的信息使用

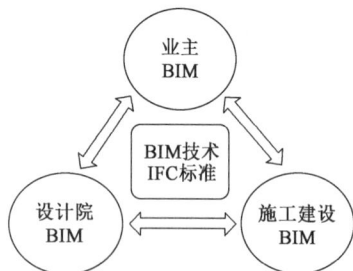

图 3-3 IFC 标准与 BIM 技术关系

要求。IFC 标准提供的统一开放的信息交换标准是 BIM 能够自由传递和共享信息的基础。BIM 技术与 IFC 标准两者之间的关系如图 3-3 所示。

为统一道路桥梁 BIM 的信息化表达，基于 IFC 统一的数据格式制定了《公路工程信息模型应用统一标准》（JTG/T 2420—2021）、《公路工程设计信息模型应用标准》（JTG/T 2421—2021）等一系列的 BIM 信息标准。

不同的 BIM 软件，都有专属的数据格式，确保不同的软件都可输出 IFC 标准文件作为底层信息。

二、各阶段 BIM 的更新

根据《公路工程设计信息模型应用标准》（JTG/T 2421—2021）等 BIM 信息标准，对不同阶段及深度条件下的 BIM 均有不同精细度要求，随项目推进不断细化模型。

（一）模型精细度

《建筑信息模型设计交付标准》（GB/T 51301—2018）中提出了最小模型单元概念，最小模型单元是根据建筑工程项目的应用需求而分解和交付的最小种类的模型单元。模型精细度（LOD）是 BIM 中所容纳的模型单元丰富程度。

模型精细度等级是衡量 BIM 中容纳的模型单元丰富程度的指标，用以表征和区别建筑信息模型的详细程度，模型精细度等级划分见表 3-1。

模型精细度等级划分表

表 3-1

等级	模型精度要求	包含最小模型单元	模型应用	图示
LOD 1.0	基本信息描述及模型概念表达，包含模型基本系统及所带基本信息，如项目主要设计资料、总体设计信息，桥梁、道路、给水排水等专业提资	项目级	1. 概念建模；2. 工程可行性分析；3. 场地建模、场地分析；4. 方案展示、经济分析	
LOD 2.0	专业信息描述及系统组成，包含道路桥梁模型主体系统及所带基本信息	功能级	1. 初设建模（整体模型）；2. 可视化表达；3. 性能分析、结构分析；4. 初设图纸；5. 工程量统计；6. 设计概算	

续上表

等级	模型精度要求	包含最小模型单元	模型应用	图示
LOD 3.0	专业信息描述及详细的系统组成构件;例如桥梁模型的主体构件及所带构件全部信息	构件级	1. 施工图建模; 2. 专项报批; 3. 结构详细分析,配筋; 4. 工程量统计; 5. 施工招投标	
LOD 4.0	专业信息描述及详细的构件组成;包含模型的构件组成零件及所带构件全部信息,如道路标志、桥梁细部构造等	零件级	1. 详细建模(局部模型); 2. 施工安装模拟; 3. 施工进度模拟	

以桥梁 BIM 设计为例,一般先由道路规划确定桥跨平面布置,确定桥位之后考虑场地环境和结构形式,进行方案设计随后敲定桥梁初步设计,再逐步进行深化设计,之后再进行施工图设计。对各阶段的模型精度要求如下:

(1)在方案设计阶段,将模型精细度等级定为 LOD1.0,只考虑桥梁结构形式、孔跨布置、引衔接等信息,此时模型不进行细化设计,表达桥梁结构形式等信息即可。

(2)在初步设计阶段,模型精细度等级定为 LOD2.0,开始确定桥梁各构件材料、尺寸截面等信息。同时,需要考虑上部结构、下部结构和基础的设计,推敲施工方案。

(3)在深化设计阶段,模型精细度等级定为 LOD3.0,模型开始向桥梁实体靠拢,进行结构的局部细节设计和关键节点完善,确定细部构造,使桥梁模型具有较高的几何精度、丰富的细节信息、详细的结构、材料和系统信息,以及良好的协调性。

(4)在施工图设计阶段,模型精细度等级定为 LOD4.0,此时模型尺度与实际尺度相符,确定的细部构造设计定型,实现指导施工的模型精度,可以根据模型直接进行零部件制造加工和安装拼接,并在模型中添加其他附属设施。

建模精度是描述一个 BIM 从概念发展到施工再到运维阶段的精度。在建模时要根据项目的不同阶段以及具体目的来确定模型的精细度等级,根据不同等级所概括的模型精细度要求来确定建模精细度。

基于同一建模精细度来创建模型,各专业之间在进行模型协同工作时才能避免由于信息不对称、建模精细度不够导致数据缺失或建模精细度超标带来的工作浪费。不同的建模精细度也决定了在项目各阶段模型授权使用的范围,从初步设计到施工设计再到运营管理,不允许越权使用,避免模型混乱造成差错。

以桥梁的 BIM 建造深化过程简要展示。

（1）LOD1.0 精细度，方案设计：桥梁 BIM 根据桥位信息，考虑桥梁结构形式、孔跨布置，跨越河流或交通的控制因素，制作出概念方案，如图 3-4 所示，桥跨桥墩和基础用模型块示意，用于讨论桥梁跨度形式等问题。

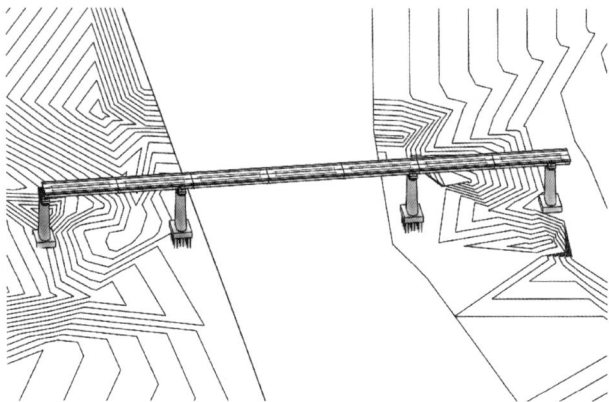

图 3-4　方案设计

（2）LOD2.0 精细度，初步设计阶段：开始确定桥梁结构形式、尺寸截面等信息，如图 3-5 所示。把桥梁的单体模型按照实际尺寸设计出来，上部结构、下部结构和基础的设计拼装完整，确定桥梁整体。

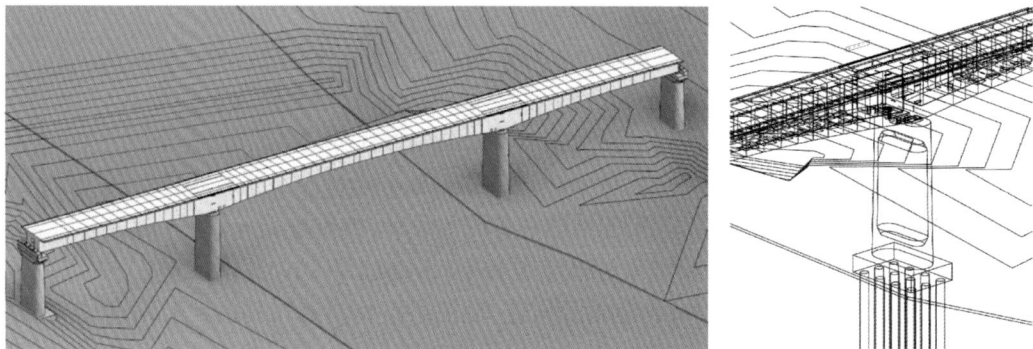

图 3-5　初步设计

（3）LOD3.0 精细度，深化设计阶段：根据确定的桥梁结构模型做深化设计，如图 3-6 所示，对箱梁的钢筋布置、预应力等进行建模完善，并对桥梁附属结构进行建模。

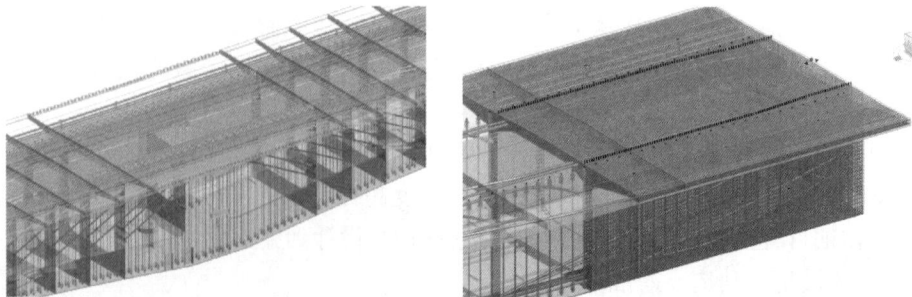

图 3-6　深化设计阶段

（4）LOD4.0精细度,施工图设计阶段:桥梁模型细部尺寸已经可以出图纸,实现指导施工的模型精细度,对施工过程、场地布置、各个施工阶段所需要的设备布置,都完成建模,如图3-7所示。模型可以导入其他的施工管理软件中编排施工计划。

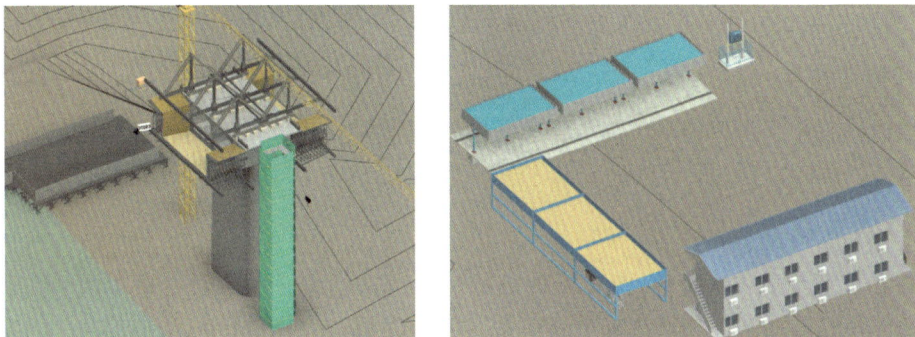

图 3-7　施工图设计阶段

（二）模型更新

BIM的更新需要协调所有相关信息,统一各专业工作精细度,以确保信息的准确性和一致性,对BIM的更新主要是6个方面:

1.确定更新范围和目标

明确需要更新的信息类型和更新目标的范围,这可能涉及整个项目过程的更新,如设计阶段变化、设计变更、施工进度、材料变更等,或特定部分的更新,如特定区域、结构或设备、地下管线的变更等。

2.确定最新的信息

设计单位、施工单位反馈的最新信息,包括设计变更、进度变化、材料变更等,都需要与项目各方进行沟通确认。

3.更新BIM

根据收集的最新信息,使用适当的工具和技术更新BIM,根据最新的设计图纸、施工进度、材料信息等进行模型的修改和更新。如果设计方案有变更,对应更新结构、设备等设计元素的位置和属性,这可能涉及模型的拆分、合并、旋转、缩放等操作;如果施工进度有变更,需要根据新的施工计划更新模型的施工阶段和时间戳,这可能涉及施工流程的模拟和进度的可视化展示;如果材料有变更,需要根据新的材料清单更新模型的材料属性、数量、供应商等信息,这可能涉及材料的属性参数、供应商的联系方式等信息的更新。

4.验证和确认更新

在更新BIM后,需要验证和确认更新的准确性和一致性。这可以通过与相关人员和单位协商,以及与其他模型数据进行比较来实现。例如可以与设计师、施工方等协商确认模型的更新是否符合要求,同时与其他模型数据比较,确保模型之间的数据一致性。

5. 发布更新

一旦验证并确认了更新的准确性和一致性，可以发布更新的 BIM，以确保所有相关人员和单位都可以访问和使用最新的信息。这可以通过将更新的模型文件上传或共享文件等方式实现，同时通知相关人员和单位及时更新模型。

6. 文档记录

为确保所有相关人员和单位都了解更新内容和更新后的模型状态，应该对更新过程进行详细记录。

（三）模型属性和信息修改

随着 BIM 深度的不断提高，BIM 所携带的信息越来越多。构件数量较少时，可以通过为每一个构件单独添加属性和信息来更新模型。但是为每一个构件单独添加信息，难以满足批量化作业需求。

批量补充信息使 BIM 技术可以更好地管理和利用建筑信息，提高工程建设的质量和效率。其意义主要体现在以下 4 个方面：

1. 提高设计和建模效率

通过批量补充信息，可以显著提高设计和建模的效率。在 BIM 中，往往需要对大量的建筑元素进行详细的描述和定义，例如路线标识、管线、钢筋型号等，手动单个添加信息，耗时且易错。通过批量操作，可以一次性添加多个信息，减少操作时间和错误率，使工程人员专注于设计本身，而不是信息录入。

2. 增强信息的一致性和准确性

通过批量操作，可以确保 BIM 中相同类型的元素具有一致的信息内容和属性值，可以统一调整，对大型复杂项目来说，后续的相同类型的模型元素无法统一调整就可能导致数据紊乱。通过对模型属性一致性的严格管理、批量化操作，可以确保模型信息的准确性。

3. 提高数据的质量和可靠性

在数据导入模型前，可先进行数据的核验，再通过批量操作，导入到 BIM 中，提高数据质量和可靠性。例如，可以使用 Excel 或插件工具，将设计图纸中的信息批量导入到 BIM 中，不仅可以节省时间和精力，还可避免人为错误。

4. 促进团队协作和提高工作效率

在多人协作的 BIM 中，信息的批量补充可以更好地协调各方的工作。通过统一的数据格式和标准，可以避免信息不一致和冲突的情况，提高团队协作的效率。同时，也可以方便地进行数据共享和交流，促进团队成员之间的配合和协作。

对 BIM 的批量信息补充，具体的步骤因为使用的软件和应用需求而略有不同。以 Revit 软件为例，以下介绍利用软件自带的明细表批量添加属性和信息的方法。

在 Revit 软件中，图元是构成项目的最小完整个体。就像生活中的每个物体都有自己的属性信息一样，在 Revit 软件中，每个图元也都有自己的属性信息，属性信息包括类型属性和实例属性。

类型属性是对同类型下所有个体之间共同的属性进行定义,如果有同一个类型的多个相同的个体被载入到项目中,类型参数的值一旦被修改,所有的类型个体都会发生相应的改变。

实例属性是对单个实例与单个实例之间不同的所有东西进行定义,如果有同一个类型的多个个体被载入到项目中,其中一个类型的实例参数的值一旦被修改,只有当前被修改的这个单个实体会发生相应的改变,该类型的其他实例参数的值仍保持不变。

图 3-8 为 Revit 软件单独添加属性的界面。

利用明细表批量添加属性和修改信息,以一个桩基模型为例子,批量为桩基添加施工记录信息。

在施工阶段,编写桩基施工记录,在此阶段的 BIM,也要为每一根桩基添加桩号、桩顶高程、地面高程、设计桩长、施工日期、开孔时间等属性数据及录入信息,Revit 可以利用明细表格功能批量操作。

首先对每一根桩基进行编号,作为后续属性和信息添加的目录,可以在属性信息上的标记位置记录,本图桩基标记为 0 号台 2 号桩,对所有桩基进行标记,如图 3-9 所示。

图 3-8　Revit 图元参数属性

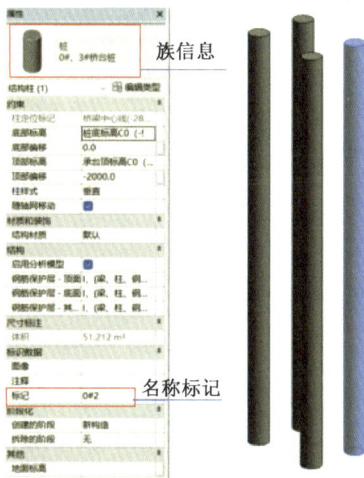

图 3-9　标记每根桩基

选择视图选项卡下的明细表选项创建明细表。本例桩基是以结构柱类别创建的,所以选择结构柱类别创建,在明细表属性上,选择标记作为明细表字段,在点击新建参数,添加需要新建的参数,如图 3-10 ~ 图 3-12 所示。

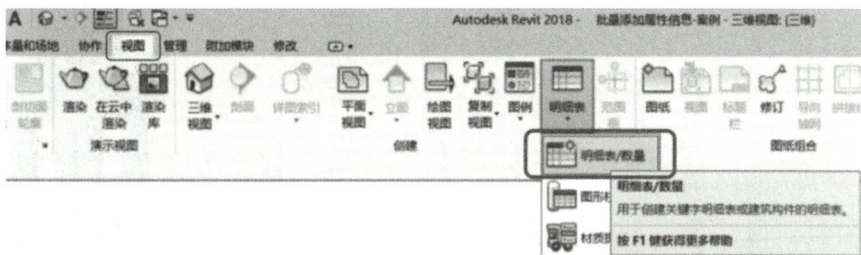

图 3-10　创建明细表

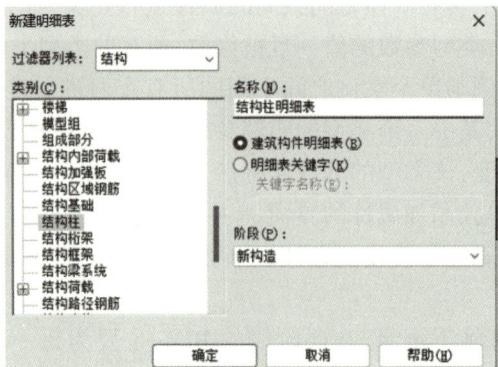

图 3-11　选择明细表类别

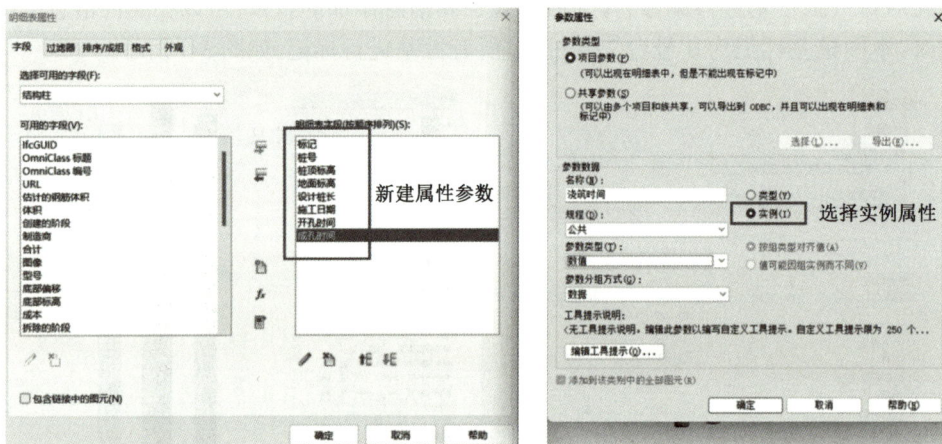

图 3-12　创建新的参数

确认生成表格,此时每一个桩基都新增了这些属性,明细表上直接填写相关信息批量修改,如图 3-13、图 3-14 所示。在数据量非常大的时候,也可利用 Revit 插件,导入 Excel 中批量处理数据后再返回到模型。

图 3-13　明细表添加属性及参数值

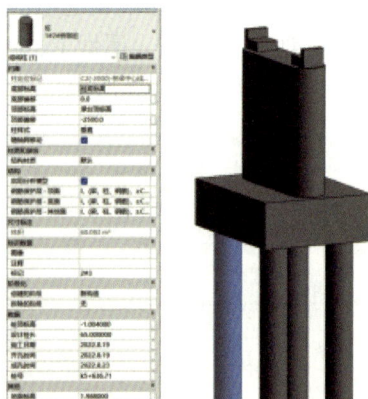

图 3-14　属性栏中新添加的属性数据

(四)模型元素替换

随着 BIM 设计的深度提高,各个模型构件的精细化程度不断提高,模型元素需要不断地更新或者替换,一般构件元素可通过更新深化构件来完成,在模型元素发生较大改变时可以替换模型元素。

以 Revit 软件为例,以下简要介绍模型调整和替换不同规格的几种方法。

以钢栈桥的工字钢为例,选中单独的构件元素,在左侧属性栏中,根据需要,点击切换不同的工字钢类型,即可替换为不同构件,如图 3-15 所示。

对大量相同的构件元素,可以利用选择全部实例的办法,在当前窗口视图范围内或在整个项目中,选择所有同类的构件,再到左侧属性栏中点击切换不同的工字钢类型,即可全部替换为不同构件,如图 3-16 所示。

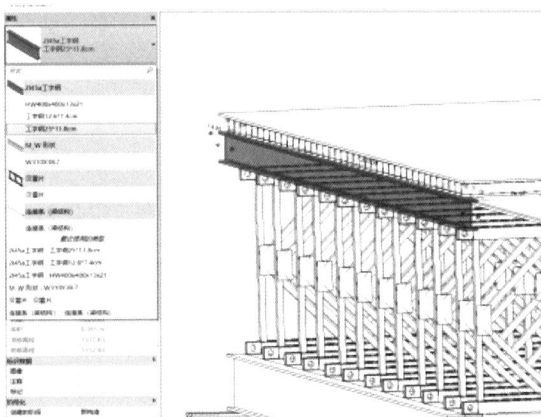

图 3-15 通过属性栏切换构件

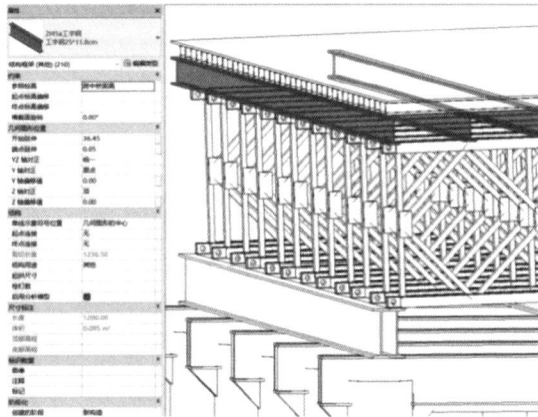

图 3-16 对全部实例进行替换

利用明细表,也可以快捷的替换不同种类的构件,以批量修改构建属性的图 3-13 为基础,我们添加族与类型的列,如图 3-17 ~ 图 3-19 所示,操作如下:

(1)打开相关"明细表",选择插入选项。

(2)选择明细表字段,添加族与类型。

(3)在族与类型中直接可以切换不同的种类。

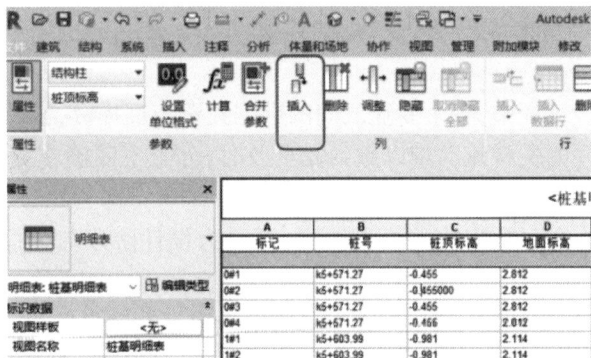

图 3-17 在明细表格中添加数据列

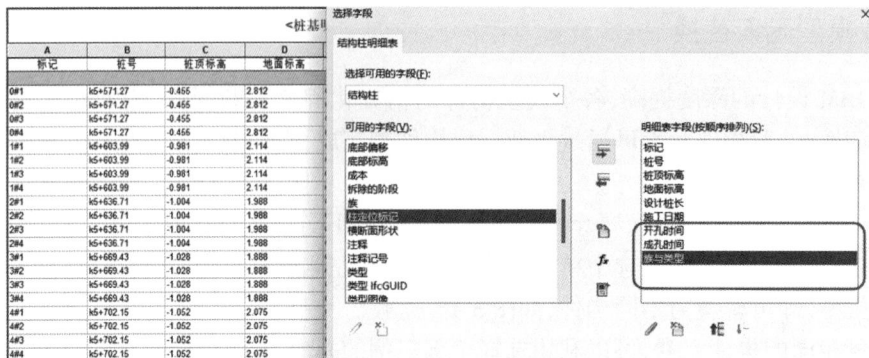

图 3-18　在明细表格中添加族类型选项

图 3-19　在明细表格中替换构建种类

对同样的构件元素,且需要对共同属性进行修改更新时,也可以直接选择修改构件族的方式,实现对项目中所有同类型构件的批量修改。

通过明细表修改替换构件,只针对梁、柱等构件的类型种类或材质等实例参数,不能直接修改构件的类型参数。

第二节　BIM 的协同

每一个基建类项目均涉及多个专业。各专业的工作重点、工作模式不一致,必须制定合适的协作方式才能协同一致地完成工程建设。

一、BIM 协同工作

在一般的工程建设过程中,各个专业之间的数据提资与反提资,都是通过总体专业来汇总及分发的。各专业之间的资料流动难以做到完全及时,分工不明确或提资不及时等问题易造成各专业间设计的不协调乃至错误。

BIM 的核心功能为全面数字化的模型协同,可分为设计阶段与建设阶段中的专业协同。在设计阶段,BIM 以数据交换为核心,借助软硬件自动完成专业间的资料收集与分发,多专业协作,实现专业间的多向交流,打破传统的单向信息传递。在建设阶段,BIM 保证各建设参与方的信息共享与协同,同时通过统一的协同管理平台实现多部门的协作工作。

（一）文件协同

各个 BIM 平台都有自己的协同设计理念，以下简要介绍 Revit 的协同工作模式。Revit 的协作模式主要有两种，中心文件协同和文件链接协同，两种方式侧重点不一致。

中心文件协同，允许各专业实时查看和编辑当前项目中的内容，专业越多，人员越多，管理也越复杂。在中心文件协同下，根据各专业特性及工作人员确定工作范围及权限，独立完成相应设计，在设计过程中可随时查看其他参与方的工作，最后将成果同步至中心文件，如图 3-20 所示。多专业共同使用同一中心文件的工作方式，数据交换及时，各专业都可第一时间发布自己的设计变化及接收其他专业的设计，但是对软硬件要求较高，且对其他专业设计软件的支持性不好，仅在使用相同软件的情况下，可以达到预期效果。因为人员需共用一个中心模型文件，在大型项目或者专业较多、文件模型很大时需要仔细考虑是否采用该方式。

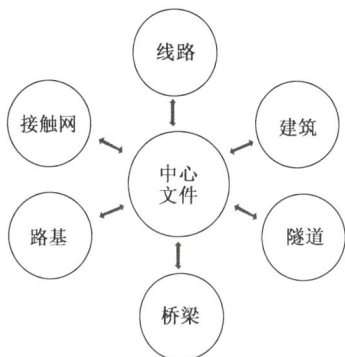

图 3-20　中心文件共用方式

在 Revit 中，各专业相对独立工作，通过链接功能，整合到统一模型汇总，称之为文件链接协同，如图 3-21 所示。这种数据协同实现起来十分的容易，但是不能实时更新，需要各专业及时提交模型数据和更新，对不使用 Revit 软件的专业，也可链接设计信息。这种协同模式，就好像把各个专业的内容都视为外部参照，只要把各个专业都参照到一起，就可集合完成项目。该方式简单、便捷，各个专业可根据需要加载自己需要的模型而不必操作完整项目模型，对硬件要求低。文件链接协同的模型数据相对分散，协作时效性稍差，但对大型模型和使用多种设计软件有较好支持。

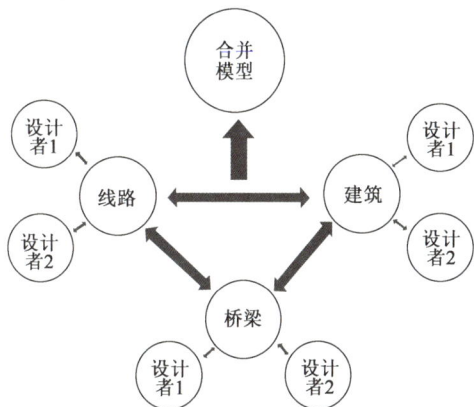

图 3-21　专业间各自建立中心文件共享

两种协同方式各有优缺点，中心文件协同方式在软件实现上较为复杂，对计算机硬件要求很高，对团队的整体协同能力有较高的要求，实施前需要进行详细的项目策划工作，但在条件满足的情况下，中心文件协同是更理想的协同方式。在该方式中，所有的工作人员都在一个统一的模型上工作，各个专业各司其职，此方式解决了模型多人工作划分范围建模的问题，又解决了同一模型可被多人同时编辑的问题。

文件链接协同方式，链接的模型文件类似于一个参照，能够作为的其他专业设计的"底图"，但是各个专业不能修改其他专业的内容，只有本专业内模型才可修改编辑。对于超大型项目或是多种软件协同工作的数据整合上，文件链接协同是经常采用的方式，采用文件链接协同方式可以精简一些本阶段或其他专业用不上的数据，使数据轻量化，在最后便于集成大数据。对于不同的软件数据，只能采用文件链接协同模式来支持多种数据格式的整合。

在实际项目应用上，各个软件内的应用可以采用中心文件协同方式，在不同专业间的大模型中采用文件链接协同方式。混合应用两种协同方式,进行优势互补。

简要介绍 Revit 中心文件协同工作的具体方法和相关概念:

工作集(Workset):项目中构件的集合,工作集通常定义了独立的功能区域,例如内部区域、外部区域、场地、安全标识、梁场等。

工作共享(Worksharing):允许多名设计者同时对同一个项目模型进行处理的设计方法,启用工作共享时,可将一个项目分成多个工作集,不同专业或团队成员负责各自的工作集。

中心文件(Central File):工作共享项目的主项目模型。中心文件将存储项目中所有图元的当前所有权信息,并充当发布该项目文件的所有修改内容的分发点。所有用户将保存各自的中心文件本地副本,在本地进行工作,然后与中心文件进行同步,以便其他用户可以看到他们的工作成果。

中心文件建立流程:

(1)确定中心文件放置位置,一般项目是放置在服务器上或者局域网内的某台机器上,放置在网络共享文件夹内。

(2)根据项目规划,选择合适的项目模版创建中心文件,如图3-22 所示。

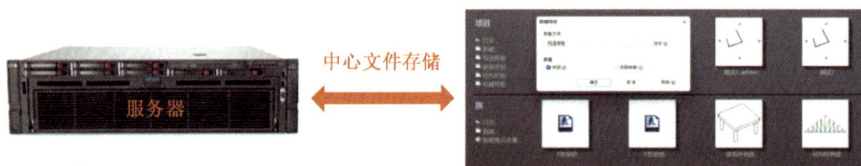

图3-22 新建中心文件并存储在服务器上

(3)点击"协作"选项卡,找到协作按钮,创建中心文件,如图 3-23、图 3-24 所示。

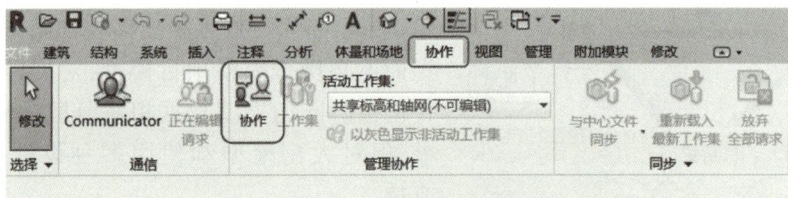

图3-23 点击"协作"创建

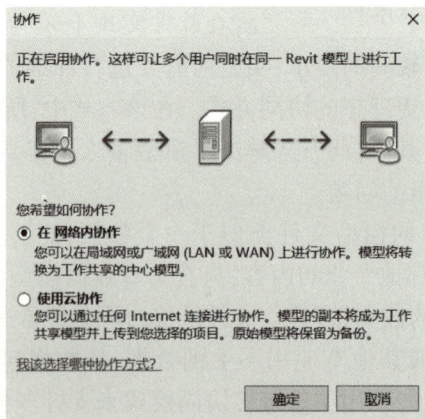

图3-24 在局域网内协作

（4）创建工作集,在项目最开始就需要讨论项目需要多少工作集,以及工作集和项目工程师如何匹配,原则是一个工程师可以管理多个工作集,但是一个工作集尽量不要被多个工程师管理,建议由一个工程师为整个项目创建所有工作集,从而保证工作集的命名规则、管理规则得到顺利执行。

当在中心模型的本地文件中打开模型的时候,"可编辑"意思是操作者是当前工作集的所有者,其有权限修改工作集里所有构件的属性、参数及位置,如图 3-25 所示。

图 3-25 设置工作集合

（5）在指定的目录中创建及编辑中心文件,同时也为该文件创建一个备份文件夹,比如在指定路径中不仅创建了"中心文件. rvt"项目文件,同时也创建了"Revit_temp""中心文件_backup"两个文件夹。"中心文件_backup"为备份文件夹,其包含中心文件的备份信息和编辑权限信息,"Revit_temp"包含有关操作的进度信息,如图 3-26 所示。

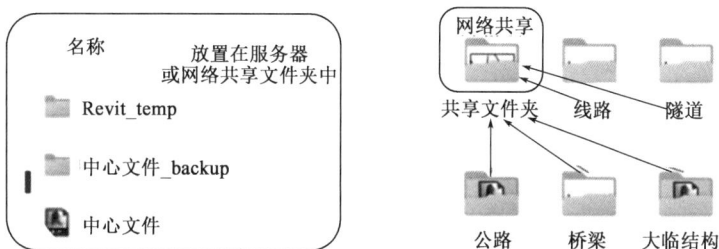

图 3-26 中心文件及各工作集布置

注意:不要删除或重命名"协同测试_backup"中的任何文件,如果要移动或者复制项目文件,应确保中心文件的备份文件夹也随着项目文件移动或复制。如果重命名项目文件,应相应重命名备份文件夹。

（6）分别在各个工作集中进行设计,再通过同步操作将每一个专业的内容同步到中心文件,如图 3-27 ~ 图 3-29 所示。"与中心文件同步"是本地模型和最新中心模型的双向更新;"重新载入最新工作集"是单向更新,只将最新中心模型下载到本地模型,但是不需要将本地修改同步到中心模型上。

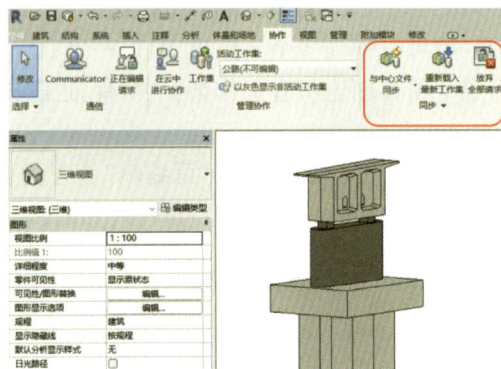

图 3-27　同步选项卡

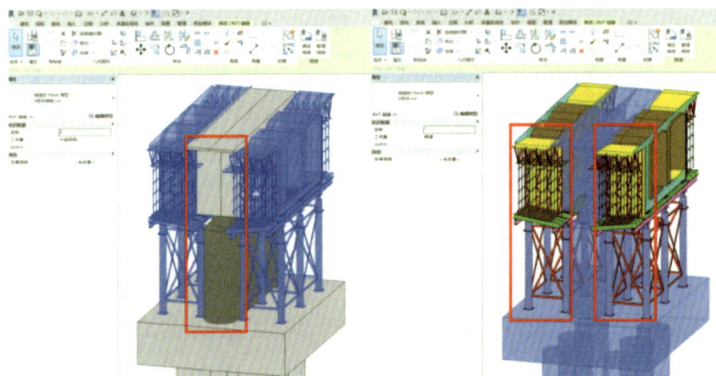

图 3-28　不同专业负责不同的设计内容

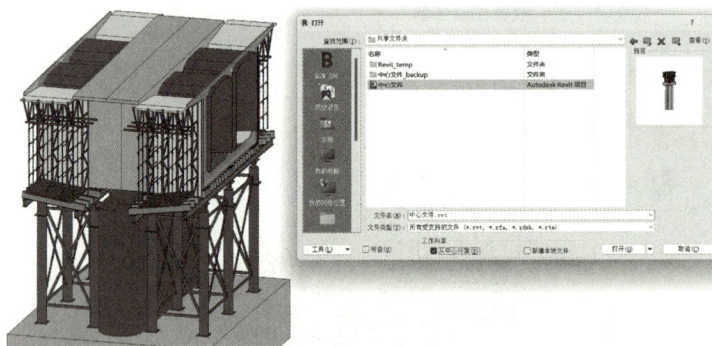

图 3-29　各个专业通过同步将设计内容推送到中心文件

（7）从中心模型分离此功能的使用场景为：在台式机上工作，但是需要将模型复制到笔记本电脑上，带着最新模型去出差；或想将模型分享给其他工作者。但是如果没有将模型从中心模型分离，别人打开你分享的中心模型的时候，Revit 会给出警告。如图 3-30 所示，我们只需要鼠标单击中心模型，勾选"从中心模型分离"即可。

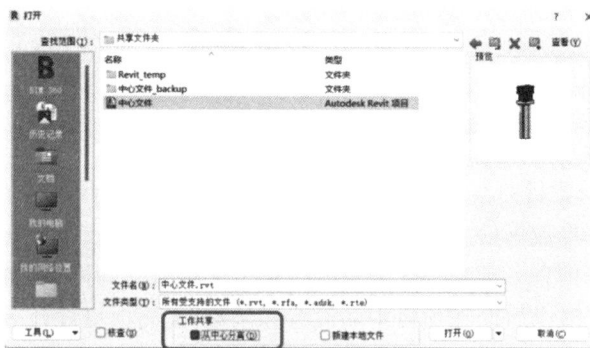

图 3-30　利用"从中心分离"获取当前的中心文件模型

上述方法是 Revit 软件内的操作,对于其他类型的软件,则需要导出文件再处理,介绍常用的一些与 Revit 一起使用的软件。

(1)Navisworks 软件。

Navisworks 用于模型浏览查看、碰撞检测、漫游动画、施工模拟等 BIM 工作内容。将 Revit 模型导出 Nwc/dwg 格式文件,导入至 Navisworks 软件,即可开始应用。在 Navisworks 中,对模型可进行材质添加、模型视图渲染、多功能模型浏览、可视化碰撞检测与报告输出、场景动画制作、关联任务计划进行施工进度模拟。

(2)3Dmax。

3Dmax 是 3D 建模渲染和制作软件,其强大的模型制作能力,可为 BIM 效果增砖添瓦。其通过对材质的添加与渲染,可让 Revit 模型效果更逼真。3Dmax 基于 BIM 可实现工程动画制作、方案模拟动画制作、工艺动画制作。Revit 模型导出 fbx 格式文件,直接导入 3Dmax 即可进行使用,其可实现对模型的材质添加、模型外观尺寸修改、添加相机视角、动画赋予。

(3)Lumion。

Lumion 可以创建更加逼真的模型场景、快速制作与展示动画、展现施工场地布置情况、进行漫游场景制作等,软件操作的简单化提高了软件之间配合使用的效率。Revit 模型导出 dae 格式文件,导入 Lumion 后可对模型进行位置调整,添加模型材质,编辑动静态场景动画,最后将成果渲染输出。

(4)广联达 BIM。

广联达有多款软件适用于与 Revit 进行配合使用,比如广联达计量计价软件、广联达 BIM5D、广联达模板脚手架设计软件、广联达场地布置软件等。Revit 按照广联达各软件使用规则进行模型准备,常见用法为土建 BIM 使用广联达造价软件进行工程量统计应用,使用广联达场地布置软件进行场地布置,使用广联达 BIM 模板脚手架设计软件进行模板设计及脚手架设计,使用广联达 BIM5D 软件进行施工管理应用。

(二)协同要素

在工程项目中,各个流程的模版文件越完备,最后的文件归档就越顺利。BIM 协同设计同样的也要对协同设计要素进行控制,协同设计要素控制的精细度越高或标准越完善,对协同工作程度的提升就越大,最后大模型的整合也越顺利。

对协同设计要素的控制是 BIM 协同设计的重要环节,以下以 Revit 软件为例介绍协同要素的设置。

1. 项目样板

在 Revit 开始一个项目前,需要建立项目样板,保证所有专业是在同样框架下进行,具有相同的项目格式、共享参数等信息。项目样板定义了项目的初始状态,如项目单位、材质设置、视图设置、载入的族等信息。预先根据项目的特点定义好所需的模型设置,后续各专业根据需求调用即可,这样可以减少后期在项目中的设置和调整,提高项目设计一致性,提升设计效率,满足标准制图规范要求。

Revit 项目样板为 rte 格式文件,有两种方式创建项目样板,一种是把当前设计项目的所做的设置直接另存为项目样板,另一种是通过修改已有项目样板的项目单位、族类型等设置,形成新的样板文件并保存。针对不同项目形成丰富的项目样板库,可以提高设计工作效率。

简要介绍设置新的项目样板:

(1)点击文件选项卡,打开文件位置选项,查看样板文件的存储位置及当前建立的模版样式,如图 3-31 所示。

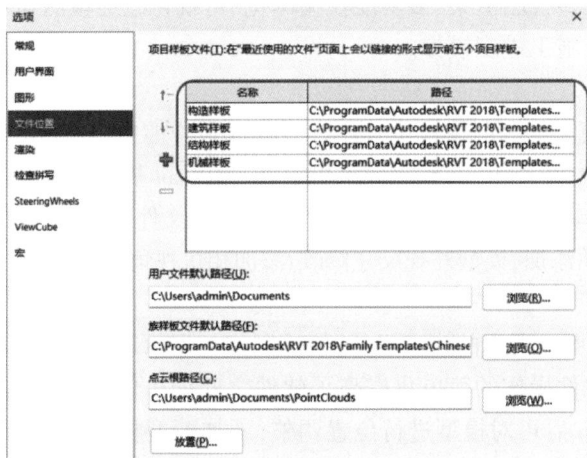

图 3-31　样板文件存储位置

(2)新建文件,有两种方式,可以选择直接创建项目样板,如图 3-32 所示,也可以选择创建项目,采用另存的方法保存为项目样板。

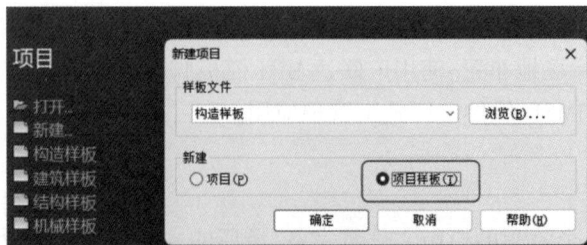

图 3-32　新建样板文件

（3）在视图选项栏,点击视图样板按钮,对项目常用的视图样板按照需求进行新建,主要对模型文件的显示进行编辑控制,如图 3-33、图 3-34 所示。

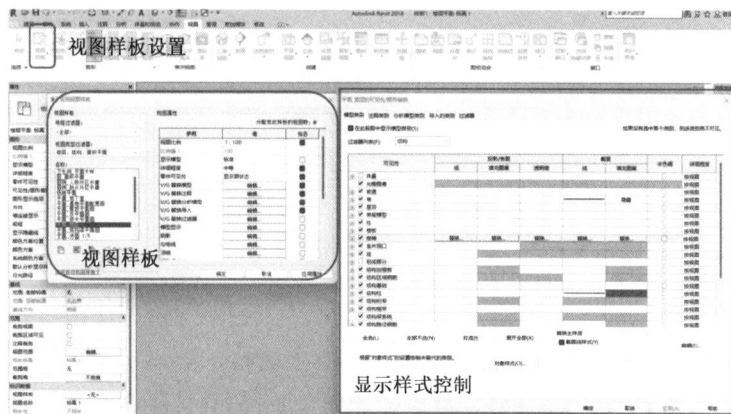

图 3-33　视图控制菜单

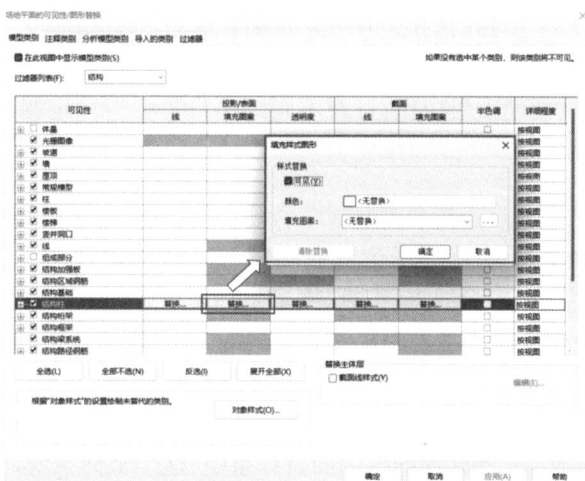

图 3-34　对模型可见性进行调整编辑

（4）根据项目需求对项目信息、项目单位、预设族文件等信息进行修改,如图 3-35 所示。

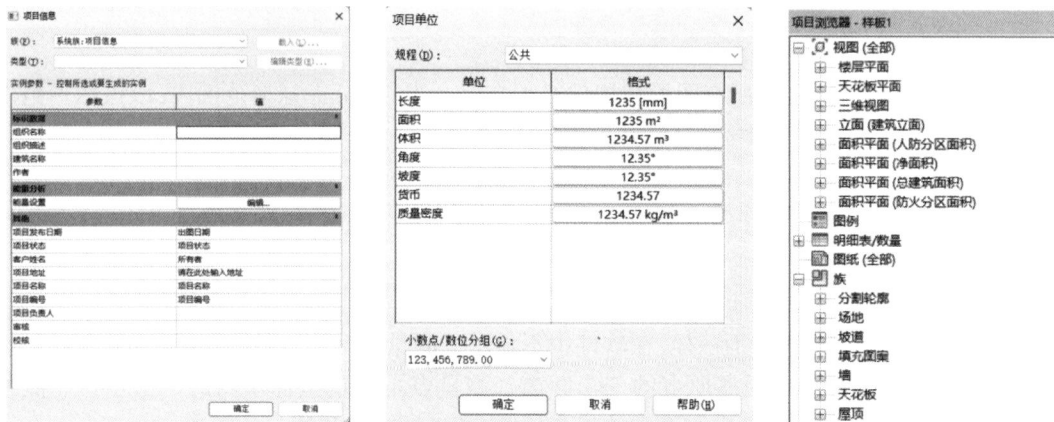

图 3-35　对项目信息、项目单位、预设族文件进行修改

（5）保存项目样板文件，如果使用新建项目样板，则只有保存项目样板.rte 文件选项，使用新建项目，则有保存项目文件.rvt 和项目样板.rte 文件两种选项，如图 3-36 所示。

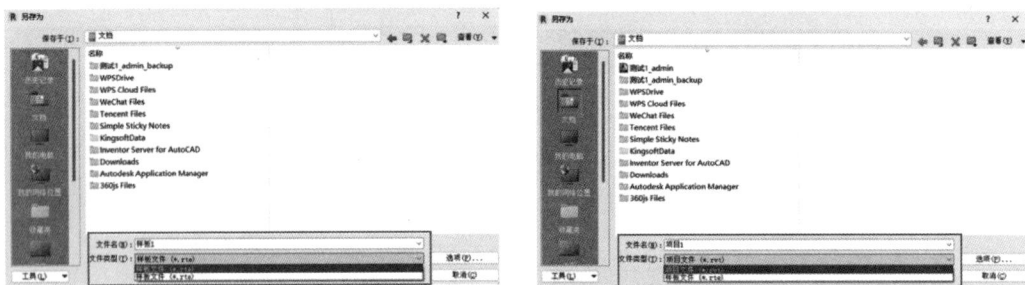

图 3-36　对模型可见性进行调整编辑

根据项目情况，预定义好项目样板，可以提高接下来的设计工作的效率，预定义好项目参数和设置，可以节约时间；对标准和规范进行定制和设置，确保一致的设计标准，可提高设计质量；创建多个相似的项目采用相同的族和参数，可简化管理和更新步骤；确保同一个项目中不同文件间的设计一致性，可以共享和重复便用族，提升设计一致性；不同的设计者可以基于相同的模板进行设计工作，便于项目协作；针对不同的项目类型进行定制和创建，可以提高项目类型的针对性和适用性。

2. 共享坐标系

统一的坐标系统是 BIM 项目实现全专业之间三维协同设计的工作基础和前提条件。Revit中有项目基点、测量点、内部原点、中点、测量坐标原点五种坐标定位点。

（1）项目基点。

项目的一个参考点，当前项目坐标系的原点，非现实坐标系。

（2）测量点。

多个项目合并到一起，需要放置到统一的坐标系中，这个坐标系就是基于真实世界的坐标系，测量原点位置就是测量点，测量坐标系的 Y 轴是真实世界的北方。项目基点是测量坐标系里面的任意一点，通过计算它与测量点的位置关系，软件可自动计算两套坐标系里的空间位置。

（3）内部原点。

Revit 中的项目文件，其所有图形和构件必须在一个半径 16km 球形范围内，以该球形范围做内部坐标系，球形范围的中心点，就是内部原点。

（4）中点。

在一个项目中，设计了许多的模型构件，用一个假想的盒把所有模型都放进去，这个几何包围盒的中心就是中点。

（5）测量坐标原点。

测量坐标原点和测量点不一样，在软件中不显示。测量坐标原点就是坐标系的原点位置，任意一个点的 X、Y、Z 就是距离原点的三个距离。测量点是测量坐标系内的一个点位。测量点和项目基点，可以处在测量坐标系内的任意位置，其坐标就是和原点的距离。

Revit 同一项目中所有的模型应采取统一坐标体系,避免坐标不统一的问题。对 Revit 模型进行共享坐标整合就是将所有的模型放在同一个空间坐标系中进行定位的操作。

3. Revit 如何进行坐标共享

(1)选择主模型。主模型有且仅有一个,用以提供坐标系,如图 3-37 所示。

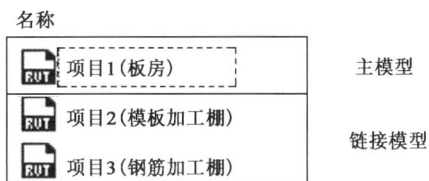

图 3-37　准备主模型和链接模型

(2)链接附加模型。可以有无数多个附加模型。获取主模型的坐标系,首次定位,采用原点到原点的方式,如图 3-38 所示。

图 3-38　插入链接模型并选择定位方式

(3)建立共享坐标关系。载入链接模型后点击链接模型的属性栏中的共享场地按钮,如图 3-39所示,点击记录当前位置,建立共享坐标关系之后可以使用共享坐标。

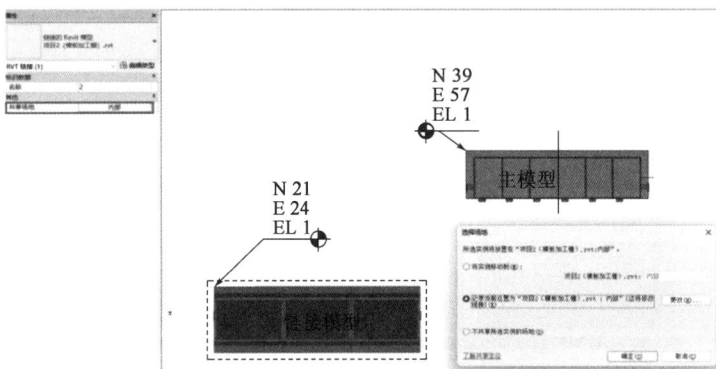

图 3-39　链接模型坐标

（4）模型定位。在建立好共享坐标关系后，就可以对需要定位的链接模型进行位置的修改。进入链接模型，点击管理选项下的坐标，点击"在点上指定坐标"，可以选定一个点进行坐标值的修改，也就是对链接模型在共享坐标系的位置进行修改，如图3-40所示。

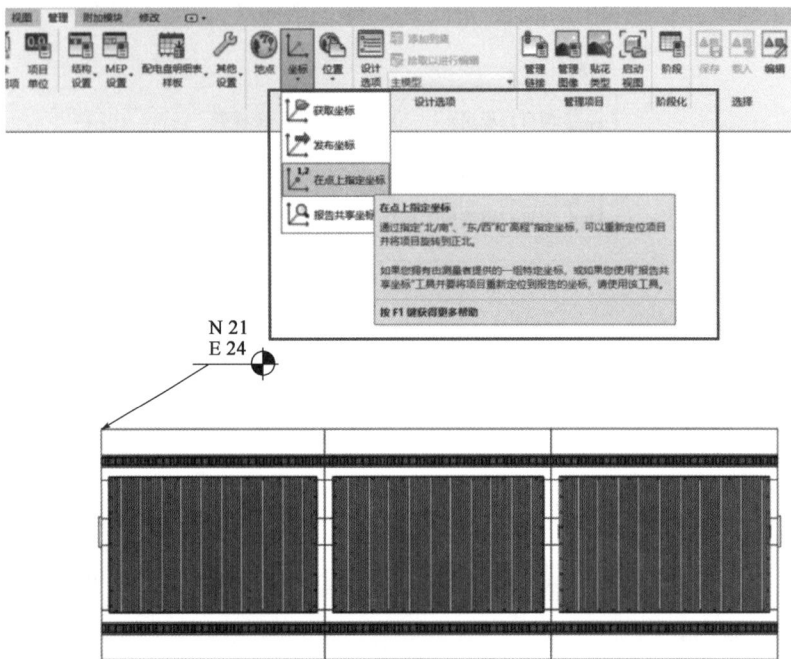

图3-40　链接模型指定坐标点

指定共享坐标可以调整新链接模型的高程、坐标、与正北方向的夹角，使其与主模型对齐，如图3-41所示。

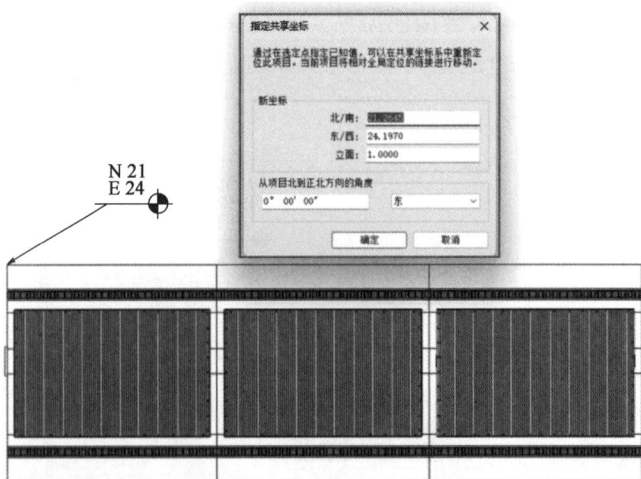

图3-41　链接模型修改坐标值

对每一个链接模型文件,都可通过使用"共享坐标"记录链接文件的相对位置,在重新制作链接文件时可以通过使用"共享坐标"来快速定位,以提高合并模型的效率和精度。

(三)图形标准统一

BIM软件建立的三维信息化模型需要导出图纸文件,要统一设置相关出图标准,确保最后的图纸文件统一。

使用Revit软件设置统一的出图标准,有八个设置点,如图3-42所示。

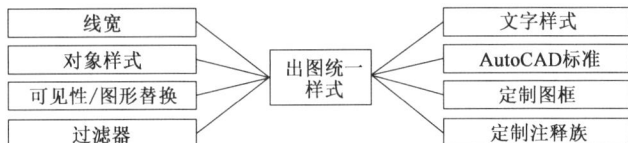

图3-42 统一出图设置标准

1. 线宽

根据模型线宽表格,在不同比例下设置不同的实际线宽,如数字2,在1:10时代表0.15mm,在1:500时代表0.10mm,如图3-43所示。

图3-43 Revit的线宽设置表格

2. 对象样式

Revit制图前,需要规定构件的线宽和线形。二维计算机辅助设计(CAD)制图是面向图层,三维设计是面向构件对象,在出图打印时,Revit通过对构件的图形分类来提前设置线宽和线形,通过粗细线模式,即可显示当前视图中各图元的实际线宽设置,如图3-44所示。

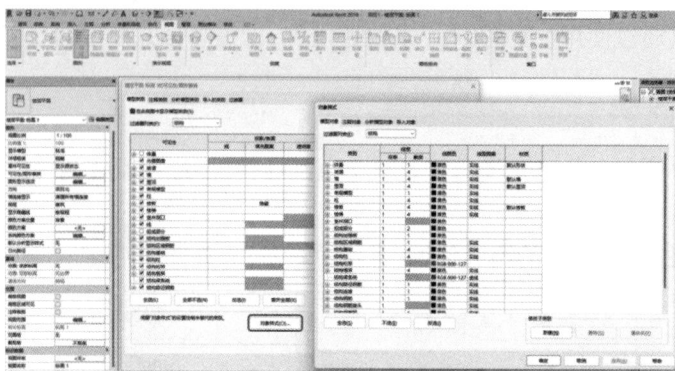

图 3-44　对象样式设置表格

线宽下的投影代表看到结构形状线宽和剖切截面时的线宽,根据对象样式表格和线宽设置表格,可以知道构件在不同比例的视图中实际打印线宽。根据需要,对象样式除了可以设置线宽和线形,还可以设置图元颜色。

3. 可见性/图形替换

在每个不相关的视图中,可以单独修改各类图元的显示,可以修改构件显示与否、线形、线宽、线颜色,填充图案样式、颜色、透明度、半色调等。根据显示需要处理构件显示,如图 3-45所示。

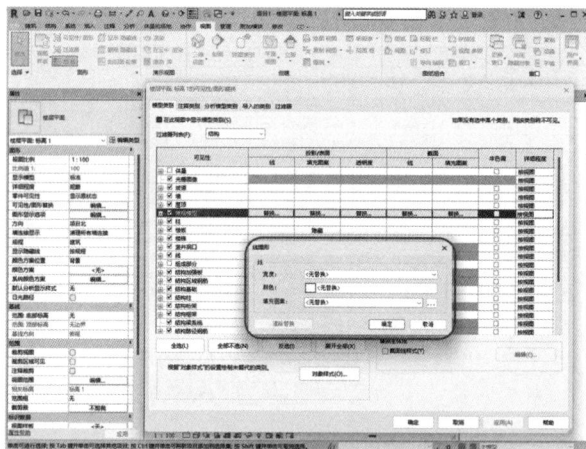

图 3-45　可见性/图形替换设置

4. 过滤器

在视图中使用"可见性/图形替换"功能中的过滤器,对于某些特定构件,若想将它的表达样式进行调整,可使用过滤器在项目中筛选出特定的图元并更改表达样式,如图 3-46 所示。

根据每一个项目的具体要求,统一图元的显示样式,统一文字样式、CAD 出图标准、定制图框等元素,以保证图形标准统一。

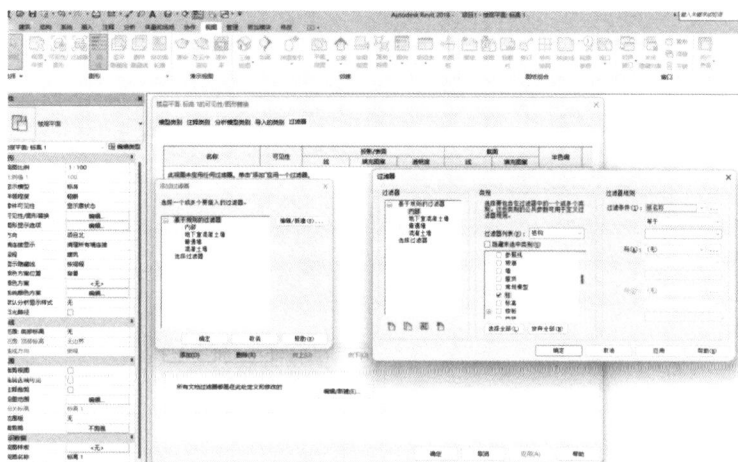

图 3-46　过滤器设置

二、碰撞检查

(一) 碰撞检查定义

通过检查工具来发现项目中图元之间的冲突,叫作碰撞检查。碰撞检查以 BIM 为基础环境,通过直观、可视化的方式,或者针对性地检查不同分类或属性的模型部件之间相互位置关系,发现设计、施工等过程中可能出现的空间位置相互冲突碰撞的现象。

对各个设计施工阶段专业内构件之间、各个专业之间进行碰撞检查,可以提前发现图纸相关构件的冲突问题,优化图纸设计,节约施工成本。

(二) 碰撞检查操作

以 Revit 软件为例,软件自带碰撞检查功能,以下进行碰撞检查操作介绍。

(1)点击"协作"下的"碰撞检查",选择"运行碰撞检查"命令,如图 3-47 所示,选择需要检查碰撞的模型类别,点击开始碰撞检查即可,如图 3-48 所示。

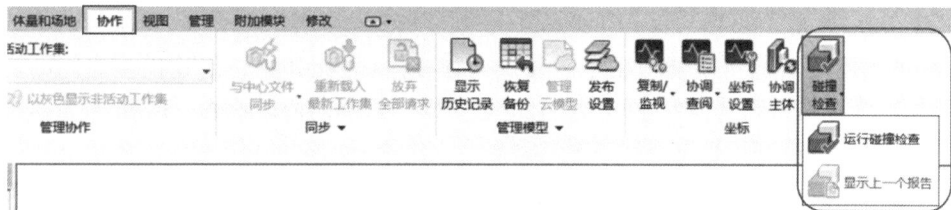

图 3-47　运行碰撞检查

图 3-48　定义需要检查的类别

（2）点击确定，选择显示的任意报告，点击"＋"，会看到碰撞构件的 ID 号。单击左下角"显示"，软件就会自动跳转至冲突位置并且高亮显示，即可在三维视图中查看碰撞点，并进行修改调整，如图 3-49 所示。

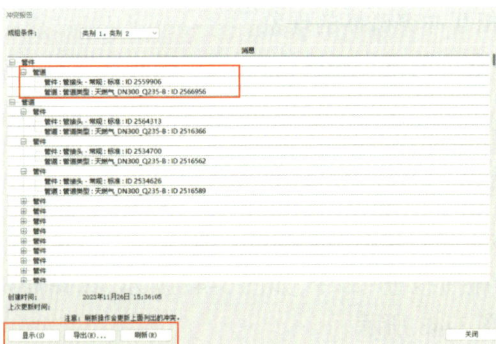

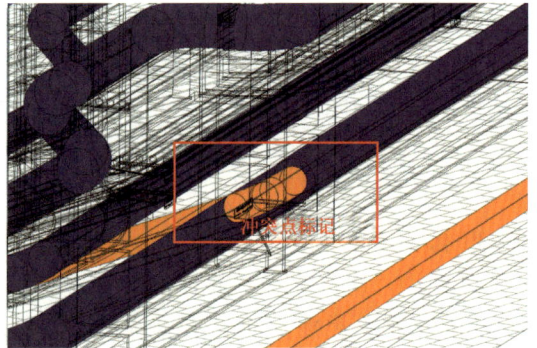

图 3-49　查看冲突报告

Revit 的模型碰撞检查功能适用于软件内的建模阶段，比如进行土建模型之间的协调检查，又比如在土建模型和其他专业模型整合时进行模型之间的协调检查。Revit 自带碰撞检查功能，使用较为方便，可及时发现问题并调整。

对于整体大模型而言，运用专门的软件进行模型整合和碰撞检查更便捷高效。推荐使用 Naviswork 软件进行模型碰撞检查，Navisworks 可以进行位置冲突或构件间隙碰撞的检查，如图 3-50所示，找到工具栏中的"Clash Detective"，添加需要进行检查的文件模型，选择需要的碰撞公差，单击"运行"钮按，软件自动开始检测，结束后生成碰撞报告。

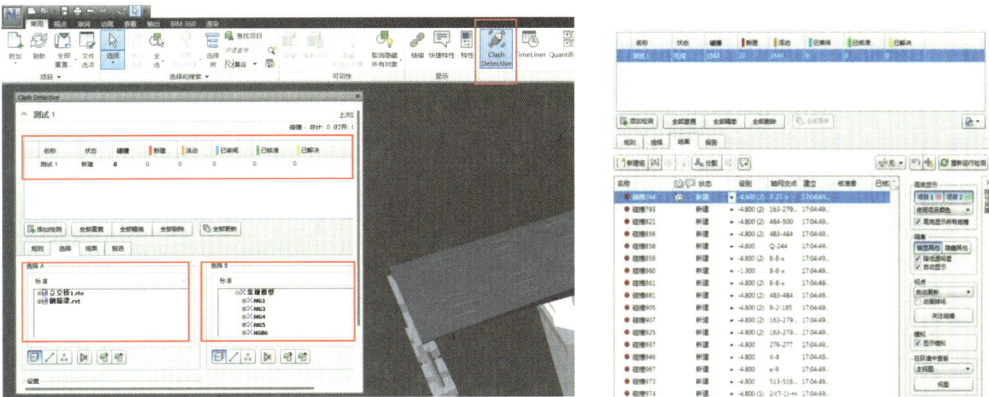

图 3-50　Naviswork 进行碰撞检查

目前桥梁土建工程中可能会用到碰撞检查的是普通钢筋与预应力管道之间的冲突、各类钢筋与预埋构件之间的冲突等方面,如图 3-51 所示。随着道路桥梁 BIM 设计整体性的提高,碰撞检查的应用也会越来越广。

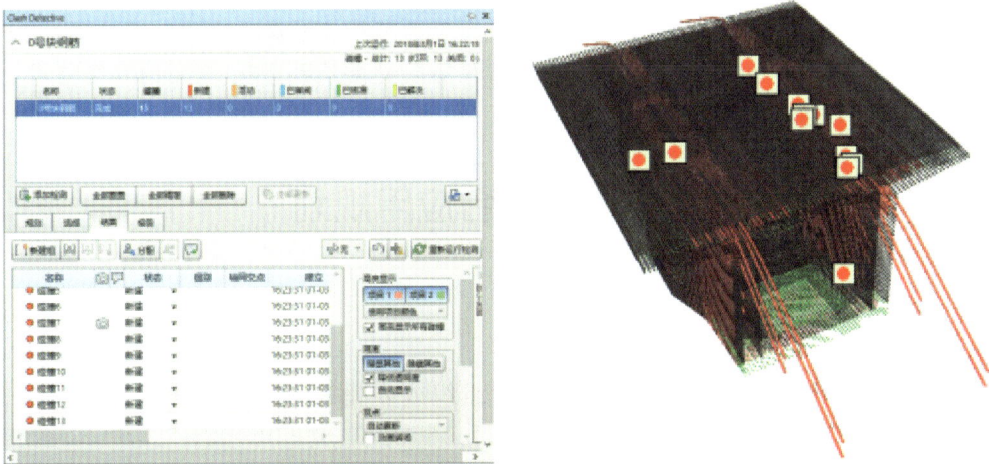

图 3-51　普通钢筋和预应力管道碰撞检测结果和冲突位置标记

第四章

道路桥梁BIM综合应用

本章主要介绍通过利用BIM技术或软件平台,整合道路桥梁项目各个工程阶段的信息,实现项目各方之间高效协同管理的方法。对应《道路桥梁建筑信息模型技术应用人员职业标准》中级道路桥梁专业应用的技能和知识要求,并在此基础上侧重于高级技能和知识要求的掌握和应用。

本章利用BIM技术对道路桥梁专业的资源规划、进度控制、成本管理、资料管理、安全管理和质量管理情况进行介绍,并引入道路桥梁BIM综合应用实际案例介绍具体项目BIM应用情况,有助于提升工程质量,减少变更,最终实现项目的可持续发展。这种全面的项目管理方式在现代道路桥梁工程中变得越来越重要,为工程团队提供了更直观、全面的项目信息,推动了交通运输行业数字化的高质量发展。

第一节　综合应用规划

一、基本要求

道路桥梁项目启动时,宜由建设单位负责组织或委托第三方进行项目BIM实施整体策划。

建设单位宜负责组织或委托第三方对道路桥梁项目设计、生产、施工、竣工验收等阶段的BIM与信息及相关实施成果等进行验收和评价。

道路桥梁项目应根据项目类型、规模、复杂程度等因素综合确定BIM实施的目标、范围和深度。

(一)施工场地规划

场地分析是研究影响建筑物定位的主要因素,是确定建筑物的空间方位和外观,建立建筑物与周围景观联系的过程。在规划阶段,场地的地貌、植被、气候条件都是影响设计决策的重要因素,往往需要通过场地分析来对景观规划、环境现状、施工配套及建成后交通流量等各种影响因素进行评价及分析。

传统的场地分析存在诸如定量分析不足、主观因素过重、无法处理大量数据信息等弊端。

通过 BIM 结合 GIS,对场地及拟建的建筑物空间数据进行建模,能迅速得出令人信服的分析结果,见图 4-1。此方法能帮助项目在规划阶段评估场地的使用条件和特点,从而做出最理想的场地规划、交通流线组织关系、建筑布局等关键决策。

图 4-1 场地及拟建的建筑物空间数据建模

1. 规划分析

场地规划分析主要包括:现状分析、场地总体布局、竖向布置、绿化与环境景观设计、技术经济分析。

场地设计条件分析:为施工主体创建三维 BIM,利用无人机对周边环境进行正向倾斜摄影,形成点云模型,快速分析施工场地周边自然条件、建设条件和城市规划的要求等,明确影响场地设计的各种因素。

场地总体布局:利用三维 BIM,结合场地现状条件,明确功能分区,合理确定场地内建筑物、构筑物及其他工程设施的相互空间关系,进行总平面布置。

竖向布置:结合地形,拟定场地竖向设计方案,确定场地及建、构筑物的设计高程,有效组织场地排水,计算土石方量。

绿化与环境景观设计:结合业主需求,综合布置各种室外活动空间、环境设施、景观小品及绿化植物等,有效控制噪声等环境污染,创造优美的室外环境。

技术经济分析:计算场地设计方案的各种技术经济指标,主要是土石方工程量、道路面积,可以进行多方案比较,选择最优方案。使设计在技术上合理、有利于施工,结合自然条件和建设条件,因地制宜进行场地设计,减少建设花费。

2. 管线改迁

利用三维 BIM,协调各种管线的敷设,合理进行场地管线综合布置,具体确定各种管线的走向、平面(竖向)敷设顺序、管线间距、支架高度或管线埋深等,尽量避免相互干扰、影响景观,见图 4-2。

图 4-2 管线敷设效果

3.交通疏导

利用三维BIM,对场地周边交通进行模拟,合理组织场地内各种交通流线,避免不同性质的人流、车流之间的相互干扰,根据初步确定的建、构筑物的位置,进行道路、广场、停车场、交通出入口布置,调整总平面图中建筑布置,见图4-3。

图4-3　交通疏导三维效果

（二）工程量及测量数据复核

利用BIM进行工程量及测量数据复核,避免烦琐的人工计算工作。工程量等信息全部来自模型,并且由模型一键导出,即将烦琐的计算和统计工作转交给计算机完成。这样可降低人为主观因素对工程量复核的影响。人工复核法很难发现计算错误,而且人为因素(尤其是主观判断)会影响复核计算的结果。若利用计算机以统一的标准评判就可以很大程度上降低人为主观因素对工程量复核的影响,保证客观的公平与公正。

1.临时结构工程量复核

（1）建立BIM:根据道路桥梁项目的图纸和设计要求,利用BIM软件建立临时结构的BIM。包括桥梁、路基、涵洞等所有相关结构的三维模型。

（2）添加工程量信息:在BIM中,添加临时结构的工程量信息。这些信息可以包括材料类型、数量、尺寸、重量等,确保每个结构都有详细的工程量数据。

（3）复核工程量准确性:利用BIM技术的检查和校核功能,对建立的BIM进行碰撞检测、工程量核对等操作。通过设计图纸和实际施工情况的对比,检查工程量数据的准确性。

（4）数据统计和分析:利用BIM,可以快速统计和提取临时结构的工程量数据。通过数据分析,可以了解工程量是否符合设计要求,是否存在错误或遗漏。

（5）动态更新和维护:在道路桥梁项目的施工过程中,可能需要对临时结构进行修改或调整。利用BIM技术,可以快速更新和维护BIM中的工程量数据,确保数据的准确性和实时性。

（6）协同管理和沟通:通过BIM协同平台,项目团队可以实时共享和沟通BIM和工程量数据,提高各参与方之间的协作效率,减少信息传递的错误和遗漏。

（7）成本分析和优化:结合BIM中的工程量数据和施工进度信息,可以进行成本分析和优化。通过对实际施工成本的监控和管理,及时调整和优化施工方案,降低项目成本。

（8）竣工资料整理:在项目竣工阶段,BIM中的工程量数据可以作为竣工资料的一部分进行整理和归档,为项目的运营和维护提供准确的基础数据。

2.永久结构工程量复核

(1)建立 BIM:根据道路桥梁项目的图纸和设计要求,利用 BIM 软件建立永久结构的 BIM。这应包括桥梁、路基、涵洞等所有相关结构的三维模型,见图4-4。

图4-4　桥梁模型

(2)定义工程量规则:在 BIM 中,需要定义工程量规则。这些规则应与设计图纸和实际施工要求相符合,包括材料类型、数量、尺寸、重量等详细信息。

(3)自动计算工程量:利用 BIM 软件的自动化功能,可以自动计算永久结构的工程量。通过软件内置的工程量计算功能,可以快速得到每个结构的工程量数据。

(4)手动复核工程量:虽然自动计算可以加快工程量的计算速度,但仍然需要进行手动复核。这包括对比设计图纸和实际施工情况,检查自动计算的工程量数据是否准确无误。

(5)数据统计和分析:利用 BIM,可以快速统计和提取永久结构的工程量数据。通过数据分析,可以了解工程量是否符合设计要求,是否存在错误或遗漏。

(6)动态更新和维护:在道路桥梁项目的施工过程中,可能需要对永久结构进行修改或调整。利用 BIM 技术,可以快速更新和维护 BIM 中的工程量数据,确保数据的准确性和实时性。

(7)协同管理和沟通:通过 BIM 协同管理平台,见图4-5,项目团队可以实时共享和沟通 BIM 和工程量数据,提高各参与方之间的协作效率,减少信息传递的错误和遗漏。

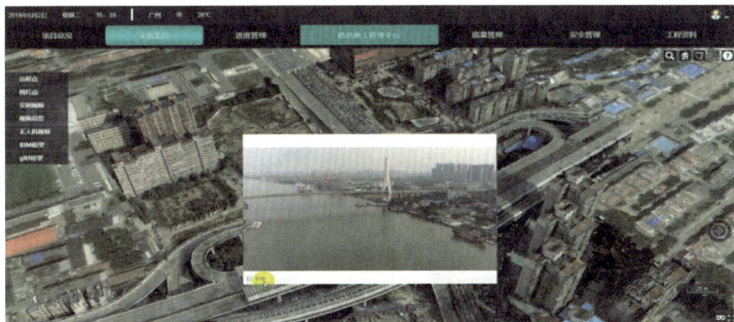

图4-5　BIM 协同管理平台

(8)成本分析和优化:结合 BIM 中的工程量数据和施工进度信息,可以进行成本分析和优化。通过对实际施工成本的监控和管理,及时调整和优化施工方案,降低项目成本。

(9)竣工资料整理:在项目竣工阶段,BIM 中的工程量数据可以作为竣工资料的一部分进行整理和归档。为项目的运营和维护提供准确的基础数据。

(三) 施工图设计

深化设计是指在业主或设计方提供的方案图基础上，结合施工现场实际情况，考虑业主各类要求及国家相关规范，对图纸进行细化、补充和完善。深化设计后的图纸能满足业主或设计方的技术要求，符合相关地域的设计规范和施工规范，并通过审查，图形合一，能直接指导现场施工。

1. 碰撞检测

利用 BIM 的碰撞检测，检查各专业设备之间的碰撞、管线与桥梁结构部分的碰撞以及桥梁结构本身的碰撞，见图 4-6，通过碰撞检测系统地检查整个专业模型并自动查找出模型中的碰撞点，生成需要的碰撞检测报告。

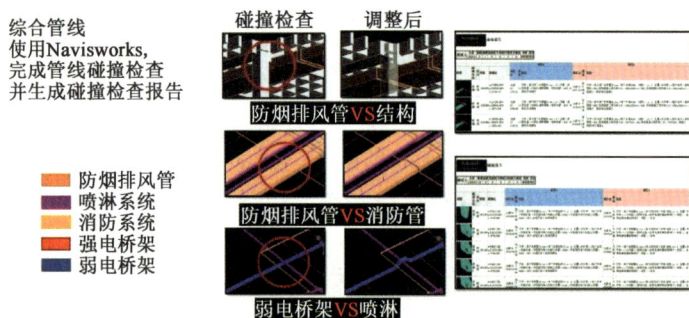

图 4-6　管线碰撞检测

通过 BIM 的碰撞检测、信息化等，结合工程实际，对工程的施工工艺问题及施工难点进行解决，并把各个专业的 BIM 进行合并。在施工之前，进行各专业设计图纸检查，提前发现图纸问题，查找结构与结构、综合管线与结构、钢筋与预埋管线的冲突，及时发现可能存在的问题并在施工之前进行设计调整，减少设计图纸自身错误或冲突导致的工程变更。

2. 管综优化设计

综合协调各专业之间的矛盾，统筹安排管线的空间位置及排布，制作管线综合平面图、剖面图、节点三维示意图等深化图纸，见图 4-7，以避免空间冲突，尽可能减少碰撞，严格控制，防止错误传递到施工阶段。提升设计净空、减少施工返工、提高工作效率和质量、加快施工进度。

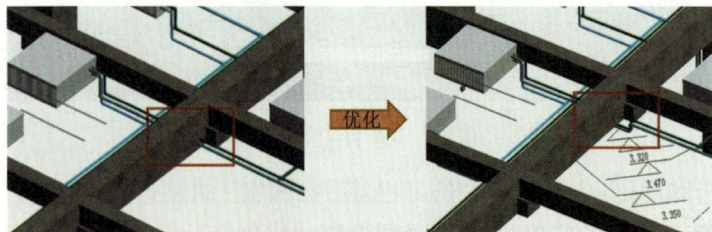

图 4-7　管综优化设计

3. 大样图输出

二维的设计图纸不能精细地表达各个复杂节点的对接,见图4-8,而BIM可以建立对应的族,通过族精细地表现复杂节点,从而优化设计,让施工更加明了。

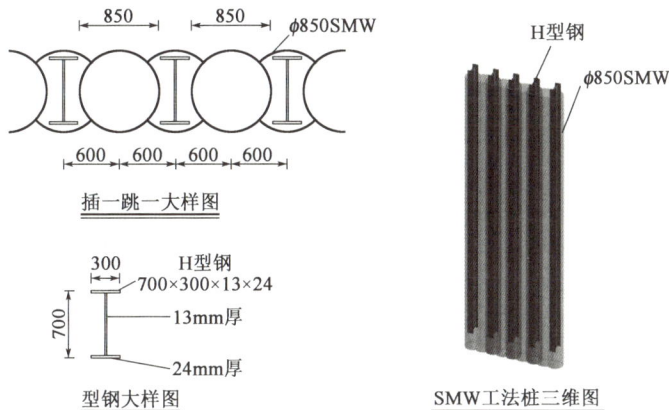

图4-8　二维大样图(尺寸单位:mm)

(四)施工管理

施工管理涵盖了从施工准备到施工完成后的各个阶段,需要对施工过程进行全面管理和控制。通过加强施工计划管理、施工组织管理、施工质量管理和施工安全管理等方面的工作,可以确保项目的顺利实施和按时完成。

1. 三维可视化模拟

利用BIM技术,可以创建道路桥梁项目的三维模型,包括桥梁、道路、隧道等建筑物以及地形、地貌等自然条件。这种三维模型能够直观地展示项目的外观和结构,使设计师和施工团队更好地理解和规划施工方案,见图4-9。通过BIM技术与施工进度表关联,还可以实现施工过程的动态模拟,从而更好地评估和优化施工方案。

图4-9　三维可视化施工模拟效果

在道路桥梁项目中,许多施工工序复杂且相互关联。利用BIM技术,可以将这些复杂的施工工序进行三维可视化模拟。通过模拟,可以清晰地展示每道工序的施工过程、顺序和逻辑关系,帮助项目经理和施工团队更好地理解施工工序,优化施工流程,提高施工效率。

道路桥梁施工中的一些工艺流程复杂且技术要求高。利用BIM技术,可以将这些复杂的施工工艺进行三维可视化模拟。通过模拟，可以清晰地展示施工工艺的过程、要点和技术要求，帮助施工人员更好地理解和掌握施工工艺，提高施工质量。同时，还可以通过模拟发现和解决潜在的问题和风险，优化施工工艺，降低项目成本，见图4-10。

图4-10　桥墩施工工艺模拟

2. 施工方案设计及分析

（1）方案分析。

利用BIM技术可以对施工方案进行合理分析，以提高施工效率和降低成本。以下是具体的步骤：

建立BIM：根据项目的设计图纸和要求，建立包含桥梁、路基、涵洞等所有相关结构的BIM。

施工方案模拟：将施工方案与BIM相结合，通过三维模拟来预测和评估施工方案的可行性和效率。

方案对比分析：利用BIM技术的可视化特性，可以对比不同的施工方案，以找出最优的方案。

冲突检测与优化：通过BIM技术的碰撞检测功能，可以发现施工方案中的潜在冲突和问题，进而进行优化和调整。

（2）施工工序优化。

利用BIM技术可以优化施工工序，以提高施工的效率和质量。以下是具体的步骤：

施工工序规划：根据道路桥梁项目的特点和施工要求，规划合理的施工工序。

工序与BIM关联：将施工工序与BIM相关联，通过模拟来预测和评估施工工序的可行性和效率。

工序优化：根据模拟结果，可以找出施工工序中的瓶颈和问题，进而进行优化和调整。

生成指导文档：根据优化后的施工工序，可以生成详细的施工指导文档，为现场施工人员提供操作指南。

（3）施工工艺改进。

利用BIM技术还可以对施工工艺进行改进，以提高施工的质量和效率，见图4-11。以下是具体的步骤：

施工工艺选择：根据道路桥梁项目的特点和需求，选择合适的施工工艺。

工艺与BIM结合：将施工工艺与BIM相结合，通过模拟来预测和评估施工工艺的可行性和效果。

工艺改进:根据模拟结果,可以发现施工工艺中的问题和不足,进而进行改进和优化。

工艺验证与实施:经过验证和改进后的施工工艺可以在实际施工现场实施,以提升施工质量和效率。

图4-11　施工工艺改进效果

(4)方案调整。

根据实际施工情况和现场反馈,可以利用 BIM 技术对施工方案进行调整和优化,以下是具体的步骤:

现场反馈收集:在实际施工过程中,收集来自现场的反馈和建议。

问题识别与解决:利用 BIM 技术对现场反馈的问题进行识别和分析,找出问题的根源并制定相应的解决方案。

方案调整与优化:根据现场反馈的问题和解决方案,对原有的施工方案进行调整和优化,以提高施工效率并降低成本。

方案实施与监控:将调整后的方案应用到实际施工现场,并进行实时监控和调整,以确保施工的顺利进行和质量要求的达成。

利用 BIM 技术在道路桥梁项目中可以对施工方案、施工工序和施工工艺进行合理分析和优化,适时调整方案以适应实际施工需求,从而提高施工效率和质量,降低施工成本,并确保项目的顺利完成。

3.管理要素与 BIM 对接

将 BIM 与安全、质量、进度和成本等因素进行关联,这样工程师可以更好地管理和控制项目的各个方面。

安全管理:BIM 工程师可以通过 BIM 检测以避免潜在的安全风险。工程师可以使用碰撞检测和冲突分析功能来查找和解决模型中可能存在的冲突或问题,从而避免在施工过程中出现安全问题。

质量管理:BIM 可以包含项目的所有细节和信息,包括材料类型、部件尺寸、施工工艺等。这些信息可以帮助工程师在施工前预测和识别潜在的质量问题,并在施工过程中进行质量控制和监督。

进度管理:BIM 可以与时间轴相关联,以模拟项目的施工进度。BIM 工程师可以利用这个功能来规划和控制施工的进度,确保项目按时完成。

成本管理:BIM 可以包含项目的所有成本信息,包括材料成本、人工成本、设备成本等。这些信息可以帮助工程师进行项目预算控制和成本控制,确保项目在预算范围内完成。

4.施工进度分析

在施工过程中,BIM可以与实际工程情况进行对比,及时发现偏差,并采取相应的调整措施。如果实际施工进度滞后于计划,施工团队可以通过BIM调整施工资源和施工计划,以加快施工进度,见图4-12。

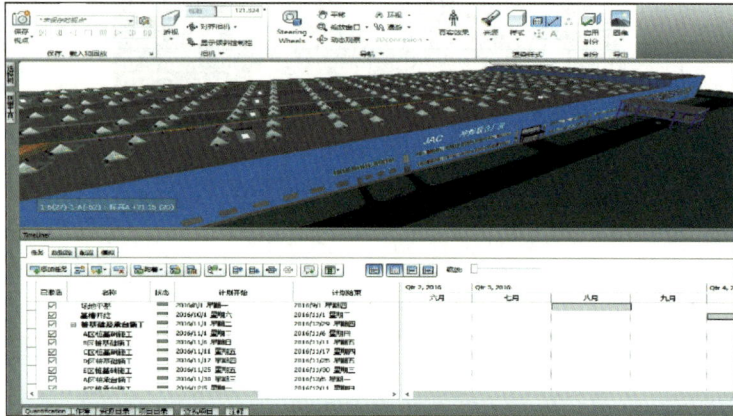

图4-12　施工进度模拟

此外,BIM还可以提供实时监控和协作沟通的功能。通过传感器和摄像头可以对施工现场进行实时监控,将现场情况与BIM进行对比,及时反馈并调整施工计划。不同部门和团队可以通过BIM进行高效的协作和沟通,共同解决施工中的问题。

5.施工协同管理

BIM可以帮助各参与方更好地了解工程情况,例如设计的意图、施工的难点和重点等。通过共享BIM,各参与方可以更好地沟通和协作,共同解决施工中的问题。各参与方可以通过BIM及时了解施工进度和质量情况,并进行协同管理。BIM还可以帮助各参与方进行资源管理和成本控制。通过将BIM与施工计划进行结合,可以估算出各个阶段的施工成本,帮助管理团队更好地控制预算。同时,BIM可以展示材料和资源的使用情况,帮助各参与方更好地管理施工资源。

(五)项目竣工验收

竣工验收是工程建设的最后一个环节,是对工程设计、施工质量的全面检查,也是确保工程质量符合相关规范要求,达到安全、实用、经济、美观、环保等综合要求的关键环节。竣工验收合格后,项目可以进入交付使用阶段。在交付使用前,应对工程进行最后一次全面检查,确保工程质量符合要求,并做好使用前的准备工作。同时,应与使用单位或物业管理单位进行交接,明确管理责任和注意事项。

1.竣工验收内容及标准

(1)BIM完整性。

模型元素完整性:检查BIM中的建筑物、结构、设备等元素是否完整,各元素之间的连接是否合理。

模型信息完整性:检查 BIM 中的信息是否完整、准确,如材质、尺寸、重量、用途等。

模型文档完整性:检查 BIM 的文档是否齐全,如设计图纸、施工图纸、竣工图纸等。

(2)BIM 精度及质量。

模型精度:检查 BIM 的精度是否符合要求,如几何尺寸、空间关系等。

模型质量:检查 BIM 的质量是否符合要求,如表面平整度、光滑度、是否有漏洞或错漏等。

模型参数精度:检查 BIM 的参数是否准确,如材料属性、力学性能等。

(3)BIM 协调性。

模型内部协调:检查 BIM 内部各元素之间的协调性,如建筑与结构之间的协调性、设备与管道之间的协调性等。

模型外部协调:检查 BIM 与其他相关专业模型之间的协调性,如建筑、结构、水暖电等专业之间的协调性。

(4)BIM 可视化及可操作性。

可视化效果:检查 BIM 的可视化效果是否美观、清晰,符合设计意图和施工要求。

可操作性:检查 BIM 的操作是否方便、灵活,如旋转、缩放、移动等操作。

(5)BIM 输出文件及格式。

输出文件类型:检查 BIM 输出的文件类型是否符合要求,如 DWG、DXF、IFC 等格式。

输出文件完整性:检查 BIM 输出的文件是否完整,包括图纸、报表等。

2.施工模型与竣工模型

(1)模型创建依据。

①道路桥梁工程施工图纸和技术规范。

②施工现场勘测数据和施工记录。

③工程量清单和施工进度计划。

④施工过程中的变更和调整记录。

(2)模型精度标准。

①模型几何精度应满足施工要求,一般采用毫米级精度。

②模型材料属性信息应准确反映实际工程情况,包括材质、尺寸、重量等。

③模型构件连接关系应清晰明确,符合实际施工工艺要求。

(3)模型动态调整。

①根据施工进度计划,对模型进行动态调整,确保模型与实际工程进度一致。

②根据实际施工情况,对模型进行修正和完善,确保模型的准确性和完整性。

(4)模型材料编码。

①对模型中的材料进行编码,确保材料信息的准确性和可追溯性。

②根据材料编码,对材料的采购、运输、存储和使用进行管理。

(5)模型几何构建。

①根据施工图纸和技术规范,对道路桥梁工程的几何结构进行建模。

②确保模型几何构建符合相关规范要求,如尺寸、形状、位置等。

（6）模型构件关系。

①对模型中的构件进行分类和编码,明确构件之间的关系。

②根据构件之间的关系,进行施工模拟和工程量统计等操作。

（7）模型施工模拟。

①利用 BIM 技术进行施工过程模拟,明确施工流程和顺序。

②对施工过程中的难点和重点进行预测和分析,制定相应的应对措施。

（8）模型工程量统计。

①根据模型中的构件信息和材料信息,进行工程量统计和分析。

②对工程量进行动态调整和修正,确保工程量与实际施工情况一致。

（9）模型协调方案。

①对道路桥梁工程中的各专业和各环节进行协调,确保工程的顺利进行。

②根据协调结果,制定相应的协调方案和措施。

（10）模型质量检测。

①利用 BIM 技术对道路桥梁工程质量进行检测和评估,确保工程质量符合要求。

②对质量检测结果进行记录和分析,为后续工程提供参考和借鉴。

3. 项目竣工验收

竣工模型交付主要应用于施工阶段。在建筑项目竣工验收时,将竣工验收信息及项目实际情况信息添加到施工作业模型中,以保证模型与工程实体数据一致,随后形成竣工模型,以满足交付及运营的基本要求。

1）竣工模型交付的主要内容

收集施工作业模型及施工过程中修改变更资料。根据修改变更资料更新施工作业模型,使其能准确表达竣工工程实体,以形成竣工模型。

2）竣工模型交付的主要成果

竣工模型和相关竣工材料。

（1）模型整合与验证。

①将各个专业的 BIM 进行整合,确保模型数据的一致性和准确性。

②对模型进行验证,检查模型是否符合设计要求和相关施工规范,确保模型的可靠性。

（2）建筑信息模型验收标准。

①建立 BIM 验收标准,包括模型精度、数据完整性、信息一致性等方面的要求。

②根据验收标准,对 BIM 进行评估,确保模型质量达到预期要求。

（3）验收方案制定与实施。

①根据 BIM 验收标准,制定详细的验收方案,包括验收流程、验收内容、验收方法等。

②按照验收方案,对 BIM 进行逐项检查和评估,确保模型符合验收要求。

（4）问题反馈与修正。

①对验收过程中发现的问题进行记录和反馈,及时与设计单位和施工单位沟通解决。

②对问题进行修正和改进,对模型进行更新和优化,确保模型的准确性。

（5）验收数据记录与分析。

①对验收数据进行记录和分析,包括模型精度、信息一致性、数据完整性等方面的数据。

②根据数据分析结果,对BIM进行评估和优化,提高模型的质量和可靠性。

（6）竣工模型输出与提交。

①根据验收结果和设计要求,输出符合要求的竣工BIM。

②将竣工BIM提交给相关单位和部门,供后续使用和维护。

（7）模型维护与更新。

①对BIM进行定期维护和更新,确保模型的准确性和完整性。

②对使用过程中发现的问题进行修正和改进,提高模型的质量和可靠性。

③根据实际需求,对模型进行扩展和优化,提高模型的实用性和可操作性。

4. 竣工资料移交

明确各专业构件模型需添加的信息,分析构件信息的实用性,确定录入的信息内容,统一建模文件格式、构件命名方式、模型精细化程度及模型设色标准,明确BIM信息录入的深度、流程及交付标准,形成模型交付需求文档。各分包专业由承包单位的专业人员录入竣工模型信息,录入完成后须进行内部审核,再交总承包单位进行整合,按"谁录入、谁检验、谁负责"的原则,将整合后的竣工模型提交建设单位。最后由建设单位组织顾问单位、管理公司及总承包单位检查竣工模型的正确性、协调性和一致性。将工程资料通过添加统一资源定位符（URL）方式（资料文件位置）与模型链接,只需点击该信息即可迅速打开相应资料文件夹,方便查看有关资料,通过模型浏览及构件信息明细报告,可实现对所需信息的快速提取。BIM竣工模型的构建使得后期业主在运维时能够进行对工程整体的检查与整改,更快发现问题点,进而实现快速解决。

二、综合应用

（一）综合应用的思想与方法建立

建立BIM综合应用的思想与方法需要从多个方面入手,明确应用目标、建立BIM团队、制定协同流程、建立标准与规范、选择合适的BIM软件、建立BIM数据管理平台、引入其他相关技术以及持续优化改进等。

1. BIM综合应用的基本内容与原则

BIM的实施与应用应符合以下四项原则:

（1）按照合同约定原则:各参建单位按照合同约定的责任与义务执行,为了顺利推进项目建设工作而加强配合。

（2）建设过程同步原则:BIM在建设过程中应与实际工程建设进度保持同步,在建设过程中建立的BIM和产生的模型信息应及时更新,确保模型与实际工程保持同步的状态。

（3）管理职责对应原则:BIM工作在建设过程中,各参建单位应根据工程管理职责和合同义务对应用BIM承担对应的管理职责,也要BIM管理、整合、查验等工作负有与之对应的同等职责。

（4）可持续更新原则：根据工程建设过程中对 BIM 反馈意见及 BIM 技术的发展持续保持更新。

2. BIM 全生命周期应用框架与实施

（1）设计阶段应用

依照行业特点，桥梁的全生命周期分设计、施工、运营维护三个阶段。BIM 在设计阶段应用分为两类：一是试点初期采用翻模方法建立 BIM，即设计院交付施工图，再以图纸为依据建立 BIM；二是应用 BIM 软件进行正向设计，即在没有图纸的情况下由设计人员按照设计理念直接建立 BIM，并由模型生成可以交付的施工图。

（2）翻模建立 BIM

翻模方式（先有图纸，后有 BIM）是应用 BIM 技术初期必然经历的阶段，对于设计领域的思维、流程、业务等改变很小。因为翻模方式一般是以小组的方式小范围、试验性地开展；主力设计人员的参与度不是太高；由于施工图已经交付、设计的主要工作已经完成，该方式能够产生的直接价值相对较小，更多的是附加的间接价值，且对工程建设仅是辅助性指导，无法渗透到项目深处。翻模方式应用点主要有：碰撞检查、工程量统计、局部复杂部位的设计优化和出图、与有限元软件的结合等。

碰撞检查是 BIM 的固有优势，二维设计时未发现的空间几何冲突在 BIM 中将逐一呈现。对于桥梁工程来说，此应用更加适用于钢结构桥梁。钢结构桥梁的设计精度高，设计时必须考虑空间上的冲突，如果在 BIM 中发现碰撞，则必须对设计图纸进行修改。而对于混凝土桥梁，碰撞检查的应用价值较低。混凝土桥梁设计时一般为整体上原则性、关键性考虑，施工的实际情况和设计总会有或大或小的差异。因此，目前混凝土桥梁的设计方法与 BIM 技术的要求有较大差距。

工程量统计也是 BIM 的固有优势，只要模型精度满足要求，工程量即可快速便捷地获得，便捷性要远高于传统二维设计。以钢结构桥梁为例，BIM 的精度与施工图的精度一致，在统计高强螺栓数量时，可以按照直径、长度分类统计，其效率和精度要显著优于传统设计。

局部复杂部位深化设计是将复杂的、空间特性显著的部位进行 BIM 建模，利用几何体的空间关系通过布尔运算完成真实的三维模型，由模型来绘制二维的图纸。其降低平面设计时对大脑的空间想象能力的要求和依赖，实现所见即所得；提高设计的准确性和精度，降低出错的概率；该部位的错漏碰缺可以一次性彻底解决。

更深一级的 BIM 应用会涉及 BIM 与有限元计算的结合，即由 BIM 转到有限元软件或由有限元软件转到 BIM。作为研究，其技术路径是畅通的，但是到具体应用环节还有较多问题需要系统性解决。如混凝土结构 BIM 可以转为实体单元进行加载和计算，但如果混凝土箱梁结构转化为梁单元进行成桥分析，则需一系列假定并补充分析需要的若干信息。对钢结构而言，BIM 转化为实体、板壳、梁单元都需要对螺栓连接进行简化处理，除非是专门研究螺栓的受力，通常情况下需要将螺栓甚至全部连接细节忽略进行简化处理。也就是说，力学模型和 BIM 是两个有一定交集但又各自独立的子集。

（3）BIM 正向设计

设计人员采用 BIM 技术进行正向设计（即设计人员直接建立 BIM,然后生成图纸）,更符合 BIM 理念,也是设计阶段 BIM 应用努力的目标。但是,目前尚不完全具备条件,其原因主要是缺乏与专业结合紧密的 BIM 建模软件,就目前情况而言,业内使用较多的软件还需要一段时间与各专业融合。软件不仅需要建立几何外形一致的模型,还需要采用与各专业相一致的做法,需将专业的理念植入软件。如线路专业需要从线路中心线的建立入手,中心线上的构造物与线路中心线要有一定的关联。如桥梁专业至少能够快速建立 BIM,解决建模效率的问题。

设计阶段 BIM 技术应用是建立与设计阶段相适应的不同精度等级的模型,从LOD100（概念设计精度）到 LOD300（施工图设计精度）的模型都应有。关注低等级 BIM的应用是实现 BIM 在设计阶段应用的关键,在不同的设计阶段采用不同精度等级的BIM,而且高等级 BIM 应由低等级 BIM 继承而来,不应是重新建模。从低等级模型到高等级模型,是设计工作不断推进的过程,是设计信息逐步完善的过程,不只是单一的几何属性。

（4）施工阶段应用

施工阶段的 BIM 应用归纳起来有可视化交底、实时进度展示管理和控制、工程量详细统计等。基于 BIM 技术的可视化技术交底比传统以二维图纸为基础的交底更加形象直观,降低了由图纸想象三维模型的难度。同时,通过将 BIM 构件与图纸相匹配关联,可以快速准确地读懂图纸。对于工班组中的一线工人来说,显得尤为适用。结合 BIM 可以将特定施工工艺制作成视频,快速传递到一线操作人员,供反复观看。可视化技术交底具有快速、准确、高效的优点,是施工阶段的重要应用点。

项目进度是建造期间的关键内容,合理的施工进度对保证工期、质量和成本有直接的影响。进度的安排需综合考虑多种因素,将 BIM 技术应用到进度的实时展示,再进一步实现对进度的管理和控制,促进传统管理的变革。BIM 各构件与时间关联,即可以展示进度计划和实时进度,而对进度进行管理和控制则需要成本等信息。

精细化工程量的统计也是施工阶段的重要应用。随着模型等级的提高,其精细度有了进一步提升,用模型统计出来的工程量将更为准确,可以按照不同分类标准进行分类,便于施工组织。以沪通长江大桥钢桁梁为例,钢板厚度 8～50mm,型号多达几十种,通过 BIM 就可以方便快捷地根据厚度和材质对钢结构进行分类,方便钢梁厂进行物料管理。

（5）运维阶段应用

相对于建筑行业运营维护阶段的空间管理、设施管理、应急管理、节能管理等应用点,桥梁结构在运营阶段管理的内容侧重于保障桥梁功能的正常运行。因此,鉴于这些特点,桥梁运营维护期间,BIM 会随着时间的推移不断添加日常维修养护信息及健康监测信息,从而形成具有运营阶段信息的 BIM。考虑到运营维护阶段将维持百年左右,其信息量将非常庞大,海量数据的处理将十分关键。

通过 BIM 技术的使用,设计、施工阶段的有价值信息得以延续到运营维护阶段,可为管理部门提供维修养护的支撑数据,如构件的尺寸、材质、母材的出厂信息、制造的参数、施工的记录等。这些集中存放的信息将会为构件的保养、维修、更换提供支持。

健康监测系统近十年在大型和特大型桥梁上布置得比较多。测量加速度、位移、应变、温度等的测点，按照设定的采样频率源不断地向系统数据中心推送海量数据，通过对数据的过滤、处理、分析，推断结构的安全健康状态。对数据进行进一步深入挖掘、研究，可使健康监测系统发挥更加重要的作用。将健康监测系统与 BIM 结合，将具有分类和编号的测点模型作为 BIM 的一类对象（构件），这些对象具有随时间不断增长的数据信息，根据单一测点随时间变化的规律及不同测点数据之间相互关联的变化，甄别结构的状态变化，智能及半智能判断结构的损伤、劣化情况，形成数字化的管养基础，是运营维护阶段 BIM 应用的发展方向。

3. 工程管理信息化内涵

随着信息技术的发展，工程管理信息化已经成为提高企业竞争力、实现可持续发展的重要手段。工程管理信息化涵盖了项目管理、施工管理、物料管理、财务管理、人力资源管理、协同办公、企业资源规划、风险管理、质量管理、安全管理、信息档案管理、知识管理、决策支持以及信息门户平台建设等多个方面。

（1）项目管理信息化

项目管理信息化是指利用信息技术对项目进行高效、精确的管理，包括项目的计划、组织、协调、控制和评价等方面。通过项目管理信息化，可以提高项目管理的效率和精度，降低项目成本，实现项目管理的科学化、规范化、标准化和精细化。

（2）施工管理信息化

施工管理信息化是指利用信息技术对施工过程进行全面、实时、动态的管理，包括施工计划、施工组织、施工控制、施工协调等方面。通过施工管理信息化，可以提高施工管理的效率和质量，降低施工成本，实现施工管理的科学化、规范化、标准化和精细化。

（3）物料管理信息化

物料管理信息化是指利用信息技术对物料进行全面、实时、动态的管理，包括物料的采购、存储、领用、使用等方面。通过物料管理信息化，可以提高物料管理的效率和质量，降低物料成本，实现物料管理的科学化、规范化、标准化和精细化。

（4）财务管理信息化

财务管理信息化是指利用信息技术对财务进行全面、实时、动态的管理，包括财务预算、财务核算、财务分析等方面。通过财务管理信息化，可以提高财务管理的效率和质量，降低财务风险，实现财务管理的科学化、规范化、标准化和精细化。

（5）人力资源管理信息化

人力资源管理信息化是指利用信息技术对人力资源进行全面、实时、动态的管理，包括招聘、培训、考核等方面。通过人力资源管理信息化，可以提高人力资源管理的效率和质量，降低人力资源成本，实现人力资源管理的科学化、规范化、标准化和精细化。

（6）协同办公信息化

协同办公信息化是指利用信息技术实现企业内部各部门之间的协同工作。通过协同办公信息化，可以提高企业内部沟通效率，实现资源的共享和优化配置，促进各部门之间的协作和配合。

（7）企业资源规划信息化

企业资源规划信息化是指利用信息技术对企业资源进行全面、实时、动态的规划和管理，包括企业的物资资源、人力资源、财务资源等方面。通过企业资源规划信息化，可以提高企业资源规划的效率和质量，实现企业资源的优化配置和最大化利用。

（8）风险管理信息化

风险管理信息化是指利用信息技术对风险进行全面、实时、动态的管理，包括风险的识别、评估、控制等方面。通过风险管理信息化，可以提高风险管理的效率和质量，降低企业的风险成本，实现风险管理的科学化、规范化、标准化和精细化。

（9）质量管理信息化

质量管理信息化是指利用信息技术对质量进行全面、实时、动态的管理，包括质量标准的制定、质量检测等方面。通过质量管理信息化，可以提高质量管理的效率和质量，降低质量成本，实现质量管理的科学化、规范化、标准化和精细化。

（10）安全管理信息化

安全管理信息化是指利用信息技术对安全进行全面、实时、动态的管理，包括安全制度的制定、安全培训等方面。通过安全管理信息化，可以提高安全管理的效率和质量，降低安全事故的发生率，实现安全管理的科学化、规范化、标准化和精细化。

（11）信息档案管理信息化

信息档案管理信息化是指利用信息技术对档案信息进行全面、实时、动态的管理，包括档案的收集、整理、保管等方面。通过信息档案管理信息化，可以提高档案管理的效率和质量，实现档案管理的科学化、规范化、标准化和精细化。

（12）知识管理信息化

知识管理信息化是指利用信息技术对知识进行全面、实时、动态的管理，包括知识的收集、整理和分析等方面。通过知识管理信息化，可以提高知识的利用率和创新力，实现知识管理的科学化、规范化、标准化和精细化。

（13）决策支持信息化

决策支持信息化是指利用信息技术为决策者提供全面的数据支持和决策建议。通过决策支持信息化，可以提高决策的准确性和效率，降低决策风险，实现决策的科学化。

4.信息管理的基本内容及方法

道路桥梁工程信息管理是工程管理的重要组成部分，对于工程的顺利进行和高效运营具有重要意义。下文将详细介绍道路桥梁工程信息管理的基本内容及方法，涵盖信息集成管理、文件档案管理、质量控制管理、进度控制管理、成本控制管理、安全环保管理、人员培训和管理以及沟通协调管理等多个方面。

（1）信息集成管理

信息集成管理是指将道路桥梁工程各个阶段、各个环节的信息进行集成，形成完整的信息链，包括工程设计、施工、运营维护等阶段的信息集成，以及工程规划、预算、采购、施工、验收等环节的信息集成。为实现信息集成，需要建立统一的信息平台和数据库，确保信息的准确性和实时性。

（2）文件档案管理

文件档案管理是指对道路桥梁工程的各种文件和档案进行分类、整理和保存,包括工程设计文件、施工图纸、验收报告、质保文件等。为实现高效的档案管理,需要制定明确的文件档案管理制度,建立档案数据库,确保文件的完整性和可追溯性。

（3）质量控制管理

质量控制管理是指对道路桥梁工程的施工质量进行全面、实时监控和管理,包括原材料的质量控制、施工过程的质量控制、成品的质量检验等。为实现高质量的工程,需要建立完善的质量管理体系,严格执行质量标准和检验程序,确保工程的施工质量符合要求。

（4）进度控制管理

进度控制管理是指对道路桥梁工程的施工进度进行全面、实时的监控和管理,包括工程的总体进度计划、分项工程的施工进度计划、每日施工进度等。为实现高效的施工进度管理,需要制定合理的施工计划,建立进度管理体系,及时调整进度计划,确保工程按时完成。

（5）成本控制管理

成本控制管理是指对道路桥梁工程的施工成本进行全面、实时的监控和管理,包括工程的预算成本、实际成本、成本偏差等。为实现高效的施工成本管理,需要建立完善的成本管理体系,严格执行成本控制标准,及时纠正成本偏差,确保工程的施工成本控制在预期范围内。

（6）安全环保管理

安全环保管理是指对道路桥梁工程施工过程中的安全和环保问题进行全面、实时的监控和管理,包括施工现场的安全措施、环保措施等。为实现安全环保的施工环境,需要建立完善的安全环保管理体系,严格执行安全环保标准和规定,确保施工现场的安全和环保问题得到有效控制和管理。

（7）人员培训和管理

人员培训和管理是指对道路桥梁工程施工过程中的人员进行培训和管理,包括技术人员、管理人员、施工人员等。为实现高效的人员管理和培训,需要制定合理的人员培训计划和管理制度,加强人员的技术培训和管理培训,提高人员的专业素质和工作能力。

（8）沟通协调管理

沟通协调管理是指在道路桥梁工程施工过程中,加强各个部门和环节之间的沟通和协调,确保工程的顺利进行,包括与业主的沟通、与设计院的沟通、与供应商的沟通等。为实现高效的沟通协调,需要建立完善的沟通协调机制和管理制度,加强各个部门和环节之间的沟通和协调,确保信息的及时传递和问题的及时解决。

5. BIM 技术与信息管理

（1）数据集成和管理:BIM 技术可以帮助收集、整合和管理道路桥梁施工所需的各种数据,包括设计数据、施工数据、材料数据等。这些数据可以通过 BIM 平台进行集成和管理,为施工过程提供准确、及时的信息支持。

（2）协同设计和施工:BIM 技术可以实现多个团队之间的协同设计和协同施工,通过 BIM

平台共享信息和数据,不同团队可以实时获取最新的设计和施工信息,从而更好地协调工作,减少冲突和误差。

(3)可视化信息管理:BIM可以将设计、施工和管理信息以可视化的方式呈现,帮助施工团队更直观地理解设计意图和施工要求,减少信息传递和理解上的偏差。

(4)进度管理和决策支持:BIM技术可以帮助实现道路桥梁施工进度的可视化管理,通过对BIM进行分析,可以及时发现施工进度偏差,并为决策提供支持。

(5)数据共享和交流:BIM平台可以作为信息共享和交流的平台,不同团队可以通过BIM平台进行数据共享和交流,确保所有相关方都能够获得及时准确的信息。

6. 工程交付模式对BIM的影响

BIM是一种数字化工具,可以用于管理和共享建筑项目的信息。不同的工程交付模式对BIM的应用和发展有着不同的影响。

在DBB模式下,由于设计和施工是分阶段进行的,因此,BIM的应用主要集中在设计阶段。虽然DBB模式下BIM的应用比较成熟,但是由于其设计和施工的顺序性,容易导致设计和施工之间的协调不够紧密,甚至出现脱节现象。

在DB/EPC模式下,由于设计和施工是整体外包的,因此,BIM的应用可以贯穿整个项目周期。DB/EPC模式下业主对项目的控制力度较小,因此,BIM的应用更加灵活和广泛。同时,由于DB/EPC模式下的项目周期较短,也促进了BIM的快速应用和发展。

在CM模式下,由于设计和施工可以并行,因此,BIM的应用更加紧密地结合了设计和施工的协调工作。CM模式下业主对项目的控制力度较大,因此,BIM的应用也更加注重业主的需求和决策参与。同时,CM模式下对BIM的需求也更加多样化,促进了BIM技术的不断创新和发展。

7. 项目交付模式内涵

集成化项目交付(IPD)模式是一种协作程度非常高的项目交付模式,包括项目的设计、施工、运营等多个阶段。其核心在于组建一个IPD团队,通过集中团队优势,实现项目效益最大化。IPD团队在组建的同时考虑到了顾客的需求,通过精细化管理,实现项目效益最大化。

IPD模式与BIM技术有密切关系。BIM是一个三维的工程项目几何、物理、性能、空间关系、专业规则等一系列信息的集成数据库,可以协助项目参与方从项目概念阶段开始就在BIM支持下进行项目的各类造型、分析、模拟工作,提高决策的科学性。首先,这样的BIM必须在主要参与力(业主、设计、施工、供应商等)一起参与的情况下才能建立起来,而传统的项目实施模式由于设计、施工等参与方的分阶段介入很难实现这个目标。其次,各个参与方对BIM的使用广度和深度必须有一个统一的规则才能避免错误使用和重复劳动等问题。在实施策略上,IPD模式采取了以下主要措施:

(1)组建IPD团队:包括业主、设计总包和施工总包三方,甚至可以进一步扩展到供应商等其他主要利益相关方。这样的团队有助于实现项目整体取得成功。

(2)集中团队优势:通过集成各方的知识和经验,以及统一的信息技术工具支持,提高决策的科学性和效率。

(3)精细化管理:注重项目各阶段的细节管理,特别是在设计阶段,通过BIM的应用,可以更好地解决施工问题，减少浪费。

（4）考虑顾客需求：在项目的设计和施工过程中，始终考虑顾客的需求，以提供更高质量的服务。

（5）结合 BIM 技术：利用 BIM 技术作为项目管理工具，实现项目信息的集成和共享，提高决策的科学性和效率。总的来说，IPD 模式是一种以顾客需求为中心，以 BIM 技术为工具，通过组建 IPD 团队和集中团队优势，实现项目效益最大化的项目管理方法。

（二）标准知识体系准备

标准知识体系的准备需要经过确定领域、分解模块、收集资料、整理知识、更新知识和应用知识的步骤。这个过程需要耐心和细心，以确保最终构建出的标准知识体系能够满足实际需求，并具有实用性和可持续性。

1. BIM 标准基本体系组成

分类编码标准：是对 BIM 中的元素进行分类和编码的标准，以确保信息的准确性和一致性。分类编码标准通常包括对模型元素的命名、定义、属性等进行规定，以及如何对模型元素进行分类和编码。

数据模型标准：是对 BIM 的数据结构和内容进行定义的标准。数据模型标准通常包括对模型元素的几何信息、物理信息、属性信息等进行定义，以及如何将这些信息整合到一个统一的模型中。

过程标准：是对 BIM 的创建、管理和协作过程进行定义的标准。过程标准通常包括对模型的创建方法、协作流程、数据交换格式等进行规定，以确保不同参与方之间的协作顺畅，并避免信息不一致或冲突的情况。

2. BIM 相关基础标准

（1）建模规范

建模规范是道路桥梁项目中与 BIM 标准相关的基础标准之一。它主要规定了建立 BIM 的基本规则和要求，包括模型的精度、详细程度、格式等方面。建模规范是保证 BIM 质量的基础，它可以帮助项目团队在建模过程中避免错误和遗漏，提高模型的可信度和可用性。

（2）数据交换标准

数据交换标准是道路桥梁项目中与 BIM 标准相关的基础标准之一。它主要规定了不同软件平台和不同格式的 BIM 之间的数据交换方式和格式。通过数据交换标准，项目团队可以方便地在不同的软件平台之间进行数据交换和共享，提高工作效率，减少数据冗余。

（3）信息管理标准

信息管理标准是道路桥梁项目中与 BIM 标准相关的基础标准之一。它主要规定了 BIM 中信息的分类、编码、命名、存储等方面的规则和要求。信息管理标准可以帮助项目团队在信息管理过程中保持一致性和规范性，提高信息的质量和可用性。

（4）模型质量标准

模型质量标准是道路桥梁项目中与 BIM 标准相关的基础标准之一。它主要规定了 BIM

的质量要求和评估方法,包括模型的精度、完整性、一致性等方面。模型质量标准可以帮助项目团队在建模过程中及时发现和解决质量问题,提高模型的可信度和可用性。

(5)建模协作标准

建模协作标准是道路桥梁项目中与BIM标准相关的基础标准之一。它主要规定了项目团队成员之间的建模协作方式和流程,包括任务的分配、工作的交接、进度的协调等方面。建模协作标准可以帮助项目团队在建模过程中保持协作的高效性和顺畅性,提高工作效率和质量。

(6)接口标准

接口标准是道路桥梁项目中与BIM标准相关的基础标准之一。它主要规定了不同软件平台之间的接口方式和协议,包括数据传输、数据交换、数据共享等方面。接口标准可以帮助项目团队在不同的软件平台之间进行无缝集成和互操作,提高工作效率,减少重复劳动。

(7)文件格式标准

文件格式标准是道路桥梁项目中与BIM标准相关的基础标准之一。它主要规定了BIM的输出文件格式和要求,包括文件的命名规则、存储格式、元数据等方面。文件格式标准可以帮助项目团队在文件管理过程中保持规范性和一致性,提高文件的质量和可用性。

(8)数据存储标准

数据存储标准是道路桥梁项目中与BIM标准相关的基础标准之一。它主要规定了BIM的数据存储方式和要求,包括数据的分类、编码、命名、存储等方面。数据存储标准可以帮助项目团队在数据管理过程中保持规范性和一致性,提高数据的质量和可用性。

(9)网络通信标准

网络通信标准是道路桥梁项目中与BIM标准相关的基础标准之一。它主要规定了项目团队成员之间进行网络通信的协议和规范,包括数据的传输、交换、共享等方面。网络通信标准可以帮助项目团队在不同的网络环境之间进行高效通信和协作,提高工作效率和质量。

(10)信息安全标准

信息安全标准是道路桥梁项目中与BIM标准相关的基础标准之一。它主要规定了项目团队在进行BIM建模过程中保证信息安全的规则和要求,包括数据的加密、解密、权限控制等方面。信息安全标准可以帮助项目团队在信息管理过程中保护信息的机密性和完整性,确保信息的安全可靠。

(11)模型可视化标准

模型可视化标准是道路桥梁项目中与BIM标准相关的基础标准之一。它主要规定了BIM的可视化要求和规范,包括模型的渲染效果、可视化效果等方面。模型可视化标准可以帮助项目团队在可视化过程中保持一致性和规范性,提高可视化的质量和效果。

(12)模型分析标准

模型分析标准是道路桥梁项目中与BIM标准相关的基础标准之一。它主要规定了BIM的分析方法和要求,包括结构的分析、性能的分析等方面。模型分析标准可以帮助项目团队在分析过程中保持规范性和一致性,提高分析的准确性和可信度。

（13）模型评估标准

模型评估标准是道路桥梁项目中与 BIM 标准相关的基础标准之一。它主要规定了 BIM 的评估方法和要求,包括模型的精度评估、性能评估等方面。模型评估标准可以帮助项目团队在评估过程中保持规范性和一致性,提高评估的准确性和可信度。

（14）模型应用标准

模型应用标准是道路桥梁项目中与 BIM 标准相关的基础标准之一。它主要规定了 BIM 的应用范围和应用要求,包括施工过程的模拟、施工进度的制定等方面。模型应用标准可以帮助项目团队在应用过程中保持规范性和一致性,提高应用的效果和质量。

（15）模型交付标准

模型交付标准是道路桥梁项目中与 BIM 标准相关的基础标准之一。它主要规定了交付准备、交付物及交付过程,包括模型交付、属性信息、工程图纸、项目需求书、建筑信息模型执行计划、建筑指标、工程量清单等材料。

3. 国内 BIM 标准的基本内容及发展

道路桥梁项目 BIM 标准的内容包括以下几个方面:

建模规范:规定了建立道路桥梁模型的方法、流程和要求,包括模型的精度、格式、元数据等方面的规定。

数据交换标准:规定了不同软件平台和不同格式的 BIM 之间的数据交换方式和格式,以确保信息的共享和交互。

信息管理标准:规定了 BIM 中信息的分类、编码、命名、存储等方面的规则和要求,以提高信息的质量和可用性。

模型质量标准:规定了 BIM 的质量要求和评估方法,包括模型的完整性、一致性、准确性等方面的评估。

建模协作标准:规定了项目团队成员之间的建模协作方式和流程,以确保协作的高效性和顺畅性。

接口标准:规定了不同软件平台之间的接口方式和协议,以确保信息的无缝集成和互操作。

文件格式标准:规定了 BIM 的输出文件格式和要求,以确保文件的规范性和一致性。

数据存储标准:规定了 BIM 的数据存储方式和要求,以确保数据的分类、编码、命名等方面的规范性和一致性。

网络通信标准:规定了项目团队成员之间进行网络通信的协议和规范,以确保数据的实时传输和共享。

信息安全标准:规定了项目团队在进行 BIM 建模过程中保证信息安全的规则和要求,包括数据的加密、解密、权限控制等方面。

模型可视化标准:规定了 BIM 的渲染效果、可视化效果等方面的要求,以提高可视化的质量和效果。

模型分析标准:规定了 BIM 的分析方法和要求,包括结构的分析、性能的分析等方面,以提高分析的准确性和可信度。

模型评估标准:规定了 BIM 的评估方法和要求,包括模型的精度评估、性能评估等方面,以提高评估的准确性和可信度。

模型应用标准:规定了 BIM 的应用范围和应用要求,包括施工过程的模拟、施工进度的制定等方面,以提高应用的效果和质量。

4. 国外建设工程数字化进程及 BIM 标准制定背景

(1)数字化技术发展

随着数字化技术的不断发展,建设工程领域也逐渐引入了各种数字化技术和工具。数字化技术为建设工程提供了更多的可能性,如虚拟仿真、三维建模、数据可视化等。这些技术的应用,使得建设工程的设计、施工和运维等各个环节能够更加高效、精确地进行。

(2)建筑行业转型

随着社会经济的发展和城市化进程的加速,建筑行业面临着越来越多的挑战,如人力成本上升、市场需求多变等。为了应对这些挑战,建筑行业需要加快转型步伐,采用更加先进的管理和技术手段,提高建设工程的效率和质量。BIM 技术的引入,为建筑行业的转型提供了有力的支持。

(3)政策推动

各国政府逐渐意识到数字化技术对建筑行业的重要性,纷纷出台了一系列政策来推动 BIM 技术的发展。例如,美国、英国、澳大利亚等国家都制定了相关的法规和标准,鼓励建筑行业采用 BIM 技术。这些政策的出台,为 BIM 技术的推广和应用提供了有力的保障。

(4)市场需求

随着建设工程领域的竞争越来越激烈,客户对建设工程的品质和效率提出了更高的要求。为了满足客户的需求,建设工程领域需要引入更加先进的技术和管理手段,提高建设工程的效率和质量。BIM 技术的引入,为建设工程领域提供了更加高效、精确的设计、施工和运维方式,满足了客户的需求。

(5)国际合作

随着全球化进程的加速,各国之间的交流和合作也越来越频繁。在建设工程领域,国际合作也变得越来越重要。通过国际合作,可以共享技术和经验,共同推动 BIM 技术的发展和应用。例如,国际 BIM 标准组织 IFC(Industry Foundation Classes)的成立,为 BIM 技术的国际合作提供了平台和基础。

5. 国外主要 BIM 标准体系与特征

(1)国际 BIM 标准组织

在国际上,许多国家已经建立了 BIM 标准组织,以推动 BIM 技术的发展和应用。其中,最具代表性的组织包括:

IFC:IFC 是国际建筑业协会联盟(FIATECH)下的一个非营利性组织,致力于制定和推广基于公开建筑工程信息的 IFC 标准。IFC 标准已经成为国际上最为广泛认可的 BIM 标准之一。

COBie(Construction Operation Building Information Exchange):COBie 是一种用于交换建筑

信息的标准,其目的是在建筑物的整个生命周期内,实现信息在不同参与方之间的交换和共享。

BIP(Building Information Planning):BIP 是一种用于规划和管理建筑信息的方法,它基于 BIM 技术,涵盖了建筑项目的整个生命周期。

（2）特征

不同的 BIM 标准体系具有不同的特征,以下是国外主要 BIM 标准体系的特征:

IFC 标准:IFC 标准是建立在一个开放的数据模型基础上的,支持多种数据格式的导入和导出。IFC 标准不仅支持建筑物的几何信息,还支持建筑物的性能、材料、成本等信息。此外, IFC 标准还支持建筑物的全生命周期信息管理,包括设计、施工、运维等阶段。

COBie 标准:COBie 标准主要用于交换建筑运营阶段的信息,其特点是信息交换格式统一、简单易用。COBie 标准的优点在于它可以实现不同参与方之间的信息共享和交互,提高了信息的利用效率和准确性。

BIP 标准:BIP 标准是一种基于 BIM 技术的信息规划和管理方法,其特点是将建筑项目的各个阶段进行统一规划和管理。BIP 标准不仅支持建筑几何信息的表达,还支持建筑性能、材料、成本等信息的表达。此外,BIP 标准还支持建筑物全生命周期的信息管理,实现了信息的连续传递和共享。

6. 国际 BIM 标准组织

（1）IES(Lighting Energy and Sound)标准

IES 标准是由美国照明工程师协会(IES)制定的,旨在为建筑照明和声学设计提供指导和技术规范。该标准提供了一系列关于照明和声学设计的技术要求和建议,以帮助建筑师和设计师创建更高效、舒适和可持续的建筑环境。

（2）NBIMS(*National Building Information Modeling Standard*)

NBIMS 是由美国国家 BIM 标准委员会制定的国家 BIM 标准,旨在为美国联邦政府和私人部门的建筑项目提供统一的 BIM 标准。NBIMS 提供了一系列关于 BIM 实施和管理的指导和技术规范,以确保不同参与方之间的数据交换和协同工作。

（3）BIM Handbook(英国 BIM 指南)

英国政府于 2011 年发布 *BIM Handbook*,这是一本关于 BIM 实施和管理的指南,旨在为英国建筑行业提供统一的 BIM 标准和最佳实践。该手册提供了一系列关于 BIM 实施、管理和交付的指导和技术规范,以确保不同参与方之间的数据交换和协同工作。

（4）BIM Standard(美国 BIM 标准)

美国建筑师协会(AIA)于 2007 年发布了 *BIM Standard*,这是一本关于 BIM 实施和管理的标准,旨在为美国建筑行业提供统一的 BIM 标准和最佳实践。该标准提供了一系列关于 BIM 实施、管理和交付的指导和技术规范,以确保不同参与方之间的数据交换和协同工作。

（5）BIMCO(BIM Collaboration)标准

BIMCO 是由欧洲建筑师协会(CEQUIN)和欧洲工程师协会(FEANI)联合制定的一个旨在促进 BIM 协作的标准。该标准提供了一系列关于 BIM 协作流程、数据交换和交付的指导和技术规范,以确保不同参与方之间的数据交换和协同工作。

(6)BIM Dictionary(BIM 词典)

BIM Dictionary 是一本关于 BIM 术语的标准字典,旨在为建筑行业提供统一的术语和定义。该词典提供了关于 BIM 相关术语的明确解释和定义,以确保不同参与方之间沟通和理解的一致性。

7. BIM 标准在实施过程中的应用

流程识别与分析:BIM 实施时,必须对现有的内部和外部业务流程进行详细的分析,以确定从何处着手实现目标。这种分析应包括对项目目前从初始营销到完成的详细审查。

技术分析:进行详细的技术分析以标识出现有硬件和软件技术,以及其利用本组织及其相关的费用。当前文档和数据管理的审查也应列入分析。

人员分析:进行人员的详细审查,以帮助建立一些关键信息,如项目团队的当前角色,谁需要 BIM 软件培训,每种类型的员工需要什么级别的培训等。

成本分析:从一个基于 CAD 的平台过渡到一个基于 BIM 的平台会有显著的成本影响,包括硬件成本、软件成本和人员成本。需要做好相应的规划和准备。

时间安排:详细的实施计划是确保及时和有组织地实施总体战略所必需的。

(三)实施策划

项目目标和范围。在道路桥梁项目中,BIM 实施的目标通常包括提高设计效率、优化设计方案、提高施工质量和降低项目成本等。根据项目的具体需求和目标,确定 BIM 实施的范围,包括需要使用 BIM 技术的阶段、专业和项目的时间线等。

建立 BIM 实施团队。建立由道路桥梁专业人员组成的 BIM 实施团队,负责 BIM 实施的具体工作。团队成员应具备基本的 BIM 技能和经验,并对道路桥梁项目有一定了解。同时,应明确团队成员的职责和任务,确保项目的顺利进行。

制定 BIM 实施计划。根据项目的目标和范围,制定详细的 BIM 实施计划。计划应包括 BIM 实施的具体步骤、时间表和资源需求等。同时,应对可能出现的问题和风险进行预测和应对措施的制定。

培训和技能提升。对团队成员进行 BIM 技能培训和提升,确保他们能够有效地使用 BIM 软件和工具。培训内容应包括基本的 BIM 技能、道路桥梁专业知识和协同工作等。通过培训,可以提高团队成员的技能和能力,从而更好地完成项目任务。

建立 BIM 标准。在道路桥梁项目中,建立统一的 BIM 标准是必要的。标准应包括建模标准、数据交换标准、模型审查和批准流程等。通过标准的建立,可以确保所有团队成员遵循这些标准,从而提高工作效率和质量。

选择合适的 BIM 软件。根据项目的需求和团队的能力,选择适合道路桥梁项目的 BIM 软件。应考虑软件的性能、功能、易用性和可扩展性等因素。同时,还要考虑软件与现有系统和数据的兼容性。

建立 BIM 数据管理平台。建立 BIM 数据管理平台,用于管理和共享 BIM 数据。平台应具备数据存储、版本控制、权限管理和数据交换等功能。通过数据管理平台,可以确保数据的可靠性和安全性,提高团队协作效率。

沟通与协调。在道路桥梁项目中,沟通与协调是至关重要的。应建立有效的沟通机制和协调流程,确保团队成员之间的信息流通和协同工作。同时,应与业主、设计单位和施工单位等其他相关方保持良好的沟通,确保项目的顺利进行。

风险管理。在 BIM 实施过程中,风险管理是至关重要的环节。应识别和评估潜在的风险和问题,并制定相应的应对措施。风险可能包括技术风险、资源风险、协调风险和变更风险等。通过风险管理的实施,可以降低项目的风险和不确定性。

持续优化。在道路桥梁项目中,BIM 实施是一个持续优化的过程。应根据项目的实际情况和团队的能力,对 BIM 实施计划进行调整和优化。同时,应关注行业动态和技术发展,及时引进新的技术和方法,提高项目的效率和效益。通过持续优化,可以不断提高团队的协作能力、技能和项目管理水平。

1. BIM 技术策划与实施

(1)项目级 BIM 策划的编制内容与组织方法

项目目标和范围:明确项目的目标和范围,包括建筑物的功能、规模、预算等。

项目周期和阶段:确定项目的周期和各个阶段,包括设计、施工、运营等阶段。

参与方和任务分配:明确参与项目的各方,包括建筑师、结构工程师、设备工程师等,并分配相应的任务。

BIM 标准和规范:制定项目级的 BIM 标准和规范,包括数据交换格式、信息共享方式、建模精度等。

BIM 工作流程:设计项目级的 BIM 工作流程,包括建模、信息提取、协调、冲突检测等流程。

BIM 审查和交付:制定 BIM 的审查和交付标准,确保模型的质量和完整性。

(2)企业级 BIM 策划的编制内容与组织方法

企业级 BIM 战略:制定企业级的 BIM 战略,明确企业在 BIM 领域的目标和发展方向。

BIM 组织架构:建立企业级的 BIM 组织架构,包括 BIM 团队、技术支持团队、项目管理团队等。

BIM 软硬件平台:选择适合企业的 BIM 软硬件平台,包括建模软件、协同软件、数据分析软件等。

BIM 培训计划:制定 BIM 培训计划,提高企业员工在 BIM 领域的技能和素质。

BIM 标准和规范:制定企业级的 BIM 标准和规范,包括建模标准、信息共享标准、协调标准等。

BIM 流程管理:建立企业级的 BIM 流程管理机制,包括建模流程、协调流程、数据管理流程等。

(3)BIM 实施标准的制定方法

确定实施目标:明确 BIM 实施的目标,包括提高效率、降低成本、提高质量等。

制定实施计划:根据项目级和企业级 BIM 策划的结果,制定详细的实施计划。

建立实施标准:制定实施标准,包括建模标准、信息共享标准、协调标准等。

2.BIM技术应用流程

（1）建立BIM

BIM是建筑项目的数字化表示，它包含了项目的几何信息、物理信息和非物理信息。建立BIM是BIM技术应用的基础步骤，它可以通过三维建模软件来实现。在这个阶段，设计师需要将建筑项目的各种数据导入软件中，并创建建筑、结构、机电等专业模型。

（2）数据集成

BIM建立完成后，需要将各专业的模型数据进行集成。这可以通过建立共享坐标系、定义元素属性、链接其他数据文件等方式实现。数据集成可以避免信息孤岛，提高各专业之间的协调性和沟通效率。

（3）协调设计与施工

通过BIM技术，设计师和施工方可以在项目早期进行协调和沟通。这可以避免设计图纸与实际施工之间的冲突和误差，提高施工的效率和质量控制。例如，设计师可以通过BIM进行施工碰撞检测和施工模拟，提前发现和解决潜在问题。

（4）模拟施工

BIM技术可以模拟施工过程，帮助施工方制定更加科学合理的施工计划。通过模拟施工，可以评估施工方案的安全性、可行性和效率，同时也可以对施工人员进行培训和交底。

（5）预制加工

通过BIM技术，施工方可以将模型数据导出进行预制加工。例如，可以利用BIM进行构件的数控加工和工艺流程的设计，提高加工质量和效率。

（6）进度管理

BIM技术可以与时间维度结合，进行项目进度的管理。通过将BIM与时间信息关联，可以实时跟踪项目的进展情况，为项目管理团队提供决策支持。

（7）质量管理

利用BIM技术可以实现对项目质量的高效管理。通过建立BIM并赋予元素属性，可以方便地进行质量检查和控制。例如，可以利用BIM进行材料的追踪和管理、施工质量检测等。

（8）安全管理

BIM技术可以为项目安全管理提供重要的支持和保障。通过建立BIM并进行分析，可以提前发现和解决潜在的安全隐患，避免事故的发生。例如，可以利用BIM进行施工安全分析和危险源管理。

（9）竣工交付

在项目竣工后，可以利用BIM技术进行交付和验收。通过将BIM与实际项目数据进行对比和分析，可以方便地进行项目的验收和交付。同时也可以为业主提供方便的运维和管理平台。

（10）数据维护更新

BIM技术的应用并不仅仅局限于项目实施阶段，还可以在项目的运营和维护阶段发挥重要作用。通过数据维护更新可以实现对建筑物生命周期的数据管理和信息更新。此外，还可以将维护和管理数据与 BIM 相关联,方便进行决策支持和追溯管理,提高建筑物维护和管理效率和决策的科学性。同时,也可以为建筑物改造和升级提供重要的数据支持和保障,实现建筑物的可持续发展和利用。因此,数据维护更新也是 BIM 技术应用的重要环节之一,需要建立相应的维护更新机制和管理平台,实现数据的动态管理和更新。维护工作为建筑物的长期管理和利用提供重要的支持和保障。

3. BIM 资源管理体系建立

（1）资源分类与编码

BIM 资源管理体系首先需要对资源进行分类和编码。分类是指将资源按照其属性、特征和用途进行分类;编码是指为每一种资源分配一个唯一的编码,以便在 BIM 中进行标识和管理。资源分类与编码可以提高资源管理的效率和准确性,同时也可以方便地对资源进行统计和分析。

（2）资源采购与供应链管理

BIM 资源管理体系需要建立完善的采购与供应链管理体系。采购是指根据项目需求,选择合适的供应商,购买所需的资源;供应链管理是指对从供应商到施工现场的整个供应链进行计划、协调和控制。通过 BIM 技术,可以实现供应链的透明化和实时化,从而提高采购效率和供应链管理的效果。

（3）资源库存与发放

BIM 资源管理体系需要对资源进行库存管理和发放。库存管理是指对资源的数量、质量和存放位置进行管理和控制;发放是指根据项目需求,将资源发放给相应的施工单位和使用单位。通过 BIM 技术,可以实现资源的可视化管理和自动化发放,从而提高库存管理和发放的效率和准确性。

（4）资源使用与回收

BIM 资源管理体系需要建立完善的使用与回收管理体系。使用是指施工单位和使用单位根据项目需求,使用相应的资源;回收是指对使用后的资源进行分类、清理和再利用。通过 BIM 技术,可以实现资源的实时跟踪和管理,从而提高使用效率和回收利用率。

（5）资源维护与保养

BIM 资源管理体系需要建立完善的维护与保养管理体系。维护是指对设备进行定期的检查、保养和维修;保养是指对设备进行预防性的保养和维护,以延长设备的使用寿命。通过 BIM 技术,可以实现设备的可视化管理和预防性维护,从而提高设备的运行效率和延长设备的使用寿命。

（6）资源报废与处置

BIM 资源管理体系需要建立完善的报废与处置管理体系。报废是指对无法再利用的设备进行报废处理;处置是指对报废设备进行合理的处理和处置,以避免对环境造成污染。通过 BIM 技术,可以实现设备的报废预测和处置规划,从而提高报废处置的合理性和环保性。

（7）资源信息化管理

BIM 技术可以实现资源的信息化管理。通过建立信息化平台,可以将资源的分类、编码、采购、库存、使用、回收、维护、保养和报废等环节进行信息化管理和智能化控制。同时也可以方便地进行资源的查询和分析,从而提高资源管理的效率和准确性。

（8）资源综合效益评估

BIM技术可以实现资源的综合效益评估。通过建立综合效益评估模型,可以对资源的采购、使用、回收、维护、保养和报废等环节进行评估和分析,从而了解资源的整体运行情况和经济效益。同时也可以根据评估结果进行相应的优化和改进,提高资源的综合效益和管理水平。

4. BIM交付标准编制

（1）规划设计阶段

①规划设计交付物

初步设计蓝图:包括但不限于总平面图、建筑单体平面图、立面图、剖面图等。

概念设计模型:包含建筑、结构、机电等专业的三维模型,用于表达设计概念和空间关系。

设计说明:包括设计理念、材料使用、色彩方案等。

②交付标准

蓝图应清晰、准确、完整,符合国家或地方相关设计规范。

模型精度应满足项目设计要求,模型范围、建模深度和方法应与项目需求一致。

设计说明应详细、清晰,能够为后续设计提供指导。

（2）详细设计阶段

①详细设计交付物

施工图:包括但不限于建筑、结构、机电等专业的施工图纸。

模型细度:根据项目需求确定模型细度,至少应满足相应专业设计深度要求。

渲染图像:根据项目需求,可提供一定数量的渲染图像,用于效果展示和汇报。

②交付标准

施工图纸应清晰、准确、完整,符合国家或地方相关设计规范。

模型细度应满足项目设计要求,能够表达出施工图中的所有细节和信息。

渲染图像应真实反映设计效果,色彩、光影等要素应符合实际。

（3）施工阶段

①施工阶段交付物

BIM施工图:根据前一阶段成果,进行施工图深化设计,输出BIM施工图纸。

BIM:包含建筑、结构、机电等专业的三维模型,用于指导施工。

BIM施工方案:基于BIM编制的施工方案,包括施工流程、工艺要求等。

②交付标准

BIM施工图纸应清晰、准确、完整,满足国家或地方相关施工规范要求。

BIM精度应满足施工要求,能够表达出施工图纸中的所有细节和信息。

BIM施工方案应详细、清晰,能够为现场施工提供指导。

（4）运维阶段

①运维阶段交付物

BIM运维平台:基于BIM技术的运维管理平台,可进行资产管理、空间管理、维护管理等操作。

BIM运维手册:包含BIM运维平台的使用指南、操作手册等。

BIM运维培训:针对业主、物业等人员进行BIM运维平台的使用培训。

②交付标准

BIM运维平台应稳定、可靠,满足长期运维管理需求。

BIM运维手册应详细、清晰,能够为运维人员提供操作指导。

BIM运维培训应覆盖所有相关人员,确保他们能够熟练操作BIM运维平台。

（5）BIM的创建、管理及共享

①BIM创建

a.建筑信息采集

建筑信息采集是创建BIM的第一步,主要包括对建筑的结构、功能、机电等专业的信息进行收集、整理和分析。这些信息可以通过现场勘测、设计图纸、工程档案等途径获取。

b.三维模型构建

根据采集的建筑信息,利用三维建模软件,如AutoDesk Revit、Archicad等,创建建筑物的三维模型。在这个过程中,需要关注模型的精度和细节,确保模型能够准确反映实际的建筑情况。

c.模型细化与优化

在初步的三维模型构建完成后,需要对模型进行细化和优化,以提高模型的精度和质量。这包括对模型的几何形状、材质、光照等属性的调整,以及对模型中可能存在的冲突和问题进行修复。

d.模型数据整合

将不同专业的模型数据进行整合,包括建筑、结构、机电等专业,形成一个完整的BIM。在这个过程中,需要确保每个专业的模型数据都能够正确地集成到一起,形成一个统一的数据格式。

②BIM管理

a.权限管理

在BIM管理过程中,需要对不同用户的权限进行管理。这包括对用户的角色、权限、访问控制等进行设置,以确保只有具有相应权限的用户才能够对模型进行操作和修改。

b.版本控制

在多人协同设计的情况下,需要对BIM的版本进行控制。这包括对模型的修改历史进行记录,以便在多人协作时避免冲突和错误。同时,也需要对不同版本的模型进行备份和恢复,以确保数据的安全性。

c.数据备份与恢复

为了防止数据丢失或损坏,需要对BIM数据进行定期备份和恢复。这可以通过使用专业的数据备份软件或云存储服务来实现。在备份时,需要确保数据的完整性和一致性;在恢复时,需要确保数据能够正确地还原到原始状态。

d.模型审查与质量控制

为了确保BIM的质量和准确性,需要对模型进行审查和质量控制。这包括对模型的几何形状、数据精度、冲突检测等方面进行检查,以确保模型能够满足设计要求和施工标准。同时,也需要对模型的协同设计进行检查,以确保不同专业的模型能够正确地集成到一起。

③BIM 共享

a. 统一数据格式

为了实现 BIM 的共享和协同设计,需要确保所有参与方都使用统一的数据格式。这可以通过制定标准的数据格式和交换协议来实现,例如,IFC 标准格式。通过统一的数据格式,不同软件和平台之间的数据交换将变得更加便捷和高效。

b. 网络传输与共享

利用计算机网络技术,可以将 BIM 数据传输到不同的设备和终端上,实现模型的共享和协同设计。这可以通过使用专业的 BIM 协同平台或云存储服务来实现。在网络传输和共享时,需要确保数据的安全性和完整性,避免数据泄露或损坏。

c. 跨专业协同设计

在 BIM 共享的过程中,需要实现不同专业之间的协同设计。这包括建筑、结构、机电等专业之间的协同设计,以及与业主、承包商和其他利益相关者之间的协同合作。通过跨专业协同设计,可以更好地协调不同专业之间的设计冲突和问题,提高设计效率和施工质量。

(6)BIM 技术应用软、硬件选择

①兼容性原则

在选择 BIM 应用软硬件系统方案时,需要考虑不同软件和硬件之间的兼容性问题。确保所选择的系统能够与现有的软件和硬件兼容,并且能够满足项目需求。这包括对系统的操作系统、数据库、网络协议等方面进行考虑。

②性能优先原则

在选择 BIM 应用软硬件系统方案时,需要优先考虑系统的性能。这包括系统的处理能力、内存大小、存储容量等方面。在满足项目需求的前提下,尽可能选择高性能的系统,以提高工作效率和降低项目成本。

③易用性原则

在选择 BIM 应用软硬件系统方案时,需要考虑系统的易用性。系统应该具有直观的用户界面、简单的操作流程和易于使用的功能,以便用户能够快速上手并高效地使用系统。

④可扩展性原则

在选择 BIM 应用软硬件系统方案时,需要考虑系统的可扩展性。随着项目需求的变化和技术的发展,系统需要能够进行升级和扩展。因此,在选择系统时,需要选择具有可扩展性的系统,以便未来能够满足不断变化的项目需求。

⑤成本效益原则

在选择 BIM 应用软硬件系统方案时,需要考虑系统的成本效益。系统不仅需要满足项目需求,还需要考虑系统的购买成本、维护成本和使用成本等方面。在选择系统时,需要权衡系统的性能和价格,选择性价比最优的系统方案。

（7）BIM技术应用任务分工与职责划分

①BIM项目经理

BIM项目经理是BIM应用的核心人员,负责整个项目的BIM实施和管理。他们需要具备丰富的BIM技术和项目管理经验,能够根据项目需求进行BIM的构建、协调和管理。具体任务和职责包括:

制定BIM应用的项目规划和管理计划,确保项目的顺利进行。

根据项目需求和设计图纸,创建和更新BIM,包括建筑、结构、机电等专业模型。

协调各专业模型之间的关系,确保模型之间的协调一致,解决项目中的问题和矛盾。

对建立的BIM进行质量控制和审查,确保模型满足项目需求和标准。

根据项目计划,监控项目的进度,及时调整和优化项目计划,确保项目按时完成。

监控项目的成本情况,确保项目成本控制在预算范围内,评估项目的经济效益。

为项目团队提供BIM技术的支持和咨询,关注BIM技术的发展动态,推广新技术和方法。

②BIM总技术负责人

负责总包方BIM与设计方BIM的沟通工作。

负责总包方BIM与分包方BIM的沟通工作。

负责总包方BIM各专业以及和驻场人员的沟通工作。

③BIM专业技术负责人

审核BIM完善程度、模型出量准确性。

组织专业深化设计。

协调专业间人员的沟通工作。

配合BIM总技术负责人工作。

④BIM工程师

负责创建BIM、基于BIM创建二维视图、添加指定的BIM信息。

配合项目需求,负责BIM可持续设计(绿色建筑设计、虚拟漫游、建筑动画、虚拟施工周期、工程量统计等)。

（8）BIM策划的控制管理体系

①目标设定

在开始任何BIM策划工作之前,首先需要明确项目的目标和期望。通过设定清晰、可度量的目标,可以为整个项目团队提供一个明确的方向。这些目标应该包括时间表、成本预算、技术要求、质量标准等。

②模型建立

数据收集:收集项目所需的所有相关数据,包括设计图纸、施工计划、材料清单等。

建立模型:利用合适的BIM软件,根据收集的数据建立BIM。这应包括建筑、结构、机电等多个专业模型。

模型整合:在各专业模型之间建立协调一致的关系,确保不同专业模型的数据能够互相引用和更新。

③模型审核

质量控制:对建立的BIM进行质量检查,包括数据的完整性、准确性、合规性等。

冲突检测：利用冲突检测工具，对各专业模型之间可能存在的冲突进行检测和解决。

性能评估：利用 BIM 软件进行性能评估，包括结构分析、能耗分析等，以确保设计满足性能要求。

④协调协作

沟通机制：建立有效的沟通机制，确保项目团队成员之间的信息交流畅通，避免信息不对称带来的问题。

协作平台：利用云端或其他协作平台，实现项目团队成员之间的实时协作和信息共享。

问题解决：在项目实施过程中，难免会出现各种问题，应建立问题解决机制，及时处理和解决这些问题。

⑤变更管理

变更控制：对项目的变更进行控制和管理，以确保变更不会对项目进度和质量产生负面影响。

变更流程：建立变更管理流程，包括变更申请、变更评估、变更批准等环节。

变更记录：对所有的变更进行记录，以便于项目团队成员了解变更的内容和影响。

⑥交付成果

成果清单：在项目结束时，应提供一份详细的成果清单，包括所有的 BIM、文档和其他相关资料。

成果质量：确保交付的成果质量符合项目目标和质量标准。

验收流程：建立验收流程，包括初步验收、详细验收、性能测试等环节。

⑦培训与支持

培训计划：根据项目需求和团队技能水平，制定相应的培训计划。培训内容应包括 BIM 技术的基本原理、软件操作、项目管理等方面的知识。

支持平台：提供技术支持平台，包括热线电话、在线咨询、技术论坛等，以便于项目团队成员在遇到问题时能够及时获得帮助。

知识分享：鼓励项目团队成员之间的知识分享和技术交流，以提高整个团队的技能水平和技术能力。

⑧持续改进

项目总结：在项目结束后，进行全面的项目总结，分析项目的成功经验和存在问题，为今后的项目提供参考和借鉴。

反馈机制：建立反馈机制，收集项目相关方的意见和建议，以便于对项目管理体系进行持续改进。

技术创新：关注 BIM 技术的发展动态和创新应用，引入先进的技术和工具，提高项目实施的效率和质量。同时，积极参加行业研讨会、技术交流活动等，与业界保持紧密联系。

（9）BIM 技术应用相关条款编制

BIM 技术应用范围：明确 BIM 技术在合同中的具体应用范围，包括应用的阶段、涉及的专业领域、使用的软件和格式等。

BIM 技术标准：规定 BIM 技术的标准，包括建模标准、信息交换标准、协同工作标准等。同时，需要明确各方的责任和义务，以及 BIM 技术的验收标准。

BIM建立与维护：规定BIM的建立和维护要求，包括模型的精度、细节程度、信息含量等。同时，需要明确各方的建模职责和要求，以及模型维护和更新的流程。

BIM协同工作：规定BIM协同工作的要求，包括协同平台的选择、工作流程的制定、协同工作的职责和要求等。同时，需要明确各方的协同工作责任和义务，以及协同工作的验收标准。

BIM技术培训与支持：规定BIM技术的培训和支持要求，包括培训计划、培训内容、技术支持方式等。同时，需要明确各方的培训和支持责任和义务，以及培训和支持的验收标准。

BIM知识产权管理：规定BIM知识产权的管理要求，包括知识产权的归属、使用、许可等。同时，需要明确各方的知识产权管理责任和义务，以及知识产权管理的验收标准。

BIM技术应用风险控制：规定BIM技术应用的风险控制要求，包括风险识别、评估、应对等。同时，需要明确各方的风险控制责任和义务，以及风险控制的验收标准。

争议解决方式：规定在BIM技术应用和管理过程中出现争议的解决方式，包括协商、仲裁、诉讼等。同时，需要明确各方在争议解决中的权利和义务，以及解决争议的验收标准。

第二节　综合协同管理

一、道路桥梁BIM协同管理的原理

道路桥梁BIM协同管理是一种基于BIM的方法，旨在通过数字化模型和信息共享来提高道路桥梁项目的设计、施工和运维效率。其原理主要包括集成的信息模型、协同工作、生命周期管理和可视化模拟。

（一）集成的信息模型

集成的信息模型是道路桥梁BIM协同管理至关重要的基础。通过使用BIM软件，可以创建一个高度精细且全面的数字模型，该模型包含了桥梁的几何形状、结构设计、材料选用等众多方面的信息。这一模型的形成，为各参与方提供了一个统一的数据源，确保了所有相关人员都在使用完全相同的数据进行工作，极大地减少了信息不一致性和误差的出现。

这种集成的信息模型，使得各参与方能够更高效地进行协同工作，提高了工作的准确性和效率。同时，通过这一模型，各参与方还可以进行数据共享和信息交流，更好地理解和掌握项目的整体情况，从而更好地进行决策和优化。

此外，集成的信息模型还可以为项目管理人员提供更准确、更全面的项目数据，帮助他们更好地掌握项目进展情况，及时发现和解决问题，确保项目的顺利进行。

（二）协同工作

协同工作是道路桥梁BIM协同管理的核心，它打破了传统工作模式的限制，将各专业的设计师、工程师和承包商紧密地联系在一起,使他们可以在同一个 BIM 上协同工作。通过实时信息共享和协同编辑,协同工作能够极大地减少沟通阻碍,提高设计和建设的效率。

在协同工作的过程中,设计师、工程师和承包商可以共同参与模型的创建、编辑和管理工作,实现信息的实时共享和传递。这不仅能够避免信息不一致的问题,还可以大幅缩短设计周期,加快工程进度。

此外,协同工作还可以提高设计和建设的精度和质量。由于 BIM 可以直观地展示道路桥梁的形状、尺寸和细节,设计师可以更加准确地表达自己的设计意图,工程师可以更加精确地进行分析和计算,承包商可以更加准确地了解工程的要求和标准。这些都能够提高设计和建设的精度和质量,为道路桥梁工程的建设提供更加可靠的保障。

(三) 生命周期管理

强调的是在道路桥梁项目的整个生命周期中,对 BIM 进行协同管理。这种管理方式不仅关注项目的设计和建设阶段,还延伸到了运营和维护阶段。通过 BIM 技术,可以在设计阶段就考虑到后期运营和维护的需求,从而降低整个生命周期的成本。

在传统的项目管理中,设计、建设和运营通常是分开进行的,这容易导致信息的丢失和沟通的障碍。而 BIM 的生命周期管理则将这三个阶段整合在一起,使各个阶段的信息能够无缝衔接。

在设计阶段,BIM 可以记录设计师的意图和设计细节,为后续的建设和运营提供准确的信息。在建设阶段,BIM 可以帮助施工团队更好地理解设计意图,提高施工的精度和质量。在运营阶段,BIM 则可以为维护和管理人员提供关键的信息。

通过 BIM 的生命周期管理,可以更好地理解道路桥梁的全生命周期成本,并制定出更加合理的投资和运营策略。同时,这种管理方式还可以提高项目的可持续性,降低对环境的影响。

(四) 可视化和模拟

通过 BIM,项目参与者可以在一个虚拟的环境中以一种直观的方式了解设计、施工方案。可以使项目参与者能够发现潜在的设计问题,并对其进行模拟和优化。这不仅提前解决了可能在施工过程中出现的设计风险,而且也确保了项目的整体质量以及未来的可维护性。

BIM 不是一个简单的 3D 模型,而是一种包含了各种专业信息的综合模型。通过这个模型,各个专业可以在同一平台上进行数据共享和信息交流,避免了传统上各个专业之间的信息孤岛问题。同时,BIM 还可以进行各种模拟和分析,例如施工过程的模拟、结构分析、能源分析等,这都为项目提供了更加全面和深入的视角。这不仅提高了项目的效率和质量,而且也降低了项目风险和成本。因此,可视化和模拟无疑是道路桥梁 BIM 协同管理的关键所在。

二、道路桥梁 BIM 协同管理的方法

随着 BIM 技术的不断发展,越来越多的道路桥梁项目开始采用 BIM 技术进行协同管理。道路桥梁项目的复杂性要求参与方之间必须进行高效的沟通和协作,而 BIM 技术则为这种协

同提供了可能。通过建立 BIM 管理系统、确定协同管理流程、强化沟通与协作、引入第三方审核机构和建立奖惩机制等措施，可以实现各参与方之间的紧密合作和技术交流。

（一）建立 BIM 管理系统

建立一个 BIM 管理系统是实现协同管理的基础。该系统应包括 BIM 的创建、审核、修改、存储、共享等功能。通过该系统，各参与方可以基于统一的数据平台进行操作，避免了数据不一致和重复工作的问题。

（二）确定协同管理流程

协同管理流程是确保项目顺利进行的关键。在道路桥梁项目中，应明确各参与方的职责和权限，制定详细的工作流程和时间计划。例如，设计方应负责建立 BIM，并提交给施工方进行审核。施工方审核通过后，再提交给监理方进行审批。最后，所有参与方应在模型上进行协作，确保项目顺利进行。

（三）强化沟通与协作

沟通与协作是协同管理的核心。在道路桥梁项目中，各参与方应定期召开会议，分享 BIM 的信息和进度，及时解决问题。同时，应采用多种沟通工具，如电话、邮件、视频会议等，保持实时沟通。此外，应加强团队建设，提高团队协作能力。

（四）引入第三方审核机构

为了确保 BIM 的质量和准确性，引入第三方审核机构是非常必要的。审核机构应对 BIM 进行全面检查，发现问题并及时解决。同时，审核机构还可以为各参与方提供技术支持和培训，提高协同管理的效率和质量。

（五）建立奖惩机制

建立奖惩机制可以激发各参与方参与协同管理的积极性。对于表现优秀的参与方，可以给予一定的奖励；对于表现不佳的参与方，可以采取相应的惩罚措施。同时，应加强合同管理，确保各参与方履行职责和义务。

三、BIM 协同管理的组织和流程设计方法

BIM 协同管理是一种基于数字化技术的管理方式，通过协同管理可以实现项目各参与方之间的信息共享、协同工作、高效沟通和数据统一管理。下面将介绍一个基于 BIM 的协同管理组织。

（一）组织架构

该协同管理组织由项目经理、BIM 经理、各专业负责人、设计团队、施工团队、监理团队和其他相关方组成。项目经理负责整个项目的协调和管理；BIM 经理则负责 BIM 的建立、维护和应用；各专业负责人负责各自专业的 BIM 建立和应用；设计团队、施工团队和监理团队则分

别负责各自阶段的工作。

(二) 工作流程

(1)确定项目目标和范围:在项目初期,项目经理需要与各专业负责人、设计团队、施工团队和监理团队共同确定项目的目标和范围,明确各阶段的任务和要求。

(2)建立 BIM:在设计阶段,设计团队使用 CAD 等软件建立 BIM,包括建设地点、道路等级、地震设防烈度、线路平面模型、线路纵面模型信息、平面坐标、线段高程、线段长度、里程碑信息等。同时,各专业负责人需要协调好各自专业之间的接口和信息共享。

(3)协同工作:在施工阶段,施工团队需要根据设计团队的 BIM 进行施工,同时需要与其他相关方进行协同工作。例如,与材料供应商、设备制造商等协商材料和设备的尺寸、数量和位置等信息。

(4)数据管理:在项目实施过程中,BIM 经理需要负责数据的统一管理和维护。通过建立数据管理系统,确保信息的及时更新和共享,避免信息孤岛和数据不一致的问题。

(5)质量控制:在施工过程中,监理团队需要对施工质量进行监督和管理。通过使用 BIM,可以更好地掌握施工过程中的质量问题和隐患,及时采取措施进行整改。

(6)项目交付:在项目竣工后,协同管理组织需要向业主交付 BIM 和相关数据。这些数据可以用于后续的运营和维护工作,同时也可以为其他类似项目提供参考和借鉴。

(三) 优势与特点

该协同管理组织具有以下优势和特点:

(1)基于数字化技术:BIM 是一种数字化技术,可以实现信息的共享、传递和交流,提高工作效率和准确性。

(2)协同工作:协同管理组织可以实现各参与方之间的协同工作,避免信息孤岛和数据不一致的问题,提高工作效率和质量。

(3)数据统一管理:通过建立数据管理系统,可以实现信息的及时更新和共享,保证数据的准确性和一致性。

(4)质量控制:通过使用 BIM,可以更好地掌握施工过程中的质量问题和隐患,及时采取措施进行整改,提高施工质量和管理水平。

(5)高效沟通:协同管理组织可以实现各参与方之间的实时沟通和交流,提高工作效率和质量。

(6)可追溯性:通过使用 BIM,可以实现项目全过程的可追溯性管理,方便对项目进行总结和评估。

(四)BIM 协同管理的流程设计方法

包括以下几个环节:

(1)明确协同管理任务。明确 BIM 协同管理的任务,包括对 BIM 的创建、修改、审核、批准等环节进行协同管理,确保各个专业之间的协调性和一致性。

(2)建立协同管理平台。选择适合的协同管理平台,建立相应的 BIM,并确定平台上的文件传输、版本控制、冲突解决等机制。

（3）制定协同管理流程。制定 BIM 协同管理的流程,包括任务分配、时间安排、审核批准等环节,确保各个专业之间的协调性和一致性。

（4）实施协同管理。按照制定的流程,实施 BIM 的协同管理,包括对各个专业之间的协调和沟通、对 BIM 的创建和修改进行审核和批准等。

（5）监督与评估。对协同管理的实施过程进行监督和评估,及时发现问题并采取相应措施进行改进,确保协同管理的实施效果和质量。

（6）总结与优化。根据监督和评估的结果,总结经验教训,优化协同管理流程和方法,提高协同效率和质量。

通过以上环节,可以实现 BIM 协同管理的流程化、规范化、高效化,提高设计质量和效率,减少错误率和资源浪费。

四、企业级道路桥梁 BIM 协同管理平台

（一）企业级道路桥梁 BIM 协同管理平台概念

道路桥梁 BIM 协同管理平台基于三维图形进行项目管理,网页端流畅加载、浏览与管理模型,支持漫游、剖切、属性、过滤等多种操作。同时可导入 GIS 数据、FBX 模型等进行场景整合,形成 CIM（城市信息模型）场景。场景可与工程 WBS 工作分解结构关联,实现业务数据与BIM 的有效结合。将建筑全生命周期中所有参建的信息保存在模型中,做到一模多用。

（二）企业级道路桥梁 BIM 协同管理平台的建立原则和方法

集成性原则:企业级道路桥梁 BIM 协同管理平台的首要原则是集成性,要求平台能够全面整合不同专业领域的 BIM 数据和工作流程。这涉及设计、施工、运维等多个阶段,确保项目信息在整个生命周期内得到无缝传递和协同管理。这一原则的核心在于打破信息孤岛,使各个团队能够共享实时数据,提高工作效率,减少信息流失和误解。

开放标准与互操作性原则:协同管理平台必须遵循开放标准和通用协议,以确保不同软件和系统之间能够实现高度的互操作性。采用行业标准的数据格式,如 IFC 有助于实现数据的顺畅交换,避免信息丢失和不一致性。这为各个团队提供了灵活性,使其能够使用自己擅长的工具,而不受制于特定平台。

安全性与权限控制原则:考虑到 BIM 平台涉及敏感的设计和工程数据,安全性与权限控制成为至关重要的原则。建立健全的安全机制,包括数据加密、身份验证等,以防止潜在的数据泄露和未经授权的访问。同时,实施灵活而精细的权限控制系统,确保只有授权人员能够访问和修改特定信息,保护知识产权和项目机密性。

实时协同与沟通原则:协同管理平台必须提供实时的协同工作和沟通机制。帮助项目团队成员即时交流信息,解决问题,提高协同效率。实时协同不仅能够加速决策过程,还有助于快速响应项目中的变化,确保团队在高度互动的环境中协同工作,推动项目成功完成。

(三)跨世纪施工管理平台

跨世纪(KSJ)自主研发的施工综合管理云平台[Civil Station Construction(CSC)]基于数字化质量管理及BIM可视化三维模型,实现施工进度的智能跟踪与管控。

CSC的进度管理功能可实现总体、年度、季度、月度计划的三维模拟及进度计划对比;通过质量模块传递的验收信息自动统计实际进度,并与进度计划对比,直观地显示整个项目的进度状态;GIS空间展示三维进度偏差,分析进度计划编制的合理性,以便及时分析原因,调整进度计划,制定优化措施。以时间轴为基准,通过采集实际进度数据,CSC实现基于BIM的4D计划进度模拟、实际进度模拟及可视化直观对比。

具体操作步骤如下:

1.权限管理

一般指根据系统设置的安全规则或安全策略,用户可以访问且只能访问自己被授权的资源,在项目管理中是较为关键的环节,也是系统初始化配置工作之一。按照不同的组织机构对用户进行配置,并且通过相应的角色将对应的访问权限赋予对应的用户,从而实现权限的有效管理。

2.工作流管理

在项目管理过程中,会涉及一些审批流程,具备权限的人员参与到该流程中,故需要对相应的工作流进行配置,配置工作流的内容包括工作流设计、角色匹配、工作流调用。工作流配置完成后,人员能够参与对应流程的审批操作,见表4-1。

权限管理模块　　　　　　　　　　　　　　　　　　　　　　　　　　表4-1

模块名称	功能描述
角色管理	通过角色管理,可以根据角色划分来控制各功能节点的权限。通过自定义角色并绑定一部分权限点,权限点会按照功能进行分布,可以直接通过点选的形式进行选择
组织结构	组织机构设置的目的是进一步充分发挥项目管理功能,为项目管理服务,提高项目管理整体效率,以达到项目管理的最终目标
用户管理	用户管理是项目管理软件最基本的功能,项目管理软件实际使用者是通过系统账户和密码登录到项目管理平台来使用其他各种业务功能的
工作流管理	通过对现有工作流程的梳理和工作流程网络信息化,实现工作条理的规范性及相关工作流程的透明度,提高工作效率,完善管理体制。使用简单可行的图形化定制开发界面对相关工作流程进行图形化描述,根据实际工作流程的操作权给予特定角色相关的操作动作,来实现一个实际工作流程的信息系统化

3.项目及标段信息维护

项目信息初始化维护是系统启用的基础配置工作,主要对项目名称、项目编码、建设性质、资金来源、建设单位、建设周期、标段名称、标段编码、起止里程、参建单位等进行录入。

4.模型管理

模型对象是管理的载体，按照标段维度对模型进行管理。主要包括模型上传、在线转换、在线预览、唯一属性设置、获取构件属性等功能，支持多种格式的模型进行一键转换（包括 rvt、dgn、ifc 主流模型格式），通过获取属性将模型的属性信息同步到系统中，保证了几何信息与属性信息同步存储，便于模型与工程实体分解结构（EBS）绑定时检查构件绑定质量。当模型通过自动或者手动方式与构件 EBS 编码绑定后，可在 GIS 场景中查看与构件关联的业务数据。

（1）GIS 引擎配置模块主要是系统对项目模型文件进行上传，获取构件唯一属性和设置构件唯一标识属性等功能，同时该功能是对模型构件进行编码绑定操作前的重要准备工作。

（2）BIM。BIM 的核心是通过建立虚拟的建筑工程三维模型，利用数字化技术，为这个模型提供完整的、与实际情况一致的建筑工程信息库。该信息库不仅包含描述建筑物构件的几何信息、专业属性及状态信息，还包含了非构件对象（如空间、运动行为）的状态信息。在系统中该模块可以展示用户在系统中上传的 BIM，同时可根据系统中的模型和进度计划展示项目的进度计划模拟以及进度对比等，同时该模型还包含测量、漫游、剖切、显示控制等多种工具。

5.工程树维护

EBS 可以作为 BIM 构件身份 ID 之一，也可作为业务数据与 BIM 构件绑定的唯一标识，主要有以下功能：结构树上传、版本对比、绑定构件关系、绑定构件类型、导出工程量。工程系统结构分解指在工程系统功能分析的基础上，按功能、专业（技术）将工程系统分解为一定细度的工程子系统而形成的树状结构。工程系统结构分解必须体现工程系统的特点，通过 EBS 可以分析工程系统的功能类型和专业要素构成，以便于后期工程规划、设计、施工的开展实施。也可以理解为分部分项划分，如×××项目-××桥梁-××桥梁下部结构-桩基等，如图 4-13 所示。

编码	层次码	类型	名称	备注
B1	0001	分部	基础及下部构造	
B101	0001-0001	分项	扩大基础	
B102	0001-0002	分项	桩基	
B103	0001-0003	分项	承台	
B104	0001-0004	分项	墩身	
B105	0001-0005	分项	桥台	
B106	0001-0006	分项	台帽	
B107	0001-0007	分项	支座垫石	
B108	0001-0008	分项	顶帽	
B109	0001-0009	分部	盖梁	
B110	0001-0010	分项	CFG桩	
B111	0001-0011	分项	桩帽	
B112	0001-0012	分项	碎石垫层	
B2	0002	分部	上部结构及附属	
B201	0002-0001	分项	预制梁	
B202	0002-0002	分项	现浇梁	
B216	0002-0003	分项	悬灌梁	
B203	0002-0004	分项	桥面系	
B204	0002-0005	分项	伸缩缝	
B205	0002-0006	分项	栏杆	
B206	0002-0007	分项	墩台检查设备	
B207	0002-0008	分项	综合接地	
B208	0002-0009	分项	接触网支架基础	
B209	0002-0010	分项	接触网改迁及恢复	
B210	0002-0011	分项	附属工程	
B211	0002-0012	分项	其他	
B212	0002-0013	分部	涵洞	
B2121	0002-0013-0001	分项	箱涵	
B2122	0002-0013-0002	分项	框架涵	
B2123	0002-0013-0003	分项	盖板涵	
B2124	0002-0013-0004	分项	圆管涵	
B213	0002-0014	分部	声屏障	
B214	0002-0015	分项	支座系统	
B215	0002-0016	分项	转体系统	

图 4-13　桥涵工程实体分解

6. 清单基础数据

(1) 合同清单是总承包项目的计量依据,也是生产产值的重要基础数据,合同清单有可能发生变更,当前生效的版本将被用于后续来配置工程台账。在工程台账的配置模块中,为每个构件选择相应的清单子目并配置准确的工程量信息,根据某一时段进度数据将推算出该时段完成的实际产值(合同额)。

(2) 工程台账是企业内部用于记录和监督工程安全、工程进度、材料采购等事项的资料。这些资料涉及安全责任书、安全生产机构设置文件、安全生产管理制度、安全宣传教育培训、安全检查资料、安全会议记录、新工人教育、设备管理资料、安全技术交底资料、爆破物品管理台账、事故应急预案、事故记录和报告资料等。系统中工程台账是以业主清单和结构树生成一个基于结构树结构的台账。

7. 工区管理

施工现场一般依据分部分项、施工重点、专业分包将施工结构划分在不同的施工区域,以便相对独立地进行专业化管理,即工区管理。通过选择不同的工程实体结构划分至不同的工区组织结构,在质检、进度、安全管理中按照工区开展管理行为,统计管理数据。

8. 进度管理

项目进度管理,是指采用科学的方法确定进度目标,编制进度计划,进行进度控制,在与质量、费用目标协调的基础上,实现工期目标的管理行为。项目进度管理包括两大部分的内容,即项目进度计划的制定和项目进度计划的执行。进度计划的维护可以从不同颗粒度进行,包括总体、年度、季度以及月度进度计划。[施工项目进度管理多采用进度表或横道图(图4-14)来对项目进度进行管控]。

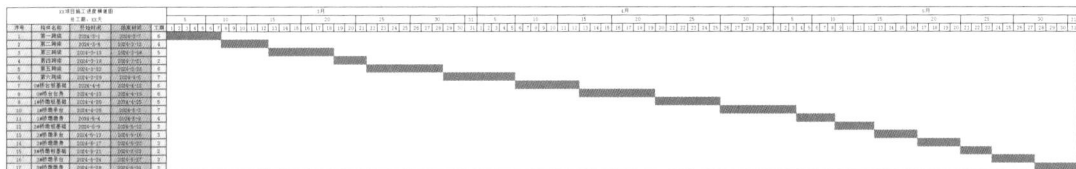

图4-14　施工进度横道图

(1) 进度计划是用来指导和协调工程施工进度的文档,它包含施工活动的详细信息,如开始和结束的时间、顺序和相互衔接的关系。进度计划的核心目的是确保工程项目能够在预定的时间内完成,并且质量和成本都得到有效控制。在系统中包含进度计划上传、关键线路查看、进度健康分析等功能,同时上传的进度计划可与项目模型进行联动形成进度对比和进度模拟等,可为把控项目进度提供预警和支撑依据,可为项目提供根据生产实际情况调整进度计划的平台。

(2) 进度对比。项目进度管理的主要目标是要在规定的时间内,制定出合理、经济的进度计划,然后在该计划的执行过程中,检查实际进度是否与计划进度相一致,保证项目按时完成。结合三维模型来实现可视化地展示实际进度与计划进度,分析实际执行情况与计划进度的偏差,及时分析原因,并采取必要的措施对原工程进度计划进行调整或修正。项目数据进度采集后，系统将计划工期与实际工期在构件维度上进行比对，自动分析进度滞后、提前时间，通过三维高亮渲染展示偏差情况。

9.投资控制

由于项目投资是建设单位完成的建设工作量和按投标清单计算的工程资金投入，是资金使用计划的重要参考，建设进度的直接体现，也是施工企业工程结算的基本依据，因此，控制投资、计算产值有利于保障企业直接经济效益，可以使整个施工项目的投资更科学、全面。

（1）计划产值与实际产值。计划产值是企业预定的产量，是根据企业特定的生产设计，计划在一定时间内按照一定的标准，以达到所需的产品数量。通过读取"已生效"的月计划中构件台账信息，从而生成相应月份的计划产值数据。实际完成产值，从完成的构件台账中获取。以计划产值作为依据，将实际完成的产值与计划产值进行对比，分析产值偏差，及时调整工期及人员安排，有效保证企业的经济效益。

（2）产值分析。依据施工计划和实际进度数据，通过计算完工构件所匹配的计价清单，统计月度、年度计划产值及实际产值，反映当前标段的产值情况，包括"本年计划完成""本月计划完成""本年实际完成""本月实际完成"等产值信息。

（3）产值报告。通过结合项目的实际进度，按不同周期维度统计今日产值、开累产值及工程量细目，从不同的时间维度（包括日、周、月、旬或自定义区间）生成相应的产值报告以反映工区的形象进度及产值完成情况。

10.质量管理

质量管理包括质量计划、质量检查、质量分析、质量报告、质量体系建设等管理流程，随着技术的进步、人员素质的提高，工程质量要求也在不断提高，在施工的全过程中，要建立符合技术要求的工艺流程质量标准、操作规程，建立严格的检查和考核制度，不断改进和提高施工技术和工艺水平，从而确保工程质量。

施工项目的质量计划应由项目经理主持编制。质量计划是作为对外质量保证和对内质量控制依据的文件，应体现项目从分项工程、分部工程到单位工程的系统控制过程，同时也要体现从资源投入到完成工程质量最终检验和交付使用的全过程控制。

质量目标一般由企业技术负责人、项目经理部管理层认真分析施工项目特点、项目经理部情况及企业生产经营总目标决定，其基本要求如下：

一是施工项目竣工交付业主（用户）使用时，质量要达到合同范畴内的全部工程的所有使用功能符合设计（或变更）图纸要求。

二是检验批、分部、分项、单位工程质量达到施工质量验收统一标准，合格率100%。

工序质量是指在施工过程中人、材料、机械、工艺方法和环境等对产品综合起作用的过程的质量，故又称为过程质量，它体现为产品质量。

（1）工艺质检。

依据行业质量检验评定标准编制基于构件类型属性的工艺质量验收指标模板，作为构件质量验收基础数据，在维护项目信息时，需为当前项目选择一个与之匹配的工艺模板，将其作为后续工艺验收时的检验依据。在进行工艺质检时，系统将根据构件类型自动读取模板中相应的工艺数据及验评指标,质检人员负责对每个工艺逐项自检并提交监理工程师审核,当一个构件的工艺均审核通过后,构件被标记为"已完成",并且会将它的最后审核完成时间作为该构件的实际完成时间,保存验收影音记录,同步记录验收地点。

(2)质量巡检。

为了进一步提升工程责任主体的质量行为,全面加强建筑工程施工质量整体水平,实现建筑工程质量管理的科学化、规范化和标准化。创建"建筑工程质量标准化"工程,使工程达到安全、适用、美观的要求,做到工程一次成优,处处体现精细,施工技术先进,消除质量通病,项目管理上水平,经济效益显著。根据工程的施工特点,以及项目部的实际情况,制定相关制度,以达到对项目工程质量管理全过程有效监控。工程质量巡查记录见表4-2。

工程质量巡查记录表　　　　　表4-2

工程所在区:××路段

工程名称:××市政道路

检查项目	检查内容		评价		备注
	序号	内容描述	符合	不符合	
工程资料					
(一)主要建材质保材料	1	钢筋及钢筋焊接、机械连接材料			
	2	砖、砌块			
	3	预拌混凝土、砂浆			
	4	防水保温材料			
	5	保温材料			
(二)施工试验报告	6	地基强度或承载力检验报告、工程桩承载力及桩身完整性检验报告			
	7	混凝土试块抗压强度试验报告及统计评定			
	8	砂浆试块抗压强度试验报告及统计评定			
	9	钢筋焊接、机械连接工艺试验报告			
	10	钢筋焊接、机械连接试验报告			
(三)施工记录	11	桩基试桩、成桩记录			
	12	填充墙砌体植筋记录、锚固力检测报告			
	13	结构实体检验记录			
(四)质量验收记录	14	地基验槽记录			
	15	桩位偏差、桩顶高程验收记录			
	16	隐蔽工程验收记录			

11. 安全管理

工程安全检查工作是一项重要的日常管理工作，实现施工现场检查工作的"PDCA"循环，是保证科学评价工程安全管理现状，切实消除安全隐患，保障工程质量安全的重要手段，通过手机智能终端在巡检过程中提交对 BIM 构件和非 BIM 构件的安全隐患问题，并指派给相应的整改人、确认人，在 web 端查询整改流程，实现安全闭环管理业务流程，有效提高施工现场巡检工作效率，达到规范管理和防范风险的目标。施工现场安全巡检记录见表4-3。

施工现场安全巡检记录表

表4-3

工程名称			专业属性		
建设单位	××集团有限公司分公司				
施工单位					
监理单位	××项目管理股份有限公司				
受检工序			受检工序状态	□施工中 □完工	
检查项	序号	检查内容	检查记录	检查结论	
施工现场安全措施	1	安全员现场指导	□有 □无 □无此项	□合格 □不合格	
	2	工区围蔽或警示标识	□有 □无 □无此项	□合格 □不合格	
	3	作业人员安防措施（安全帽、反光衣、绝缘鞋）	□有 □无 □无此项	□合格 □不合格	
	4	交通要道专人指挥通行	□有 □无 □无此项	□合格 □不合格	
室内/狭窄/密闭环境	5	通风处理良好、无异味	□有 □无 □无此项	□合格 □不合格	
	6	设有消防通道（即进出通顺）	□有 □无 □无此项	□合格 □不合格	
	7	不得蹬踏机房设备或线缆	□有 □无 □无此项	□合格 □不合格	
	8	不得堆放非施工材料、工器具等	□有 □无 □无此项	□合格 □不合格	
	9	井下操作时，井上必须有人配合	□有 □无 □无此项	□合格 □不合格	
高空作业	10	不得高空接抛物	□有 □无 □无此项	□合格 □不合格	
	11	登高安防设施齐全有效	□有 □无 □无此项	□合格 □不合格	
	12	专人配合及工区安全监管	□有 □无 □无此项	□合格 □不合格	
用电安全	13	临电设施必须一电一闸，且具有防漏电保护作用	□有 □无 □无此项	□合格 □不合格	
	14	临电电缆必须防水，使用专用插头	□有 □无 □无此项	□合格 □不合格	
	15	临电毕后必须及时断开电链路	□有 □无 □无此项	□合格 □不合格	
工具检查	16	传统挖掘敲打等工器具必须紧固不松动	□有 □无 □无此项	□合格 □不合格	
	17	与机房设备或电源产生接触工器具必须做好绝缘保护措施	□有 □无 □无此项	□合格 □不合格	
特种作业	18	必须执证操作	□有 □无 □无此项	□合格 □不合格	
	19	人、证相符，且证在有效期内	□有 □无 □无此项	□合格 □不合格	
□其他说明：			□综合评论：		

12. 设计管理

项目施工过程中会使用大量的设计图纸、变更图纸、模型文件,由于图纸数量庞大,专业众多,图纸的归档与管理尤其重要。设计文件的数字化管理实现设计图纸集中分类存储,随时调用,设计图纸与 BIM 构件相关联,原设计图纸与变更图纸相关联,并形成统计图表,以提高图纸利用效率,减少图纸变更导致的使用偏差。

13. 档案管理

项目开工至完工,施工单位会编制大量技术文件、质量文件,竣工验收前需要整理此类文件以编制归档,自动化归档技术将施工过程中的上述文件根据类型自动编目,生成文件结构树,在档案整合阶段大幅提升工作效率。

14. 技术管理

技术相关文档管理包括开工报告、施工组织设计、专项施工方案、作业指导书、技术交底等,下面以开工报告为例进行介绍,其他技术文档操作类似。

开工报告是由建设项目承包商申请,并经总监理工程师批准而正式进行拟建项目永久性工程施工的报告。根据国际惯例,没有总监理工程师批准的开工报告,承包商不得进行永久性工程的施工。如承包商未提出此报告,监理工程师照样可以按合同规定时间下达必须进行的永久性工程的开工令。得此命令,承包商必须有令工程师满意的要素投入施工现场。在开工令规定的日期,承包商不能按开工令要求开工,或只是象征性开工的,都将视作违约。

(1)总体开工报告。承包人开工前应按合同规定向监理工程师提交开工报告,主要内容应包括施工机构的建立,质检体系、安全体系的建立和劳力安排,材料、机械及检测仪器设备进场情况,水电供应,临时设施的修建,施工方案的准备情况等。虽有以上规定,但并不妨碍监理工程师根据实际情况及时下达开工令。

(2)分部工程开工报告。承包人在分部工程开工前 14d 向监理工程师提交开工报告单,其内容包括施工地段与工程名称,现场负责人名单,施工组织和劳动安排,材料供应、机械进场等情况,材料试验及质量检查手段,水电供应,临时工程的修建,施工方案进度计划以及其他需说明的事项等,经监理工程师审批后,方可开工。

(3)中间开工报告。长时间因故停工或休假(7d 以上)重新施工前,或重大安全、质量事故处理完后,承包人应向监理工程师提交中间开工报告。

15. 资源管理

施工过程中所需要的资源包括人工、材料、机械,周转物料等消耗水平直接影响施工成本,涉及劳务管理、设备管理、材料管理几个方面。劳务管理重点围绕劳务实名制登记、劳务资格证件管理等。设备管理重点包括设备进出场的登记、特种设备检测管理等。材料管理重点包括 BIM 构件的材料台账、材料计划、材料理论用量、材料消耗及核对。

(1)资源字典。

资源字典可以实现对施工资源的管理,包括人员、材料、装备等资源。通过该系统可以查询资源使用情况、预测需求、监测库存量等。它帮助管理人员更好地利用资源、减少浪费、提高效率,同时降低企业的管理成本。

（2）劳务管理。

劳务管理是施工人员的管理,可以保障工程顺利进行,促进施工现场安全、文明施工及劳动关系和谐发展,规范项目部、分公司的劳务用工管理,使劳务管理工作条理化、规范化、制度化。

（3）设备管理。

对建筑业施工机械设备的选择、使用、维护修理、改造更新和报废处理全过程的组织管理活动。机械设备是工程施工的物质技术基础,是建筑企业固定资产的重要组成部分,主要包括土方机械、压实机械、钻井机械、打桩机械、起重运输机械、装卸机械、破碎筛选机械、搅拌机械、钢筋作业机械、装修机械和铺路机械等。

（4）材料管理。

材料管理是企业管理的重要组成部分。材料材质、数量不合格,运输保管不善使材质降低,材料未合理使用,都会影响工程质量;由于管理不善造成二次搬运以及材料规格不符引起改换代用,会浪费物力和人力,从而降低劳动生产率。

材料台账主要是记录材料进出库量的流水账。台账中一般记录材料的产商、材料规格、材料数量、出厂证件、检验报告编号、使用部位等,见表4-4。

项目经理部所需主要材料、大宗材料应编制材料需用计划,由物资部门订货或从市场中采购。工程材料需用计划一般包括以下内容:一是单位工程材料需用计划,根据施工组织设计和施工图预算,于开工前提出,作为备料依据;二是工程材料需用计划,根据施工预算、生产进度及现场条件,按工程计划提出,作为备料依据;三是"材料计划表",应包括使用单位、品名、规格、单位、数量、交货地点、材料的技术标准等。另外,必要时应提供图纸和实样,见表4-5。

材料理论用量包括损耗量和实际用量。损耗量是指在运输、存储、使用过程中,由于渗漏、损坏、污染等原因,使原材料、半成品、成品等物资的实际用量减少的量。实际用量是指在生产过程中,由于技术要求、质量要求等原因,实际使用的原材料、半成品、成品等物资的量。要解决理论用量包括损耗量和实际用量的问题,首先要确定原材料、半成品、成品等物资的损耗量,以及实际使用的原材料、半成品、成品等物资的量。其次,要采取有效措施,减少损耗量,提高实际用量。例如,可以采取技术改进、质量控制、设备维护等措施,以减少损耗量,提高实际用量。此外,还可以采取节约用量的措施,如采用新型原材料、新型半成品、新型成品等,以节约用量。

材料消耗记录是记录材料的消耗情况,降低材料浪费,提高生产效率,为成本控制提供数据支持。通过记录和统计材料消耗情况,可以了解生产、制造、施工等过程中材料的实际使用情况和消耗量,有助于对材料消耗进行监控和管理。

16. 合同管理

在工程项目管理中,分包合同管理具有非常重要的作用。科学的分包合同管理,能够明确不同参与主体的利益,促使各个分包商严格按照合同要求组织施工,继而整体保障工程项目的施工质量与安全。

钢筋跟踪管理记录

工程名称：××风电场新建工程

表 4-4
编号：XH-001

序号	生产厂家	到货日期	钢筋等级	直径（mm）	数量	出场证件编号	复试日期	试验结果	复试报告编号	领用日期	领用数量	使用部位	备注
1	本溪北集团	2011-10-20	HRB400	32	47.74	11080II0400	2011-10-22	合格	RI2011-5635	10-26	14.235	FF05	
2										10-28	14.235	FF07	
3										10-29	14.235	FF08	
4	本溪北集团	2011-10-20	HRB400	32	49.086	11080II0402	2011-10-22	合格	RI2011-5634	11-01	14.235	FF16	
5										11-01	14.235	FF15	
6										11-03	14.235	FF18	
7										11-04	14.235	FF04	
8	本溪北集团	2011-10-20	HRB400	32	49.086	11080II0430	2011-10-22	合格	RI2011-5633	11-07	14.235	FF02	
9										11-15	14.235	FF11	
10										11-16	14.235	FF06	
11	本溪北集团	2011-10-20	HRB400	32	49.086	11080II0408	2011-10-22	合格	RI2011-5632	11-17	14.235	FF23	

主要材料进场计划表

表4-5

工程名称：××基坑支护及基础工程

序号	材料名称	材料用量	单位	第一个月						第二个月						第三个月			
				5	10	15	20	25	30	5	10	15	20	25	30	5	10	15	20
1	水泥32.5R	4500	t	400	400	500	400	500	500	400	500	400	500	500					
2	中砂	4500	m³	400	400	500	400	500	500	400	500	400	500	500					
3	碎石10~31.5	10065	m³	300	900	900	1200	1200	1200	900	900	900	900	465					
4	钢筋 φ8 护壁	275	t	75			100			100									
5	C35商品混凝土	23131	m³							3000	3000	3000	3000	3000	3000	3000	2131		
6	机制砖	58	千块	20	20	18													
7	钢筋笼	960	t					300				300				300			60

注：材料进场可根据工程施工进度需要量及时供应。

合同管理包括企业供应商管理、项目供应商管理、企业分包管理、项目分包管理四个维度,对供应商入库,创建对应的劳务分包合同清单,结合构件的完成情况对项目分包实现精细化管理。

17. 施工日志

施工日志是对施工过程中工作内容、工程问题、工程图纸等技术文档的重要记录。它能够归纳记录施工过程中相关图纸文件、技术文件等重要信息,方便相关人员清楚地了解每天的工作进展及问题,方便项目管理人员进行工作安排和进度控制。此外,施工日志还可以作为项目管理人员、监理人员等进行工作评估和监督的重要依据,对项目的顺利进行起到关键作用。

电子施工日志以月为周期,统计当月施工内容、工程巡检不合格的问题、技术文件和图纸文件。

(四)鲁班施工管理平台

鲁班施工管理平台是一个基于BIM技术的工程项目管理数据平台,旨在提升建筑行业的项目进度、质量、安全和成本管理水平。通过创新性地将前沿BIM技术应用于建筑行业,该系统为行业用户提供业内领先的工程基础数据和BIM应用解决方案。

在鲁班施工管理平台中,各项目可以通过网络将包含海量模型、成本、进度、质量、安全信息数据的BIM上传至企业系统服务器。系统后台会自动对这些BIM进行解析、分析,并按类别进行整理,形成一个多维度、多层次的BIM信息数据库。这使得用户可以从多层次、多角度查看项目的三维图形,并随时调取查看项目的成本数据库。此外,系统还允许针对不同管理者的需求设置不同的权限,各管理人员可以根据各自工作需要查看和处理相关的工程项目数据。

具体功能如下:

1. 工程管理

在现代工程项目管理中,高效、安全且透明的管理体系是确保项目成功的关键因素之一。为实现这一目标,项目模型集中管理成为行业内的最佳实践。通过BIM平台集中管理,项目团队能够确保所有相关的数据和信息都集中存储在一个可靠、安全的平台上,避免信息孤岛和数据分散的情况。

2. 项目技术交底管理

鲁班BIM基建管理系统通过集成BIM技术,能够将项目的三维模型、施工图纸、技术规格等关键信息集中存储并展示。这使得项目团队能够在一个统一的平台上获取所需的技术资料,避免了传统方式中信息分散、查找困难的问题。

系统还支持技术交底过程中的沟通协作。项目团队成员可以在系统中进行在线讨论、提问和回答,促进了信息的共享和交流。这种实时的沟通方式有助于减少误解和沟通障碍,提高项目团队的协作效率。

3. 资料管理

在当前整个建筑行业中,施工资料的填制与管理是一个比较薄弱的环节。填制手段落后,效率低下；书写工具不合要求，字迹模糊；资料管理混乱，漏填、丢失现象严重。目前，施工资料的制作与管理，无法满足建筑工程档案整理办法的基本要求，制约了施工企业的进一步发展。

鲁班施工管理平台的资料管理功能，为工程项目提供了全面、高效的信息管理解决方案。该系统能够集中存储、管理和检索项目过程中的各类资料，包括文档、图纸、照片、视频等，确保项目信息的完整性和可追溯性。

通过鲁班施工管理平台，用户可以轻松上传、分类和标记各类资料，实现资料的快速查找和定位。系统还支持多版本控制，确保资料的更新和变更得到妥善管理。此外，系统提供了权限管理功能，确保不同用户只能访问其权限范围内的资料，保障信息安全，见图4-15。

图4-15　鲁班施工管理平台资料管理

4.任务巡检

任务巡检功能，是项目执行过程中的关键一环，为项目管理团队提供了高效、精准的任务监控手段，见图4-16。

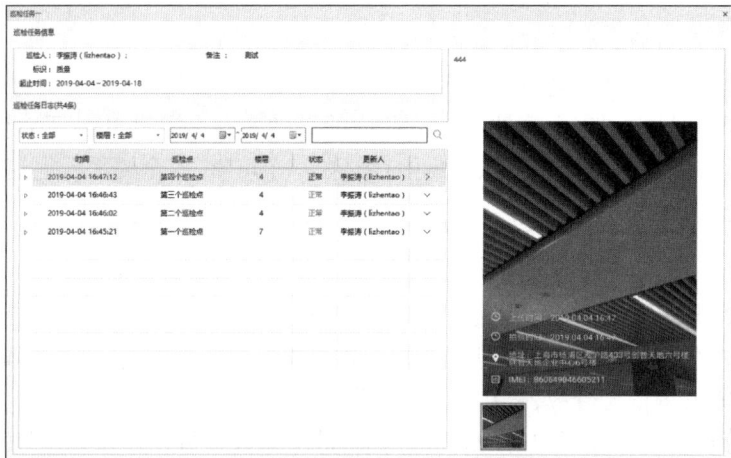

图4-16　任务巡检

该功能利用 BIM 技术的三维可视化特点，将巡检任务与 BIM 紧密结合，使得巡检人员可以直观地了解任务的具体位置和要求。通过系统，用户可以快速创建巡检任务，并指定任务的责任人、执行时间和巡检要点。在巡检过程中，系统实时记录巡检人员的轨迹、时间和结果，确保巡检工作的规范性和完整性,见图4-17。

图4-17 任务巡检操作

5. 质安数据分析

目前项目存在巡检过程形式化、实施过程中计划性不强、存档内容质量参差不齐、过程资料丢失现象频发、负责区域责任人职责不清晰、问题整改困难、巡检资料收集难度大、突击补资料浪费时间和精力等问题。

系统可以实时收集并整合项目施工过程中的质量、安全数据,包括材料检测、质量检测、安全检查等各个环节的信息。通过强大的数据处理能力,系统可以对这些数据进行深度分析,识别潜在的质量问题和安全隐患,为项目管理团队提供及时的预警和解决方案。此外,质安数据分析功能还支持多维度、多角度的数据可视化展示。用户可以通过图表、报表等形式,直观地了解项目的质量、安全状况,以及各项指标的变化趋势。这有助于项目管理人员更加精准地把握项目质量和安全的整体情况,为决策提供更加科学的依据。

6. 风险管控

风险管控功能,是专为工程项目风险识别、评估与应对而设计的强大工具。该功能通过集成BIM技术与先进的风险管理理论,为项目管理团队提供了一套全面、系统的风险管控方案。

系统能够基于BIM对项目进行全面的风险识别。通过对模型数据的深度挖掘,系统能够发现潜在的设计缺陷、施工难点等风险因素,为项目管理团队提供预警。系统支持风险评估与量化分析。用户可以根据项目的实际情况,自定义风险评估指标和权重,系统会根据这些指标对风险进行自动评分和排序,帮助用户快速识别高风险领域。

此外,系统还提供了风险应对方案库,用户可以根据风险评估结果,从库中选择合适的应对方案,或者自定义新的方案。这些方案包括预防措施、应急预案等,旨在降低风险发生的概率和影响程度。系统支持风险监控与报告功能。用户可以随时查看风险的状态、发展趋势等信息,并生成风险报告,为项目管理决策提供有力支持。

7.计划进度

以 BIM 技术为基础,将项目的三维模型与进度计划紧密结合,实现了对项目进度的可视化监控。通过系统,用户可以清晰地看到每个阶段的施工进度,包括已完成的工程量、正在进行的工作以及未来的计划任务。这不仅有助于项目管理人员更好地把握项目进度,还能为决策层提供有力的数据支持。

在进度计划功能中,用户还可以根据实际情况调整进度计划,系统会实时更新项目状态,确保进度信息的准确性和实时性。此外,该功能还具备预警机制,当项目进度出现偏差时,系统会及时发出警报,提醒管理人员采取相应的措施,从而确保项目能够按照预定计划顺利进行。

8.实际进度-沙盘

实际进度-沙盘功能是一项集先进技术与创新理念于一体的管理工具。该功能通过结合 BIM 技术与实时数据监控,将项目的实际进度以沙盘的形式直观地展现出来,为项目管理者提供了全新的视角和体验,见图 4-18。

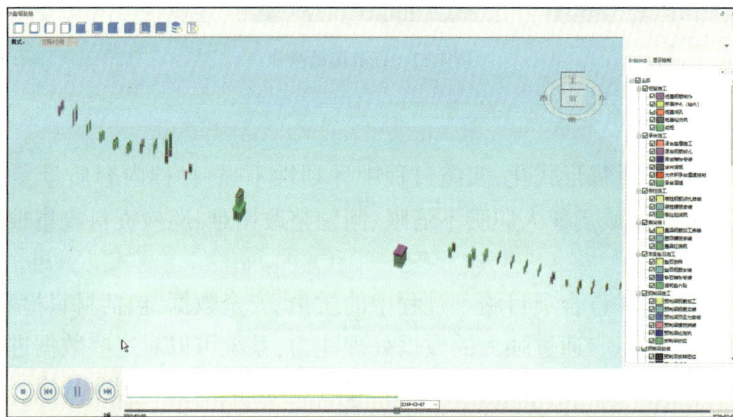

图 4-18　实际进度-沙盘界面

在实际应用中,实际进度-沙盘功能可以实时反映项目现场的各项数据,包括施工进度、材料使用、人员分布等。通过沙盘的呈现,管理者能够一目了然地看到项目当前的整体进展和细节情况,便于及时发现潜在问题和风险。

此外,该功能还具备强大的交互性。管理者可以通过操作沙盘,快速定位到项目的特定区域,查看该区域的详细进度信息。同时,系统还支持多种数据展示方式,如三维模型、图表等,以满足不同管理者的需求。

9.预警分析

预警分析功能是项目风险控制的重要工具,它通过深度挖掘项目数据,为管理者提供及时、准确的预警信息,帮助项目团队有效应对潜在风险。

该功能基于 BIM 技术和大数据分析,能够实时监控项目的各项关键指标,如进度、成本、质量等。一旦这些指标出现异常或偏离预设范围,系统便会自动触发预警机制,生成相应的预警报告。

预警报告中详细列出了触发预警的具体指标、原因及可能的影响，并提供了相应的建议和措施，帮助管理者快速定位问题并制定解决方案。此外，系统还支持预警信息的可视化展示，通过图表、动画等形式，使管理者能够更直观地了解项目风险状况。

通过预警分析功能，项目团队可以及时发现并应对潜在风险，避免因风险失控导致项目延误、成本超支等问题。同时，该功能还有助于提高项目管理的效率和精度，促进项目团队的协同合作，推动项目的顺利进行。

10. 质量安全管理

质量安全管理功能为项目的质量安全提供了全方位、多层次的保障。该功能充分利用BIM技术的优势，结合项目管理实际需求，实现了对质量安全的精细化控制。

在质量管理方面，系统通过对项目全过程的实时监控，确保施工环节符合质量要求。系统能够自动检测并记录施工过程中的质量问题，并生成相应的整改通知，提醒相关人员及时处理。同时，系统还支持质量数据的统计分析，帮助管理者了解项目整体质量状况，为质量改进提供依据。

在安全管理方面，系统通过集成各类传感监测设备，实现对项目现场的实时监控和预警。系统能够及时发现潜在的安全隐患，并自动生成预警信息，提醒管理者采取相应的措施。此外，系统还支持安全教育培训和应急预案管理，提高项目团队的安全意识和应急处理能力。

11. 监测管理

监测管理功能是项目建设中不可或缺的一环，它为项目的安全、高效推进提供了有力保障。该功能基于BIM技术，将传统监测手段与现代化信息技术相结合，实现了对项目现场的实时监控和智能化管理。

监测管理功能支持多工程管理，能够满足包含多个相同单位工程的工程模型的需求。通过分节点录入、管理和存储监测数据，用户可以直观清晰地浏览各个单位工程的监测数据，显著提高了施工后期用户梳理监测资料的效率。

此外，该功能还支持数据图表，能够双向查看各测点或预警测点的监测信息，帮助项目人员汇总所有测点的最新数据，并对预警状态的测点数据进行分类统计，生成分析图表，为企业管理层做出预警决策提供有力凭证。

监测管理功能还支持监测设备的数据自动实时同步到监测平台，确保数据采集的及时性、准确性、智能性。同时，系统能够根据用户提供的报告模板自动生成监测报告，显著提高工作效率。

12. 质检计量

质检计量功能是项目管理中的关键环节，它实现了对工程质量与安全性的全面把控，同时确保了计量数据的准确性和高效性。

在质检方面，该功能通过BIM技术构建的三维模型，能够直观展示工程的结构和细节，使质检人员可以迅速定位需要检查的部位。同时，系统内置了丰富的质检标准和流程，可以根据项目的实际需求进行自定义设置，确保质检工作的规范性和高效性。此外，质检数据可以实时录入系统，生成详细的质检报告，方便管理人员进行质量追溯和问题定位。

在计量方面，系统支持多种计量方式，包括自动计量和手动计量，可以根据项目的实际情况灵活选择。计量数据可以实时同步到系统中，自动生成计量报表，避免了传统计量方式中可能出现的数据错误和遗漏。同时，系统还可以对计量数据进行智能分析，为项目管理提供决策支持。

第三节　道路桥梁 BIM 综合应用案例分析

一、都安高速公路项目 BIM 技术应用

（一）项目介绍

贵州省都匀至安顺高速公路项目（简称"都安高速项目"）是交通运输部首批公路 BIM 技术应用示范工程项目之一，也是《贵州省高速公路网规划》中"第 5 横"与"第 6 联"的组成部分。该项目是跨越川、滇、黔三省交通和旅游的黄金通道，肩负着西南地区弯道曲直、通江达海，连接"一带一路"的重要使命。

本项目全长 276.324km，总投资约 430.79 亿元，是贵州省高速公路建设史上建设规模最大、投资额最高的高速公路项目。

（二）技术路线

本项目以创建的 BIM 为媒介，集成工程建设阶段各专业系统的数据；创建一个数据集中获取的平台，提高项目数据应用的效率；在建设阶段，利用 BIM 数据开展技术型应用；同时，提交数字化竣工模型，为运营维护阶段提供数据支持。以上基本内容实现设计阶段、建设阶段、运营阶段，BIM 技术在公路项目全生命周期中的应用，见图 4-19。

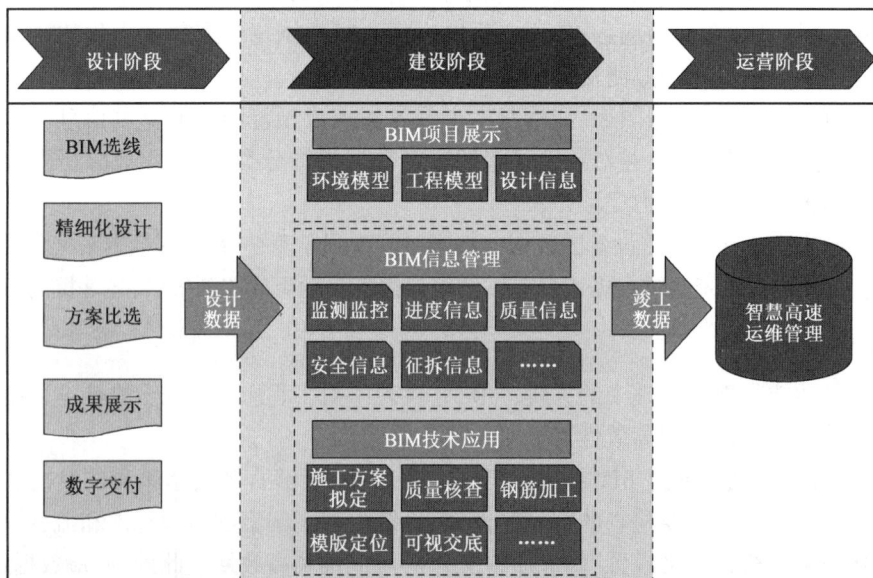

图 4-19　BIM 技术在高速公路项目全生命周期中的应用

（三）应用情况及效果

1. BIM 建模标准及模型创建

本项目在中交第二公路勘察设计研究院有限公司参编的交通行业标准的基础上，首次选择采用模型颗粒度、几何精细度和信息深度来定义模型的精度与信息深度，既兼顾了模型使用要求，也保障了整体模型的流畅使用。

在此基础上创建环境模型和工程模型，环境模型包括路线走廊带地形、地貌、路网、重要地物区域；工程模型包含全线 31 个土建标的路基、桥梁、隧道、涵洞、通道、取弃土场等。

2. 图纸核查

利用 BIM 技术进行高程、坐标、工点钢筋、施工临时构件的核查。

3. 施工组织优化

结合 BIM 技术对涉路施工进行方案模拟，合理安排交通和施工组织，使相关工作更加有序。

4. 施工场地规划

本项目在多个标段上开展场地规划 BIM 应用，将现场地形、地貌、水文情况进行还原，将施工场地规划由人对地形的想象补充改为由计算机直接呈现，有利于场地布置规划的合理性，见图 4-20。

图 4-20　项目 BIM 施工场地规划

5. 辅助模板定位

利用 BIM 技术，将主塔设计图纸整合到 BIM 三维模型中，通过模型坐标拾取，对现场测量人员放样坐标的计算结果进行复核，以精确辅助主塔施工变截面模板定位、主塔施工，见图 4-21。避免测量人员计算错误，辅助测量施工，可以避免后期的返工问题，既节省了工期，又节约了成本。

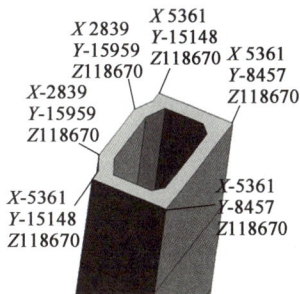

老德河特大桥主塔变截面模板定位复核							
流筑节段	具体位置（顺桥方向）	项目原测量计算		BIM模型		比较与复核		结果定性
		X轴标	Y轴标	X轴标	Y轴标	X轴标	Y轴标	
2节段	右幅	2897351763	449006197	2897351762	449006197	1	0	准确，一致
		2897352544	449005882	2897352542	449005882	2	0	准确，一致
		2897358432	449008472	2897358432	449008472	0	0	准确，一致
		2897358734	449009258	2897358733	449009258	1	0	准确，一致
		2897354582	449018703	2897354581	449018704	1	-1	准确，一致
		2897353799	449019013	2897353798	449019013	1	0	准确，一致
		2897347914	449016426	2897347912	449016426	2	0	准确，一致
		2897347616	449016638	2897347615	449016639	1	-1	准确，一致
		2897352579	449006686	2897352577	449006686	2	0	准确，一致
		2897353359	449006372	2897353359	449006373	0	-1	准确，一致
		2897358956	449008835	2897358955	449008836	1	-1	准确，一致

图 4-21　项目辅助主塔施工模板定位复合

6. 钢筋自动化加工

基于 BIM 技术对主梁钢筋进行复核，并将复核后的数据传递到自动化加工设备，见图 4-22。这一过程有效提高了加工精度，避免了人为操作误差。

图 4-22　BIM 主梁钢筋复合

7. 三维激光扫描及无人机应用

通过三维激光扫描对开挖后进行点云扫描，生成点云模型，并将该点云模型与设计模型进行对比，见图 4-23。验证出现场开挖模型与设计模型的高程、平面线形、坡率和超欠挖情况，控制边坡施工质量，见图 4-24。

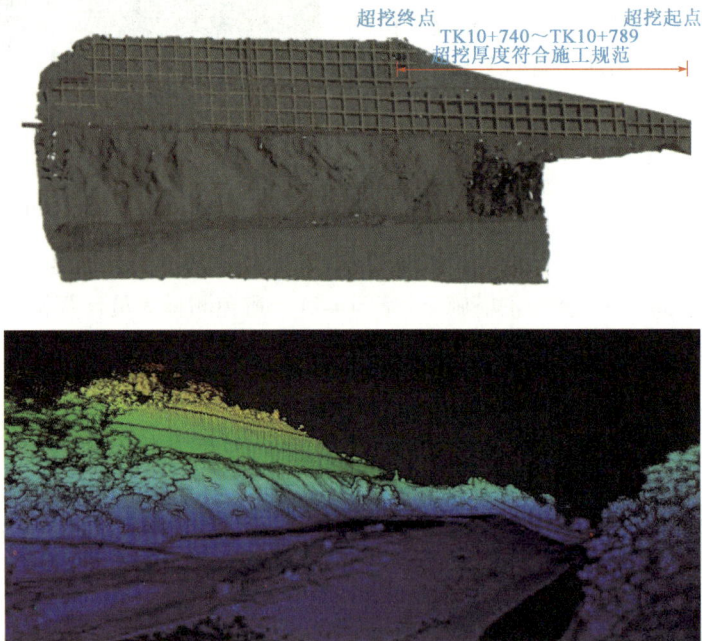

图 4-23　点云模型与设计模型对比

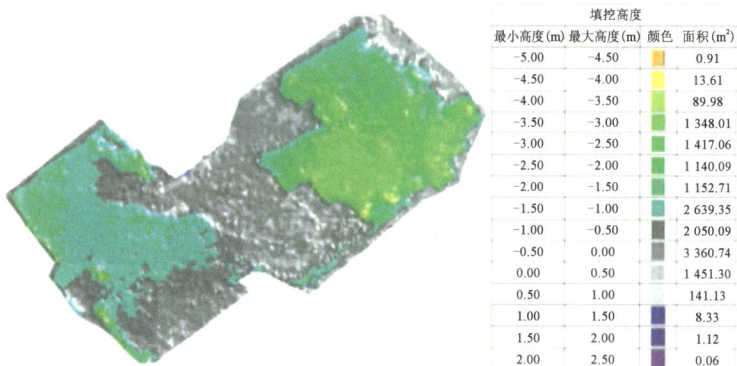

填挖高度			
最小高度(m)	最大高度(m)	颜色	面积(m²)
-5.00	-4.50		0.91
-4.50	-4.00		13.61
-4.00	-3.50		89.98
-3.50	-3.00		1 348.01
-3.00	-2.50		1 417.06
-2.50	-2.00		1 140.09
-2.00	-1.50		1 152.71
-1.50	-1.00		2 639.35
-1.00	-0.50		2 050.09
-0.50	0.00		3 360.74
0.00	0.50		1 451.30
0.50	1.00		141.13
1.00	1.50		8.33
1.50	2.00		1.12
2.00	2.50		0.06

图4-24　开挖模型与设计模型数据对比

8.施工监测监控

通过模型将路基、桥梁监测监控信息进行附加并设置报警值,方便进行数据检查和分析预警,见图4-25。

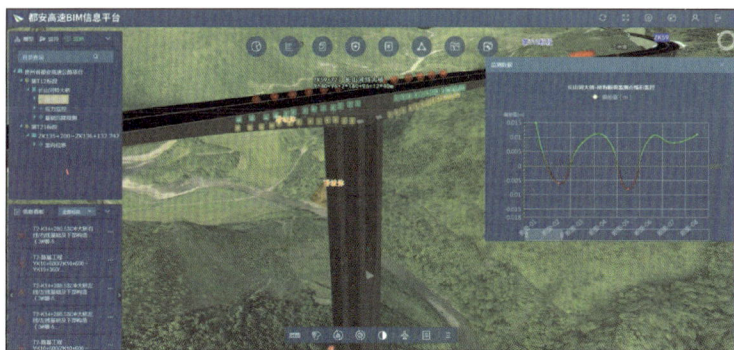

图4-25　施工监测监控

9.创新技术方案

(1)数字工程建设标准研究

本项目开展前期对国内外相关标准进行了详细研究;在首次提出模型颗粒度概念;在公路行业 BIM 标准的总体框架下首次提出模型颗粒度(P)概念;编制项目级 BIM 建模标准,通过模型颗粒度、几何精细度、信息深度,对 BIM 结构、建模标准进行了规定;项目标准中对于模型最小组合单元的阐述与规定,切实指导了模型创建和软件研发,推动了行业标准的细化,并为相关标准规范的落地做出了良好示范。

(2)数字工程建设方案

工程模型创建提出了数据再生产概念,即对设计成果进行标准数字化、再自动化创建模型的过程;该过程使用的数据源可以为解读图纸生成的标准数据包,或解析设计软件数据包形成的设计数据;该过程为模型的标准化创建提供了可供复制和使用的标准流程,见图4-26。

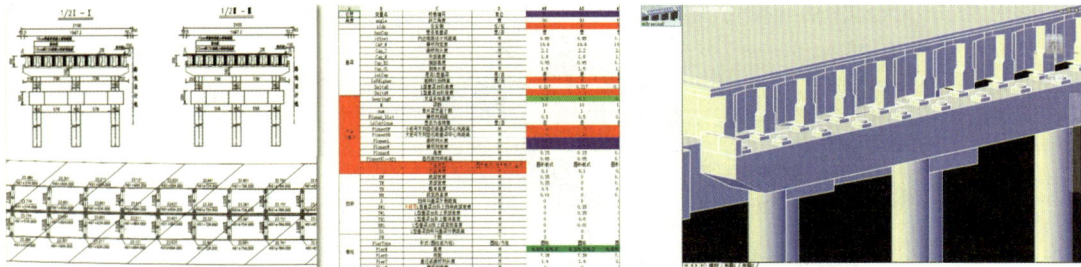

图 4-26　数字化工程模型的数据再生

（3）模型数据传递方案

针对公路工程特点，提出了模型与信息分离的技术原则，以解决现有问题。针对主流模型设计软件平台，明确了模型文件交换格式，方便各单位、各专业协同建模。提出脱离模型，用独立数据库来实现工程信息的存储、管理；借助模型构件编码，实现模型对象及其工程信息的有效关联，见图 4-27。

图 4-27　模型数据的传递

（4）工程信息管理方案

本项目在实现跨平台数据对接上，创新性地应用了"松耦合"多平台信息沟通机制。

通过分别建立与各信息系统的映射关系，以"松耦合"方式，实现多系统间的信息沟通，真正做到"一数一源"，打破信息壁垒，最大化工程信息的价值。

二、横门西特大桥 BIM 技术应用

（一）项目介绍

南沙至中山高速公路项目（简称"南中高速项目"）是《广东省综合交通运输体系发展"十三五"规划》中的重点建设项目，也是粤港澳大湾区重大交通基础设施项目。项目主线起点接南沙港快速路，终点接中江高速公路，路线长 21.6km；项目支线连深中通道，路线长 10.7km。横门西特大桥全长 912m，跨径布置为 (66 + 390 + 324 + 2 × 60) m，为半漂浮体系独塔双索面钢箱梁斜拉桥；主塔状如宝瓶，寓意吉祥如意，造型挺拔优雅，建成后将成为国内最大跨径的整体式钢箱梁独塔斜拉桥，由保利长大工程有限公司承建，项目效果见图 4-28。

图 4-28　项目效果图

(二)工程建设要求

(1)以"创新驱动发展,匠心铸就精品,智慧成就梦想,绿色桥见未来"为建设理念,对创建品质工程提出较高要求。

(2)该项目是监理改革第三批应用项目之一,管理需将互联网、大数据与管理系统融合,对 BIM 技术应用、智能建造、智慧工地应用推广力度大。

(3)采用现代化技术手段,融合 BIM + 可视化、BIM + 项目管理、BIM + 监控监测、BIM + 智能制造、BIM + GIS 集成协助项目完成高标准、高品质精品桥梁,打造基于数字孪生理念的大型桥梁"BIM-智慧管理-数据共享-数字工地-智能建造"解决方案。

(三)总体思路

(1)以精益建造、精细管理、精益求精为目标,在项目中开展 BIM 技术应用,部署实施项目 BIM 管理平台,拓展 BIM 发现问题、解决问题的能力,提升项目管理水平、解决项目技术难题。

(2)以提升项目信息化水平为目标,聚焦施工现场管理,紧密围绕人、机、料、法、环等生产要素,在项目中开展 BIM 数智建造建设,以智慧信息化促生产、促管理,为项目提质增效。

(3)以打造公路行业智能建造体系标杆项目为目标,围绕智能生产、智能监测、智能装备,提升项目智能化水平,达到施工过程可测、可视、可控的目的。总体思路见图4-29。

图 4-29　总体思路

（四）实施技术路线

基于"BIM＋"的技术方案，融合 BIM 可视化、工程管理、监控监测、智能制造、GIS 集成来深度探索 BIM 技术在横门西特大桥建设过程中的应用，总体分两层体系、23 个子环节（图 4-30）。

（1）第一层应用：BIM＋可视化、BIM＋协同管理、BIM＋监控监测。

（2）第二层应用：BIM＋智慧沙盘、BIM＋智能建造。

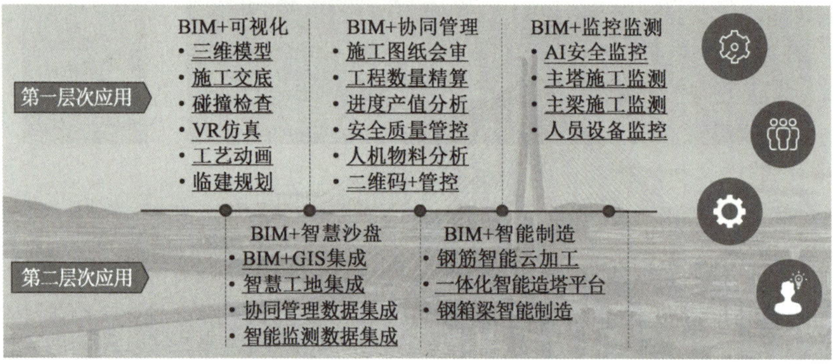

图 4-30　实施技术路线

（五）项目实施过程

1. 调研与培训

项目全员必须懂 BIM 信息化、全员参与 BIM 信息化。在项目开展前、中期，由公司多次组织开展项目信息化工作调研，为项目 BIM 信息化建设工作提供技术指导。项目多次开展 BIM 培训，为 BIM 信息化技术应用打下基础，见图 4-31、图 4-32。

图 4-31　BIM 培训与调研（一）

图 4-32　BIM 培训与调研（二）

2. 建立 BIM 技术体系

在 BIM 工作开展前建立标准体系，基于公司 BIM 标准建立适用于南中高速项目 TJ05 标的标准体系，策划阶段开展 BIM、环境模型数据创建工作，于施工阶段、竣工阶段开展系列 BIM 技术应用，见图 4-33。

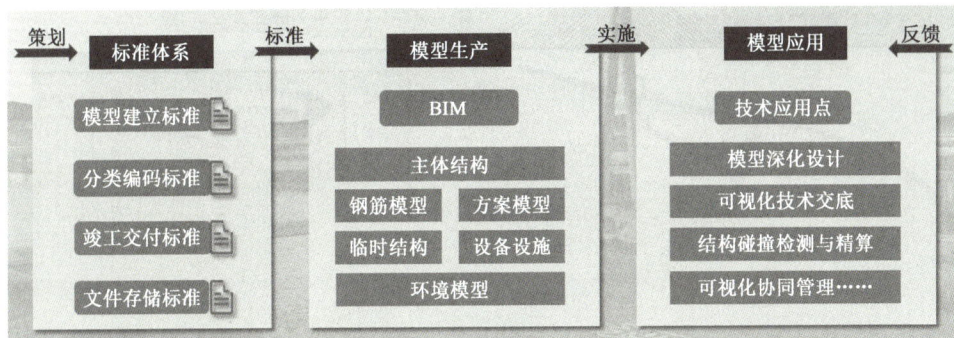

图 4-33　BIM 技术体系

3. BIM 创建及应用

精细化建模精度分为 LOD200～400 不同层次,满足施工阶段不同的应用需求,例如,以项目沙盘展示为目的的模型精度为 LOD200,以精算为目的的建模精度需达到 LOD300,以管理为目的的模型精度为 LOD400,桩基以根为单位划分,主塔以浇筑节段为单位,钢箱梁以钢板为最小单位,见图 4-34。以最小单位进行 WBS 编码属性挂接,作为后续协同管理平台数据的三维载体。

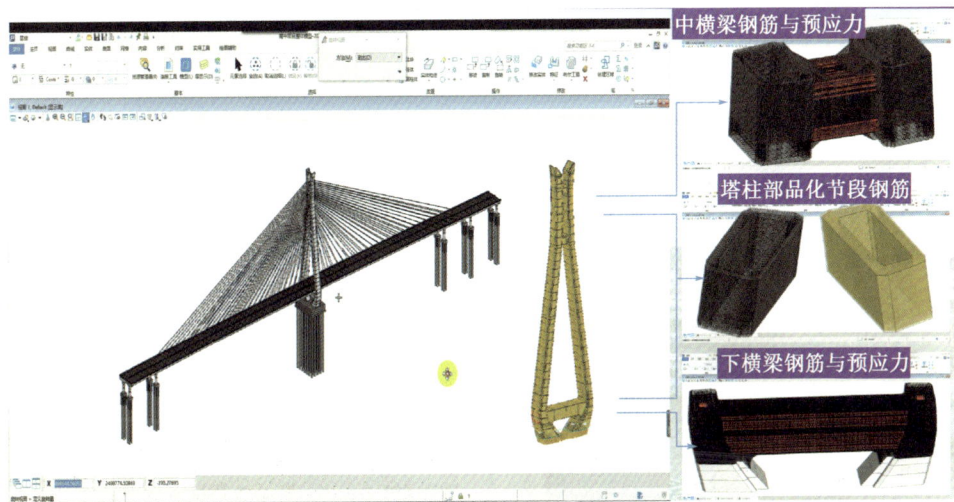

图 4-34　BIM 创建及应用

横门西特大桥主体采用 Bentley-Microstation 创建,钢筋及钢绞线采用 ProStructures 参数化创建,主线桥采用 CivilStation Designer(CSD)参数化批量创建。采用参数化建模方法,全项目模型建立耗时约 4 周,见图 4-35。

依据下横梁结构形式对支架进行二维初步设计,根据初步设计结果在 BIM 软件中进行三维深化设计,将深化设计结果模型转化为 midas 有限元模型进行受力计算,见图 4-36,结合主体模型进行结构三维分析,形成成果指导施工。

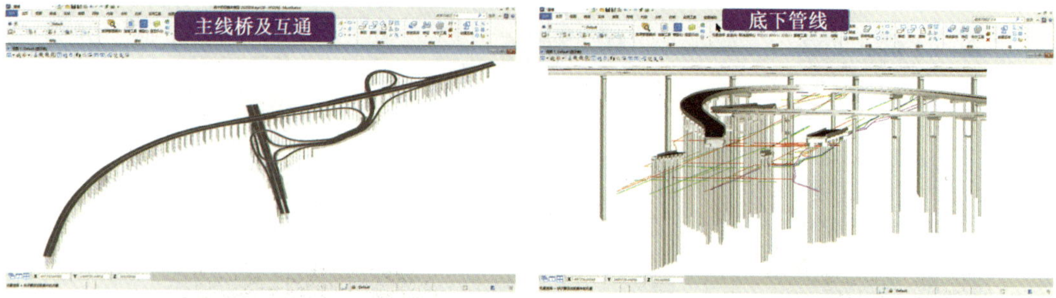

图 4-35　横门西特大桥模型创建

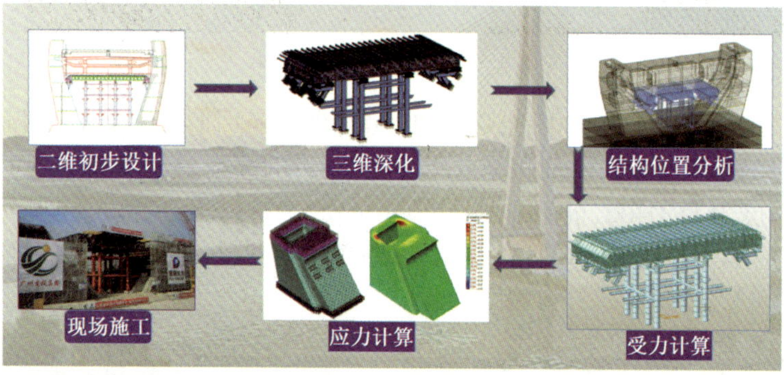

图 4-36　三维深化设计

主塔结构截面复杂，传统的二维制图很难准确计算出相应的混凝土方量及施工模板，根据施工方案确定施工节段分节后，对每个塔、横梁浇筑节段进行精准的设计方量计算统计，配合搅拌站完成混凝土的生产任务。分段后提取节段内的异形曲面，据此编制技术交底图，为现场模板制作和钢筋加工下料提供参考，见图 4-37。

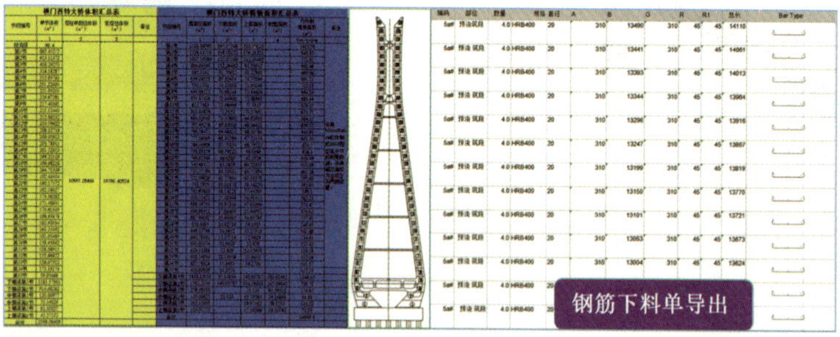

图 4-37　模板和钢筋下料

4.基于 BIM 的项目管理深度应用

通过 WBS 编码架构与 BIM 关联，在长大 BIM 管理平台进行进度管理，在管理平台编制施工进度计划，生成 4D 进度模拟及进度关键线路。通过采集实际进度进行可视化跟踪、偏差对比分析，辅助管理决策，见图 4-38。

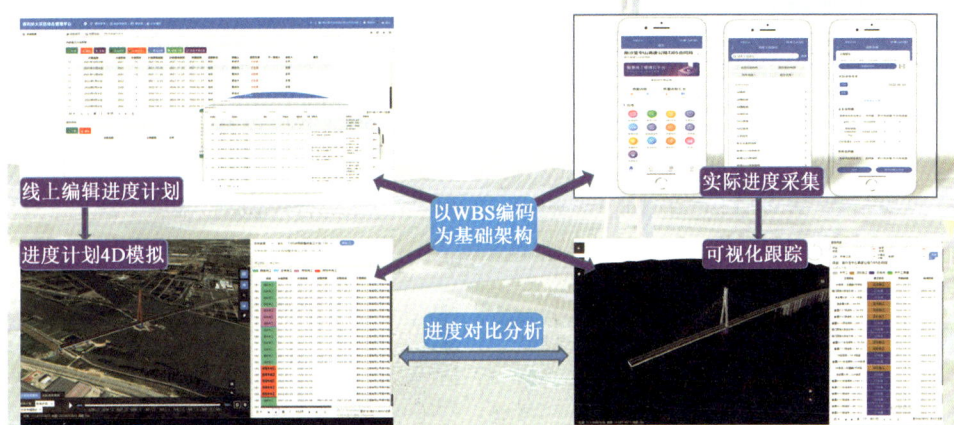

图 4-38　进度模拟及对比分析

采用保利长大工程有限公司自主研发的项目综合管理平台,平台结构及具体应用见图 4-39 和图 4-40,以 WBS 结构树、三维模型、工程清单量、物料主数据等为基础数据库,开展进度、产值、成本、安全、质量、文件等模块应用,突破传统项目管理手段,实现信息化无纸办公。

图 4-39　平台结构

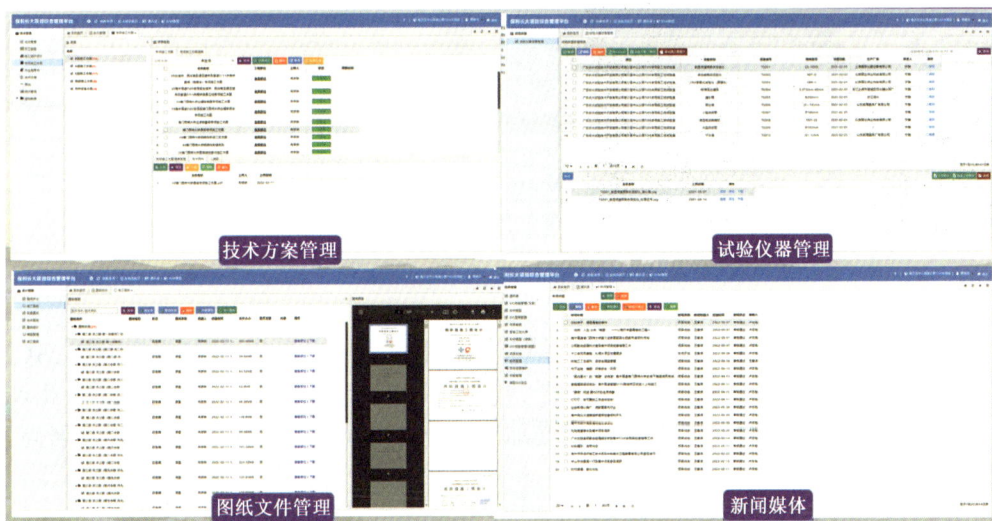

图 4-40　平台应用

基于项目综合管理平台,结合云技术,开发建立"二维码＋"管理模式,二维码技术与施工生产有效结合,应用于工程现场的方方面面,提供更实时、更高效、高精度的工程项目信息化管理。

AI 监控全方位覆盖,结合现场日常巡查以及现场安全隐患排查和治理闭环管理,结合 AI 智能图像识别预警系统,开展安全管理体系全流程的可视化管理,见图 4-41、图 4-42。集成安全监管、应急指挥、进度管理,在线巡检、辨识、巡视施工现场,有效识别人的不安全行为及物的不安全状态,与安全模块联动,为全面排查增添效能。

图 4-41　AI 智能识别与管理系统（一）

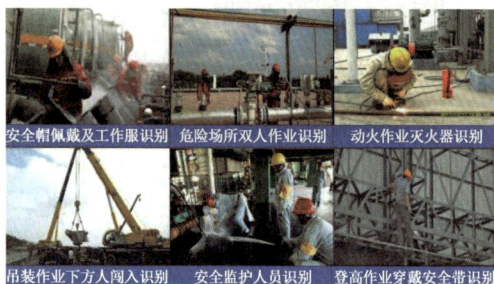

图 4-42　AI 智能识别与管理系统（二）

无人监测系统的功能包括配电箱巡检监测、特种设备监控、运输机械监控、拌和站库存监测、大体积混凝土温控监测等,见图 4-43。

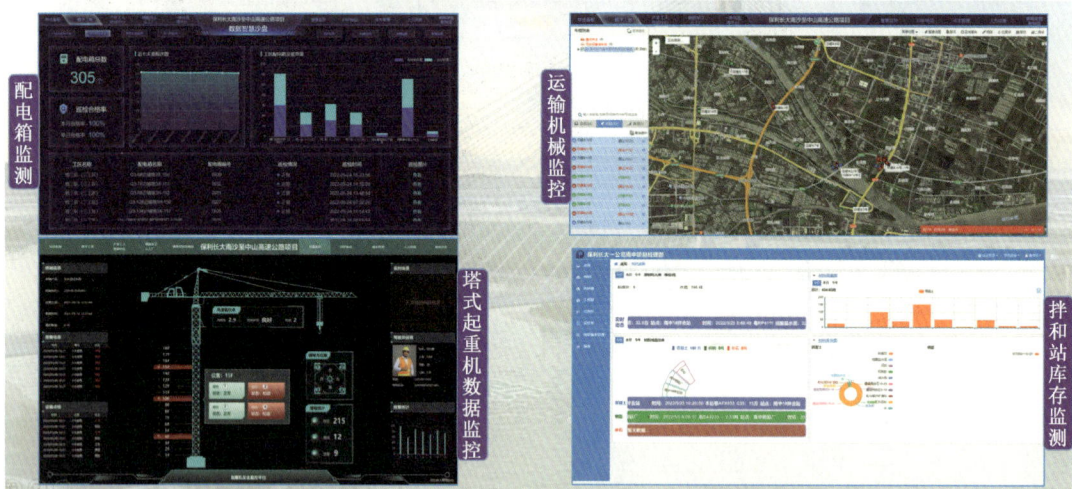

图 4-43　检测系统

BIM＋智能建造引入钢筋加工云平台,结合智能化钢筋加工设备、智能广播系统、AI 监控视频建立钢筋加工云工厂,通过平台自动或二维码料牌进行"派单",对钢筋的进场、生产、物流、安装管理信息进行追溯和跟踪,解决钢筋加工安全隐患及浪费现象严重、损耗率居高不下等问题,见图 4-44。

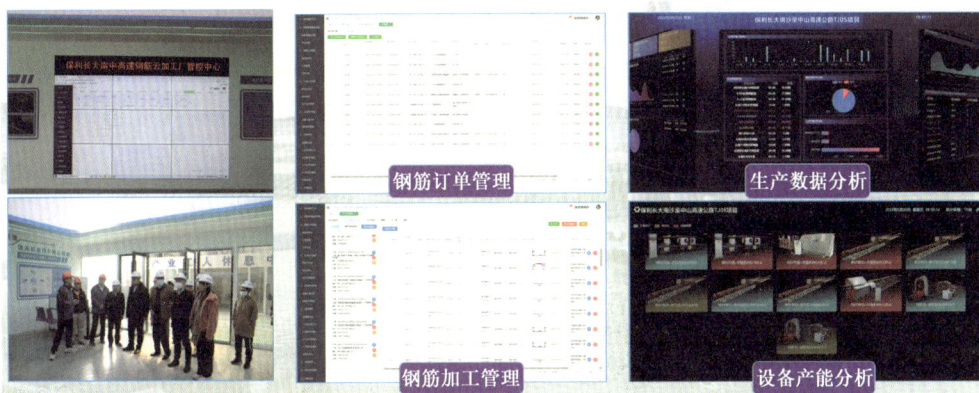

图 4-44　钢筋加工云平台

钢箱梁采用"四线一系统"（切割、板单元焊接、总拼焊接、涂装四条生产线及 BIM 信息化系统）与 BIM 建立焊缝地图，与智能设备建立智能涂装，实现自动化、信息化水平的全面集成，见图 4-45。

图 4-45　四线一系统

(六) 项目创新成果

"基础理论数据"在项目开展前期建立，"生产数据"在项目建设过程中实时采集获取，搭建"项目综合管理平台"，结合 BIM + WBS 作为数据存储流转的枢纽，利用计算机代替人工对"基础理论数据库"及"生产数据库"数据进行统计分析，生成一系列"智能报表"，见图 4-46。

通过统一标准，整合各业务系统，达到数据一致、业务一致、流程一致等目的，数据在系统间进行流转及推送，形成数据共享闭环，实现数据自动统计分析及数据报表自动生成，见图 4-47。

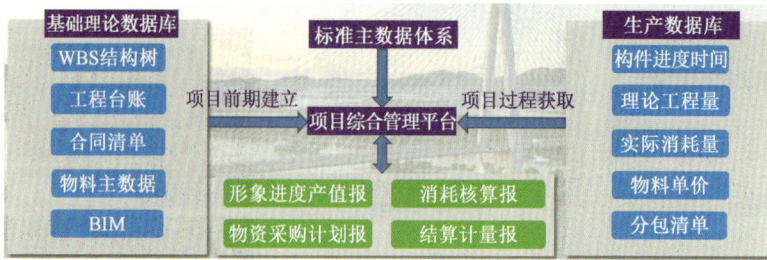

图 4-46　数据库

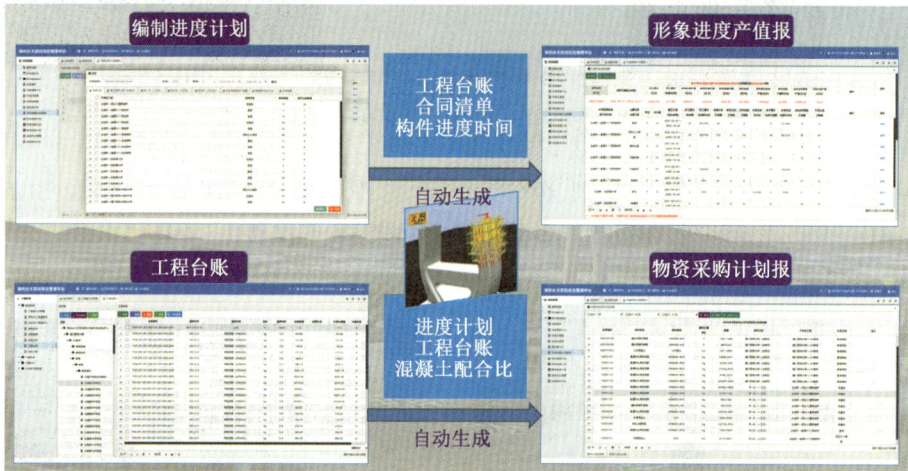

图 4-47　智能报表统计分析

打通传统管理技术壁垒,通过 BIM 可视化,使项目建造过程中的沟通、讨论、决策在三维可视化下进行,提高项目的可建造性。此外,信息化系统实现"无纸办公",利用计算机代替人工对数据进行统计分析,生成一系列智能报表,将一线人员从繁忙的数据报表统计工作中解放出来,见图 4-48。

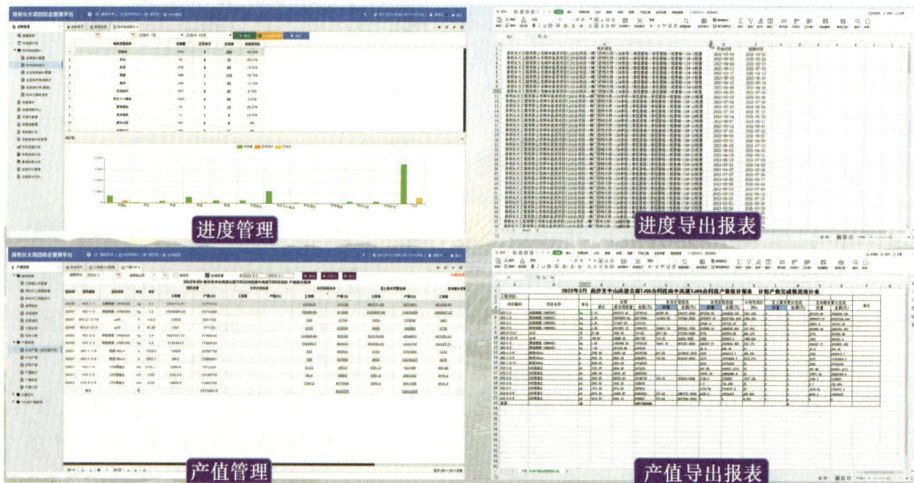

图 4-48　数据互联统计分析

助力工程管理技术提升,通过物联网、大数据监控监测技术,对现场人员、机械设备、材料、环境等数据进行采集并监控,通过信息化监测系统,对现场情况实时监管。落实推进 BIM 技术,推行"智慧工地"建设,提升项目管理信息化水平,见图4-49。

图 4-49　大数据监控中心

提升智能制造生产水平,引进智能技术、研发智能装备,通过智能监测、智能生产提升项目生产水平,见图4-50,达到施工过程可测、可视、可控。建设知识型、技能型、创新型现代产业工人队伍,提升工程建设行业工人素质和技能水平。

图 4-50　智能造塔平台

该项工程先后荣获 2022 年度中国公路学会"天工杯"一等奖和中国建筑材料流通协会第三届新基建杯智能建造 BIM 大赛特等奖。

三、安罗黄河特大桥 BIM 技术应用

(一)项目概述

安阳至罗山高速公路是《河南省高速公路网规划调整方案》中的 12 条南北纵向通道之一,对于助力"1+6"郑州大都市圈一体化融合发展具有重要意义。黄河特大桥是安阳至罗山

高速公路原阳至郑州段项目的重要控制性工程,桥梁全长 15223.5m,是黄河上最长的公路桥梁。主桥为双塔双索面组合梁斜拉桥,桥跨布置为 110m + 135m + 520m + 135m + 110m = 1010m,主跨 520m,是黄河上大跨径斜拉桥之一,塔柱采用钢壳混凝土组合结构,塔柱采用空心圆端形单箱单室断面,塔柱横、纵桥向外轮廓尺寸均为 10m。上、中、下横梁均采用矩形截面钢横梁,见图 4-51。

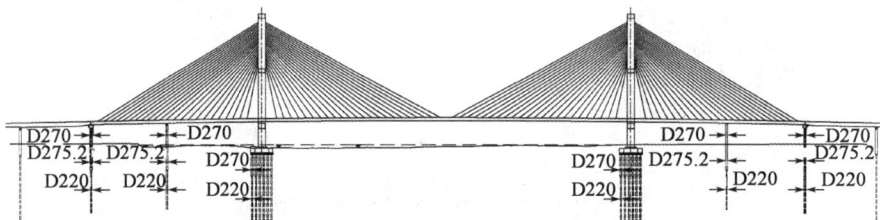

图 4-51　安罗黄河特大桥主桥立面布置图(尺寸单位:cm)

(二) 深化设计思路

为提高设计效率和设计质量,运用 BIM 技术对安罗黄河特大桥主塔进行正向设计研究,项目基于 Inventor 软件,采用"Top-Down"的设计理念总结出的一套适合复杂钢混结构桥塔设计的建模方法。首先根据"酒樽"桥塔轴线与横断面轮廓线创建多节段索塔文件,形成上级模型;然后基于上级文件,通过分割、衍生、共享草图等功能创建多实体下级模型;最后在各个下级模型中对索塔节段、横梁等构件进行精细化设计,形成上级模型和下级模型组成的关联模型组,做到整体模型控制细节模型,实现设计和建模融为一体(建模即设计)。最终将 BIM 成果应用于出图、算量、计算,实现 BIM 正向设计在设计周期内的应用。在索塔设计过程中,初步设计阶段包括拟定主塔截面、主塔方案的比选、拉索位置定位、锚点坐标定位、节段划分等整体设计。在施工图阶段,针对各个构件进行精细设计,达到现场施工和加工的要求。结合安罗黄河特大桥索塔特点、设计需求,本次主塔采用 Inventor 软件进行设计,见图 4-52。

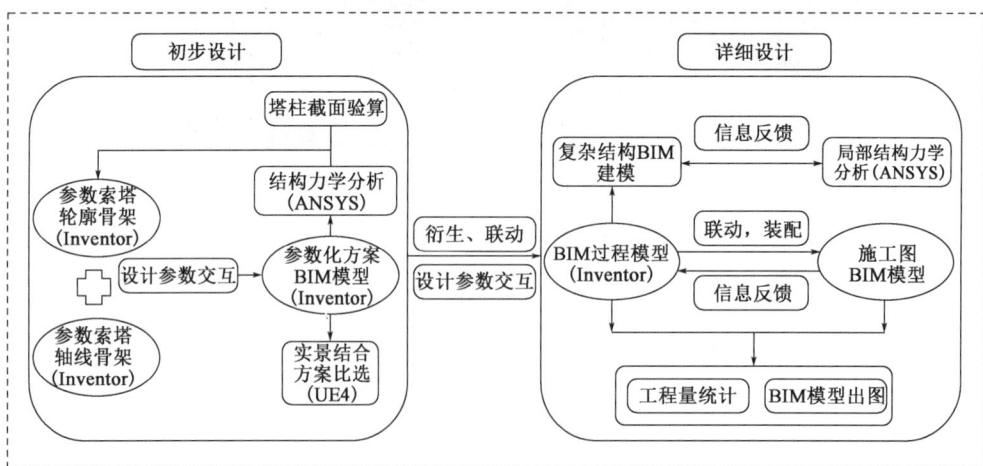

图 4-52　深化设计技术路线

安罗黄河特大桥的主塔依托 Inventor 软件,采用"Top-Down"的设计模式进行设计:首先在零件环境中布置索塔的主体轮廓,形成索塔的整体模型(多实体);接着生成零部件,在零部件环境中通过参数约束及拉伸等创建模型功能进行各个构件的详细设计;最后利用部件环境,将所有的零件进行装配,形成索塔模型。具体设计思路见图4-53。

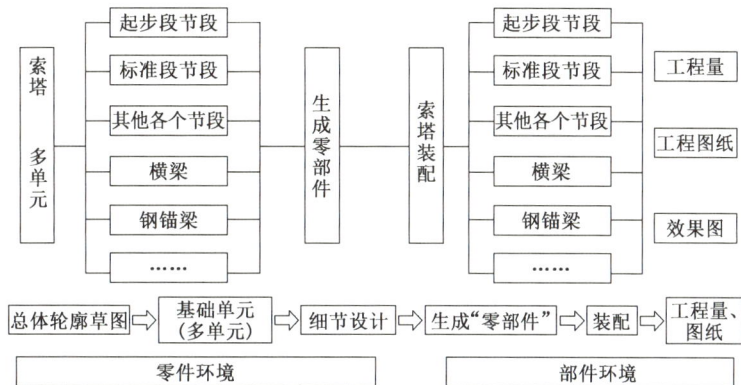

图4-53　设计流程图

(三)设计模型创建

1.索塔整体模型的创建与截面选择

在初步设计节段,根据设计理念、美学、力学、造价等因素,安罗黄河特大桥的主塔选用"酒樽"形状。绘制主塔轴线轮廓,添加角度、直线距离、圆弧半径等因素的约束和参数来控制主塔的形状和高程。在主塔轴线处设置关键平面,对受到参数控制的主塔横断面,上中下横梁断面进行放样,形成主塔的整体模型,见图4-54。因主塔受到轴线轮廓参数和主塔横断面参数的影响,后期可根据设计需要对主塔整体模型进行调整。

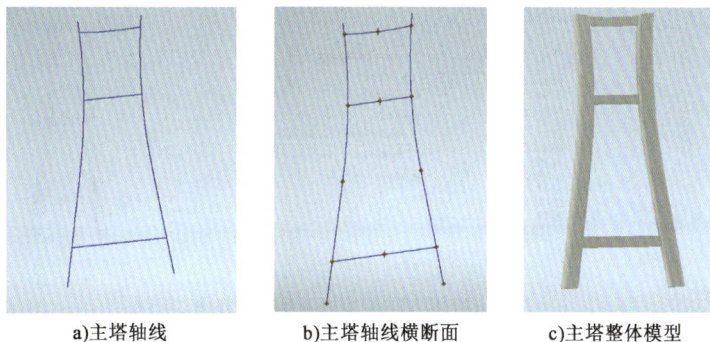

a)主塔轴线　　　b)主塔轴线横断面　　　c)主塔整体模型

图4-54　主塔建模过程

方案比选阶段,安罗黄河特大桥主塔为"酒樽"形状,初步确定主塔的横断面分别为"梯形 + 圆弧形"和截面为"梯形 + 四个角点为圆弧形",见图4-55。两方案在标准组合荷载、恒荷载下的轴力、顺桥弯矩、横桥弯矩以及主塔横断面的验算均满足规范要求。除了满足力学要求之外还要满足景观的需要,将横断面分别进行放样,结合真实的景观地形进行效果对比,见

图4-56，最终选择截面为"梯形+四个角点为圆弧形"。

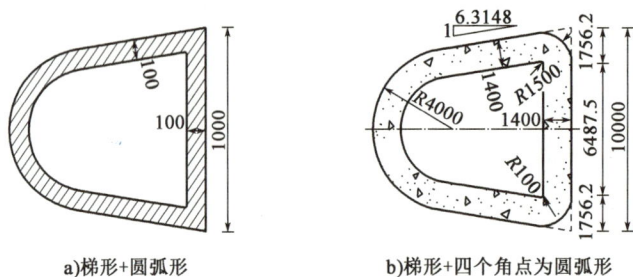

a)梯形+圆弧形　　　　　　b)梯形+四个角点为圆弧形

图 4-55　主塔的横断面对比(尺寸单位:mm)

a)梯形+圆弧形　　　　　　b)梯形+四个角点为圆弧形

图 4-56　效果对比图

2. 整体模型衍生和关联模型组

主塔结构形式采用钢壳混凝土组合塔,初设方案确定后,考虑主塔受力的特点、施工工期等因素,将主塔划分为 36 节段,将整体模型进行切割,见图 4-57,为施工阶段模型进行进一步的构造深化和优化做准备。

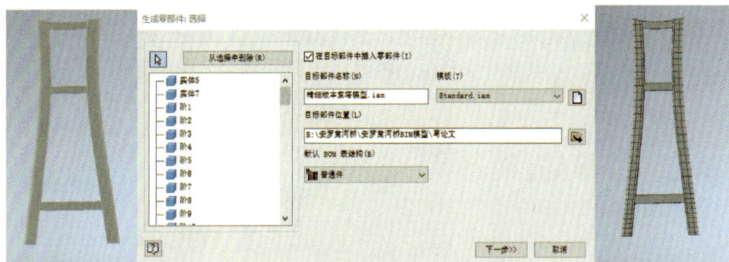

图 4-57　模型的切割以及生成零部件

将整体模型作为上级模型,各个节段模型作为下级模型进行衍生。因为衍生出的各个节段模型是整体模型的切割,所以它具有与整体模型的一致性和关联性,这样就保证了整体模型和衍生模型形成模型关联组。当主塔设计负责人修改整体的约束参数时,下级模型就会变更。将节段模型衍生成混凝土模型和钢结构模型,当节段模型发生变化时,钢结构模型和混凝土模型均会发生更新,这样既实现了主塔负责人对整体设计的把控,也实现了多专业协同设计。

3.节段模型的深化

将衍生的各个节段模型作为上级文件,再次进行衍生,形成塔壁和混凝土两个文件,各个节段上下面轮廓设置成共享轮廓,在下级模型中,将这两个共享轮廓(该轮廓不可以编辑,仅仅受到上级文件的控制)作为基准,利用共线、垂直、偏移、相等、相切等约束参数关系,做出钢壳的内轮廓线,然后通过放样或者拉伸等功能创建钢壳,见图4-58。该钢壳不仅关联上级文件,还受到其自身尺寸的影响。

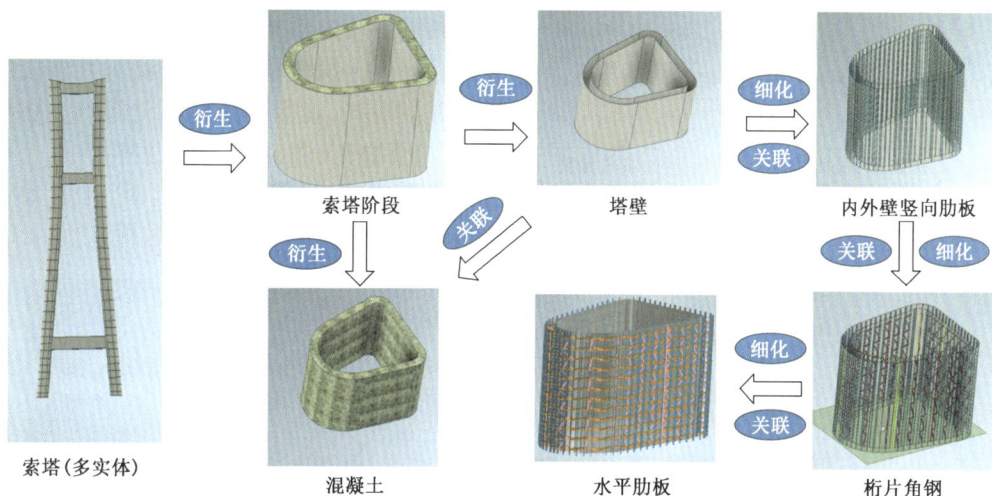

图4-58 模型的衍生和细化

利用外壁内轮廓线和内壁外轮廓线、钢壳竖向轮廓线、钢壳轮廓线、约束几何关系,绘制出竖向肋板和水平肋板的轮廓,进行拉伸、倒角、修剪等三维运算,得到竖向加劲肋实体,然后根据设计原则对竖向肋板和水平肋板进行放置和定位。

4.锚固结构的正向设计

在设计过程中,将有索索塔节段作为上级文件,将钢锚梁设计文件作为衍生模型。在钢锚梁相对位置处进行切片观察,做可视化设计。因为横断面采用的是"梯形 + 四个角点为圆弧形",考虑到方便加工和受力更均匀等因素,将钢锚梁长度设定为6600mm,与主塔钢壁接触采用垫块的方式,见图4-59。

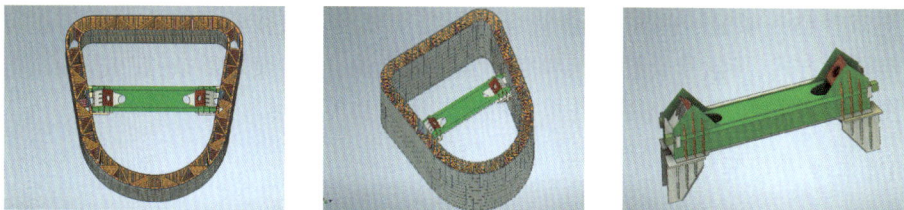

图4-59 有索段钢锚梁以及牛腿

在整体设计中,获得锚点的坐标以及钢锚梁的坐标,以这两个坐标作为基准参数约束,将预先设定好底板的厚度、腹板厚度、顶板厚度、牛腿各构件的尺寸。在建模过程中添加尺寸、角度、重合等约束条件,形成受锚点坐标、拉索三维角度、上级文件参数控制的参数化模型。这些参数可以与 Excel 形成联动,当后期需要更改某一个或者几个参数时,只需要在 Excel 中保存更新即可,从而实现数据与模型的联动。通过各个构件的轮廓进行拉伸、放样、倒角等,完成锚固区的模型设计,见图 4-60。

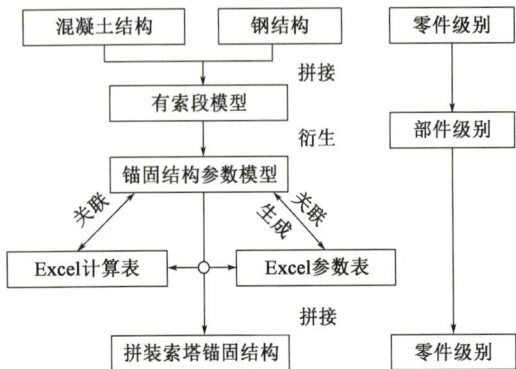

图 4-60　钢锚梁设计流程

本桥塔端采用钢锚梁连接锚固,索导管需要穿过混凝土主塔塔壁,与钢板相交处均要开孔。由于主塔内水平肋板、竖向肋板等构件与索导管相互干扰碰撞,因此需要对有索段结构进行碰撞检查,确保导索管不受影响。在传统设计中,要在正、侧、立面分别放样,在三个视角分别检测碰撞,见图 4-61。然而,利用 BIM 三维设计,可实现三维空间一次放样。

图 4-61　碰撞检测

(四) 成果应用

1. BIM 的出图

在 BIM 设计中,衍生参数模型的绘制是三维参数数据转为施工图模型的基础,但是考虑施工、加工等因素,仍然有二维图纸的存在。Inventor 软件可以直接使用模型进行二维出图,可以放置不同的角度,局部大样图也可以进行剖切处理,实现模型与图纸的联动,模型一旦修改,图纸会自动更新,减少反复重复的修图过程,提高设计效率。尤其是在主塔锚固区结构出图上,这一便利性格外明显。例如,导索管穿过混凝土以及塔壁在索管相交处均要进行开孔处理,采用传统的方式,导索管受到锚点和空间角度的影响,出图很是复杂,在 Inventor 的装配环境下,出图就相对方便,直接利用零件里面的布尔运算功能即可。

2. BIM 工程量计算

由于主塔造型比较复杂,且为空间曲线,钢结构居多,传统的工程量计算存在一定困难,容易出错,利用 Inventor 的 BOM 表功能可以方便地计算出混凝土工程量。然而,Inventor 本身的结构工程量计算能力受建模思路的影响较大,利用 C#语言对 Inventor 进行二次开发,方便快速地计算出"自上而下"建模思路的构件工程量。

3. BIM-有限元联动

在施工图详细设计过程中,尤其是在主塔锚固区设计过程中,钢锚梁底板或者腹板厚度发生变化,需要进行局部应力分析。常用仿真软件建模效率较低。借助 BIM 三维模型,导入到 ANSYS 软件,可以直接进行网格划分。BIM-有限元仿真软件的联动,确保计算模型与设计模型一致,从而提高了模型精准度和设计效率。

(五)应用成效

BIM 技术在安罗黄河特大桥主塔上的应用,提出了基于 Inventor 软件的桥塔 BIM 正向设计思路,为桥塔设计提供参考,将模型成果分别应用于工程量计算、局部应力计算、出图、实现 BIM 设计周期的过程应用。

(1)基于"自上向下"索塔的设计思路,借助 Inventor 的"分割""衍生""参数化"等功能,桥梁设计师只需要关注设计本身,将设计与参数建模一起推进,做到建模即设计。

(2)通过整体模型的衍生、分割、草图共享等功能,形成上下级模型的联动,在上级模型中做整体设计,在下级模型中进行精细化设计。实现当上级整体模型发生变化时,下级模型会自动更新,实现模型联组的自动更新。

(3)设计过程中全部采用参数化建模,利用 Inventor 做到尺寸约束与几何约束相结合的建模方式,便于设计过程中便捷地进行模型修改和方案调整。

(4)项目探索出一套高效的参数化设计流程,通过 Excel 文件输入构件的设计参数进行联动,建立了参数、模型互相联动机制,大幅度提高设计质量。

(5)建模、工程量计算、出图一体化,减少了人工绘制图纸和算量错误,模型分别与图纸和工程量进行绑定,当模型发生变化时,二者均发生变化。但是此软件的自带工程量计算方式与建模思路有很大关系,采用二次开发技术,提高设计质量。

(6)实现 BIM-有限元联动计算,计算模型与设计模型一致,提高模型精准度和设计效率。

四、河南省高速公路"13445 工程"BIM 技术应用

(一)项目概述

针对河南省高速公路"13445 工程"建设实施要求,在应用数字化技术的基础上提升项目精细化管理水平,保障项目按时推进与实施。本项目结合 BIM、GIS、物联网、AI 和大数据技术,设计和开发了项目前期管理、集团级管控和项目级管理系统,形成三大平台闭环管理的创新数字化管理模式,实现工程建设数字化管理和智慧建造,提升公路建设的精细化管理和精准管控能力。

"13445 工程"的 38 个高速公路项目集中建设实施,短时间内大规模、高密集的高速公路项目建设与实施对项目的科学、精细化、高质量、进度保障管理提出了新的要求。本项目通过建设数字化综合管理平台,基于"BIM + GIS"技术,融合互联网协同技术、物联网远程监控技术、云计算技术,进行延伸拓展应用,搭建在建项目共享数据库,融合多源数据,完善基于大数据的智慧预警和合理建议体系,助力"13445 工程"项目品质工程建设,为实现"建、管、养"一

体化智慧型高速公路奠定数据基础。

（二）总体思路

1. 标准先行

为了统一公路工程数字模型构建和数字信息分布规则，同时将工程放在同一张 GIS 地图上，形成河南省的交通基础大数据，实现统筹管理，在服务工程的同时，服务于行业管理和公众出行，编制了《公路工程设计信息模型应用标准》（JTG/T 2421—2021）（以下简称《标准》），拟编制公路工程划分与编码标准、公路工程全寿命周期数据与共享技术标准。《标准》站在工程全寿命周期数字化应用的角度，规定了设计阶段模型创建、模型应用和模型交付的技术要求，统一了模型构件编码和信息格式，其核心是构建工程数字化资源目录，为数字化模型在工程全寿命同期内的传递迭代夯实了基础。

本着服务项目建设信息化管理和智能化建造，以及行业平台化监管的目标，编制建设阶段数字化的应用标准——《公路（土建工程）工程划分与编码指南》。以公路工程质量检验评定内容和要求为依据，打通分部分项、零号清单、产值进度的数据通道，统一变更途径；实现施工建设管理的数字化和精细化。

2. 平台定位

公路工程数字化以建设管理系统开发与应用为前提，平台面向项目建设，通过生产要素监管和施工过程监控，以及智能试验、加工、施工设备的应用，实现高质量安全建设和数字化交付；面向投资集团，通过融合投资项目的建设数据分析，进行动态综合监管和数字化看板管理，对履约方进行集合精准考核评价，对项目进行精准管控和精心服务；面向行业管理，通过在建项目的大数据分析，进行总体态势把控，为行业管理决策提供参考。

平台的数据存储和计算是以公有云为主的，只有小部分涉密数据使用私有云。算力、算法和网络安全是可以保障的。基于事先制定的数据资源目录和信息交换共享标准，汇聚至平台的是逻辑规则清晰、便于分析统计的大数据。

平台通过集成应用新技术、新设备构建感知和分析能力，结合行业和项目的管理理念和要求，强化协同管理机制，实现精细管理和精心服务。平台集成物联网技术，自动采集数字化实验、检测、加工、施工设备的数据，数据不落地，保证数据的真实性。平台可扩展培训、教学资料、样板示范案例，根据岗位和流程进行服务信息推送。平台中内置了各项验收评价标准和设计要求，自动进行评价。

3. 平台架构

通过集团级-项目级两级架构，统一各建设项目的基础数据格式，加强对各项目的管控，实现数字化管理。平台采用开放式架构。基于"BIM + GIS"的三维可视化模型，集成融合互联网、移动互联网、物联网和 AI 视觉、大数据和云计算技术，通过建立统一的数据格式和信息交换规则，确保各业务系统数据的产生和提取，并通过数据中台进行交换。平台是开放融合的，不同项目的业务系统可以根据项目的特点和管理要求，选择不同的业务系统组合，或进行定制开发，也可以集成其他服务方的系统模块，见图4-62。

图 4-62 数字化建设管理平台架构

两大平台与三类建设主体共同形成闭环管理:集团总控平台抓取各项目级管控平台数据,聚焦"进度、投资、履约"三大关键要素,建立多项目指标库,实现多项目、多指标对比。通过集团、项目两级平台,实现数据抓取、统计分析、自动预警、指标监管、中心督导、全程跟踪、下达整改、监督验收、问题整改、平台反馈的数字化闭环管理,见图 4-63。

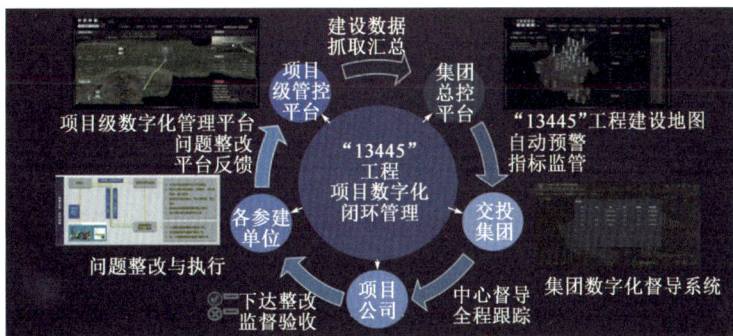

图 4-63 建设管理数字化闭环管理

(三)关键技术

1. "BIM + GIS"结合技术

BIM 是建设过程数据管理的载体,由于公路工程的特性,结合 GIS 技术能够让三维 BIM 及数据从宏观走向微观,实现基于数据的精细化管理。提供多种实用的 GIS 查询与分析功能,同时提供 GIS 的位置服务和空间分析等功能,可为 BIM 提供专用的动态模拟功能,为建设过程数字化管理提供技术支撑。

另外,随着航测技术的飞速发展,无人机倾斜摄影技术得到了极大的提升。基于倾斜摄影创建三维实景地面模型,可真实、直观地展示项目施工现场真实的地形地貌。通过 BIM 技术建立公路工程模型,再与实景模型进行叠加融合,作为数字化建设管理系统的信息载体,满足信息化数据底座应用要求。

2. AI 视觉技术和视频分析技术

监测人员和设备的工作状态，并对作业的规范性进行评估。对于物联网和视频监控不能覆盖的受控作业，通过移动终端在作业现场采集作业图像和数据。在精准实时感知、精确动态分析的基础上，信息化技术使各方高效协同，使得过程精细化管理得以实现。

3. 大数据及分析技术

建设管理各项业务系统通过提取和分析人、料、机的状态数据，并将建设数据与计划进度进行对比，实现对质量问题、安全隐患发生事故率的分类统计分析，从而针对性提升精细化管理水平。在精细化管理的基础上，用数据说话，对履约单位和作业班组、工作人员、材料供应商、料源地进行评价，让考核评比更客观。通过大数据分析，找出参建相关方，甚至是相关岗位在管理和技术上的优势和短板，进行针对性的交流和培训，提升建设水平。

（四）数字化建设管理系统开发

1. 建设项目前期管理

针对河南省高速公路"13445 工程"项目建设前期的工作重点，平台内置了 6 个工作划分、28 个工作内容、162 个主要节点；管控流程标准化，全过程留痕可追溯，紧盯技术、用地、投资三条主线，全力压茬推进、交叉推进、平行推进前期工作。系统主要包括建设项目前期管理（图 4-64），如工作报告管理、工作台账管理、项目动态、智能审批、工程进展展示。此外，系统还包括建设前期自动评价管理，如建设前期评价、自动预警、建设前期节点计划及完成台账。建设项目管理评价，如施工期自我评价和综合评价、竣工验收期评价、考核评价台账等，提升项目建设前期管理效率。

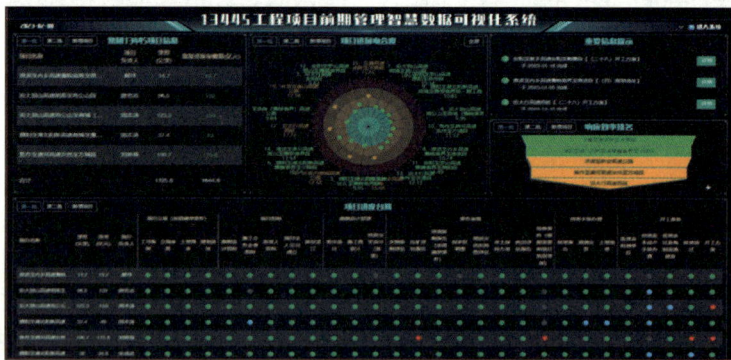

图 4-64　建设项目前期管理系统

2. 集团级总控平台

以项目级平台数据实时抓取为基础和主线，开发上线集团级数字看板，可视化呈现项目建设的各项指标，丰富数字化管理方式，实现投资进度和工程进度动态综合监管、质量安全动态综合监管、履约方考核、服务事项重点监管等，实现对投资、建设进度、质量，以及项目建设总体态势的把控，见图 4-65。

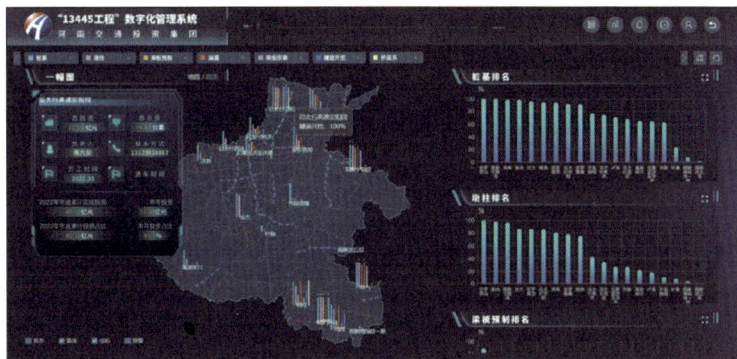

图4-65 集团级总控平台

3.项目级数字化管理平台

以公路建设管理数字化、施工智慧化为目标,聚焦12类应用、40个功能模块,以工序报验为主轴,实现质量、安全、合同、进度管理全覆盖,验工计价归档一体化,形成了统一的工程建设大数据,实现了公路工程智能建造和数字化交付,见图4-66。

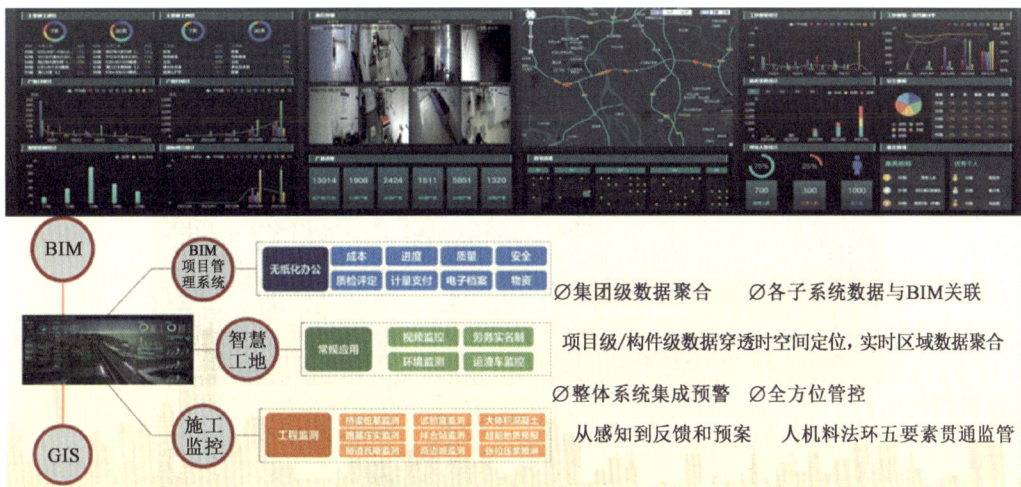

图4-66 项目级管控平台

(1)BIM集成。工序报验是工程施工进度体现和工程质量把控的核心主线,也是计量支付的重要依据。

首先根据质检和计量的要求将工程进行分部、分项划分,再将设计参数、设计图纸、清单造价信息关联至分项的三维模型上,实现了三维可视化的工程设计大数据;接下来再根据施工工序和报验流程制定相关表单,系统预定义了河南省公路工程204类、55429个分项的586个工序和852个标准表单,见图4-67。

(2)协同管理-工序报验。将工程全线按照分部分项划分导入系统,根据不同工程系统自动配置施工工序及质检表格,系统内进行填写、评定;同时根据施工工序将施工方案审批、开工报告、桩基检测、试验管理、隐蔽工程管理等模块穿插至各个工序报验阶段,规范施工工序管理。

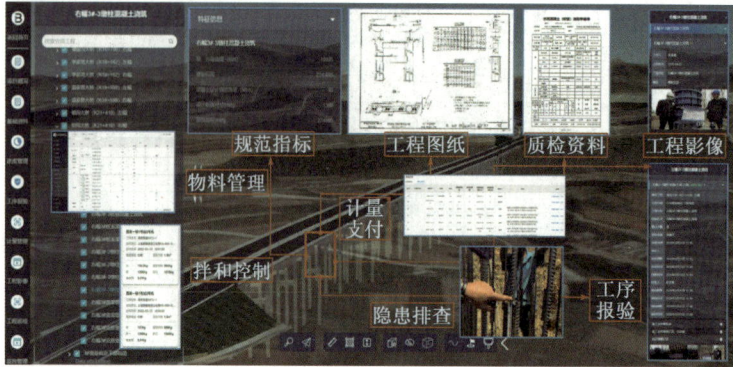

图 4-67　BIM 集成

实现质检资料的电子化，内置检验评定规范，支持报验时按照工序验收质检资料，实现随施工、随记录、随归档。与工序报验联动，对资料的完整性与及时性进行自动检查与预警。

（3）协同管理-进度管理。支持分部分项级计划的制定，收集工序报验的数据以及质检资料的信息，自动统计当日产值，形成形象进度。支持模型通过不同颜色展示工程进度，进行多维进度（计划进度、形象进度、质检进度、计量进度）的对比分析，见图 4-68。

图 4-68　进度管理

（4）协同管理-工程巡检。内置质量、安全、环保风险隐患库，支持现场发现问题拍照上传，多级审批闭合流程，具备多维统计分析功能，能够筛选出高频问题和共性问题。

（5）协同管理-计量支付。采用线上计量支付，实现施工、监理、设计、检测单位支付流程的审批。与工序报验联动，自动生成当期计量单，验工计价，提高计量效率，保障资金支付进度。计量支付网上审批，实现自动锁定清单、锁定计量上限，结合工序报验系统质检资料自动计算阶段性的计量款项；同时自动汇总变更管理中已批复的变更，实时更新施工单位清单价，避免人为误差、超计、漏计，提高中间计量效率、缩短计量周期。

（6）协同管理-履约管理。对各项目施工、监理、试验检测等参建单位人员"分岗分级"精准划定电子围栏，设置打卡规则，实现身份证与人脸核验人证合一，严格落实合同履约人员实名上岗，实时动态监管，避免违规顶替、随意变更。通过人脸识别和活体检测技术，便捷考勤管理，达到动态监管的效果。

（7）IOT 集成。主要应用于物料管控、拌和监控、试验监控、张拉压浆监控、压路机监控以及视频监控等。试验资料无纸化,设置签字、签章流程,并结合工序报验系统对试验资料进行归档。对万能机、压力机数据进行采集、分析和预警。使用"一机一码"对试验设备的标定、维修、保养进行全过程跟踪。对标养室温湿度进行实时采集,如不满足要求,系统及时预警。开发挂接试验管理系统的物料管理系统,系统按照相关规范要求的频率监督自检、抽检工作,如缺少自检、抽检信息,系统自动报警,不合格情况系统内闭合;结合资金拨付系统内的备案合同,对非入围厂家或非备案合同厂家的材料进行及时预警。

(8)数字档案。依据交竣工管理办法,使用 CA 签章,按照组卷规则,对工程数据进行组织,归档工程信息,形成电子档案。

(9)数字信用。充分利用工程大数据,对参建单位、劳务人员、材料供应商、机械设备等各类生产要素进行评价,辅助建立省级黑白名单数字评价体系,提高省内交通建设行业参建单位的信用意识,充分保障"13445 工程"项目建设的高质量、高标准、高水平、高效率。

(五)应用成效

自"13445 工程"数字化建设管理系统上线使用以来,所有 38 个项目累计进场 6000 余名履约人员,实行人脸识别打卡;施工、监理、检测等重点人员履约率从初期的 43.8% 增长到目前的 92.1%。累计发起工序报验超 63 万次,填写资料 531 万余张,人工填报数据减少 70%,大幅度提升施工现场施工、监理的流转效率,质量评定效率提升 3 倍以上。截至目前发现隐患线索 31000 余条,76.3% 的隐患整改实现当日即改即合,平均闭合时间 6.9h,设备隐患数量降低 38.7%。累计产生近 23 万条过磅数据,进行自检超 1.5 万次,抽检近 3500 次,自检抽检合格率超 98%。有效地提升了河南省高速公路"13445 工程"大规模集中建设项目的管理效能。

公路智建系统通过一年多在"13445 工程"38 个项目上的运行,达到了对项目的精准管控、精细化管理,有效提升了管理水平,基本形成了河南省高速公路建设数字化的成套技术服务能力和体系。未来,河南省考虑将海量的建设过程数据进行交付,用于后续管养、运维服务,促进有效的数据复用,让工程数据在全生命周期内得到充分利用。

五、BIM 技术在道路桥梁碳排放中的应用

(一)背景介绍

桥梁工程在建设过程中排放了大量 CO_2。在实际中,将碳足迹应用于桥梁建设领域遇到了困难,尤其是在如何快速便捷地获取桥梁在建设阶段的碳足迹方面。传统上,项目信息是从二维图纸和现场监控中收集的,这些信息是手动输入到碳排放评价软件中的。这是一项耗时且费力的工作,在某种程度上阻碍了碳排放在建筑行业中的实际应用。随着 BIM 技术的发展,将 BIM 和碳排放结合起来寻求两者协同效应的研究越来越多。BIM 技术将几何数据、物理特性、材料的视觉特征等信息赋予数字化模型,以建筑构件本体为基本要素,形成综合表现建筑各方面特征和信息的虚拟现实建筑。由于 BIM 软件能够直接提供项目数据,因此可以避免手动输入数据。由于 BIM 能够提高信息重复利用率,且能够在很大程度上方便地计量碳排放等环境影响,许多研究人员和实践者已经意识到 BIM 在支持和促进环境影响评估方面的潜力。本节以桥梁在物化阶段的 CO_2 为研究对象,基于 Revit-API 和 C#,经计算框架、工作流程、

数据转换与处理、代码实现 4 个步骤实现 Revit-Carbon Footprint（简称 Revit-CF）的开发。建立某一实际桥梁的 BIM，并应用上述方法计算该案例的碳排放。

（二）技术路线

项目开发了一个基于 BIM 的插件（BIM-CF），应用 Revit API 实现碳排放模型和 BIM 的集成，通过 Revit 插件管理器（Revit Add-in Manager）自动评价环境影响，见图 4-69。

图 4-69　系统布局

此外，Revit-CF 插件的开发包括计算框架、工作流程、数据转换与处理、代码实现 4 个方面，具体内容如下：

1. 计算框架

项目研究的目的是开发一个插件来测算桥梁物化阶段的碳排放，并将名为"BIM-CF"的附加插件添加到 Autodesk Revit 结构软件上。图 4-70 显示了 BIM 辅助碳排放计算涉及的计算框架。为了阐明与桥梁建造相关的属性，需要在 Revit 软件中为每个组件添加一个名为"ID"的附加属性选项卡。插件 BIM-CF 可以根据代码在建筑信息模型中搜索各种构件及相关信息。然后，插件可以根据 ID，自动从工程量数据库中查找到构件对应的人力、材料、机械等消耗数据。最后，根据工程量匹配环境影响因子数据库中对应的碳因子。

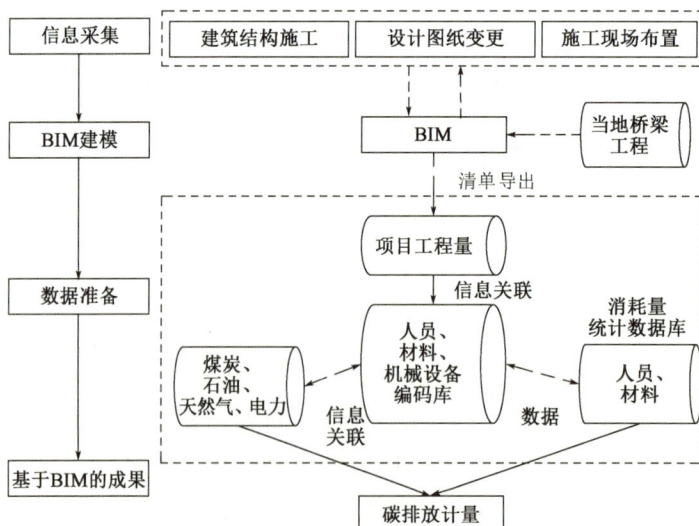

图 4-70　环境排放计量模型框架

2. 工作流程

桥梁的碳足迹度量主要由 BIM、Revit-CF 插件、数据库三部分组成（图 4-71）。为了利用

BIM 技术实现信息化、快速化、高效化地计算桥梁生命周期碳足迹,开发相应的计算插件。本课题采用的 BIM 软件是 Autodesk Revit,所以是基于 Revit 进行二次开发得到 Revit-CF 插件。在本节中使用 Excel 中的 VBA 编程开发了一个数据处理器。数据处理器自动打开数据库的电子表格,并将所选组件的所有必要数据导入 BIM 软件。然后处理器根据组件类型定义的代码过滤所需的数据。

3. 数据转换与处理

按照发布的有关信息模型分类和编码的标准,对设施、设备模型进行分类编码。同时,将设计非几何信息录入模型属性内,通过 IFC 格式模型进行传递。通过开发统一 IFC 信息传递程序,完成模型设计后将 Parameter 上的属性赋值到相应的 Properties 属性。在管理端搜索到总装模型,选择待计算工程数量模型后,将工程数量直接输出至 Excel 表格,见图 4-72。

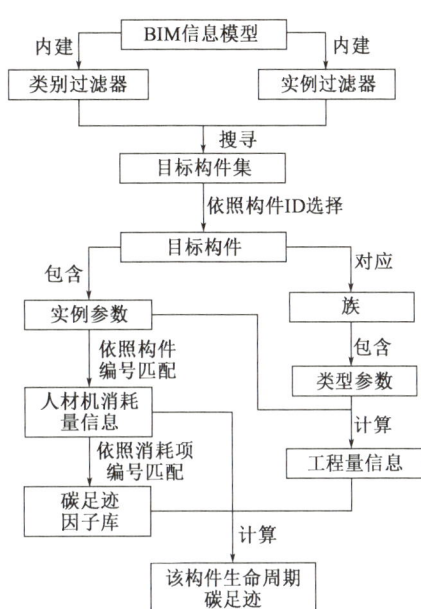

图 4-71　Revit CF 物化阶段核心工作流程图

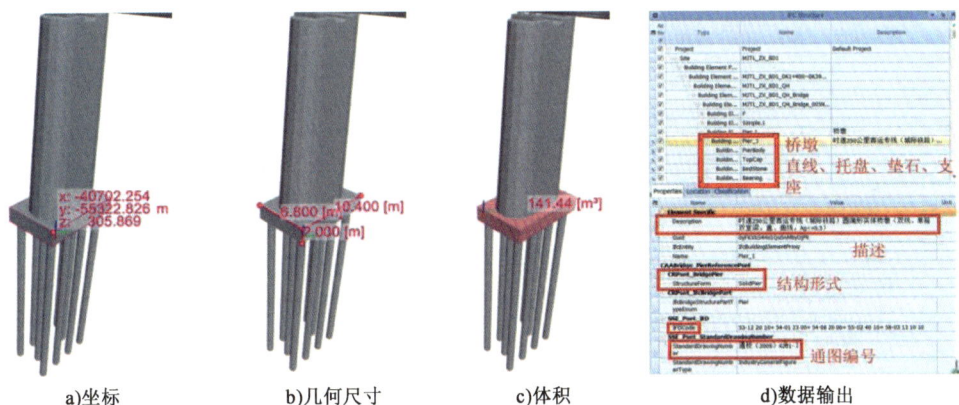

a)坐标　　　　b)几何尺寸　　　　c)体积　　　　d)数据输出

图 4-72　构件编码及转化

一般情况下,BIM 计量软件无法详细给出材料和机械台班用量,因此,需要以定额为中间转换物将分项工程量转换为各材料和机械台班消耗量。结合有关工程设计概(预)算费用定额,进行材料和机械台班消耗量的转换,具体转换过程见图 4-73。首先,基于 BIM,对原始建筑材料的工料进行估算,并导出其分项工程的材料清单。然后,根据材料清单,并结合工程量消耗定额,进一步计算材料、施工机械和人员的消耗量。

4. 代码实现

该插件使用 Microsoft Visual Studio 2016 支持的编程语言 C#进行编写。该插件的核心功能由构件选择、单个构件的碳排放计算,以及总碳排放的计算和结果输出三部分组成,见图 4-74。其中,构件选择板块包括种类过滤、ID 搜寻、参数读取三部分核心内容。单个构件碳排放计算主要由连接工程量数据库、连接碳因子数据库和碳足迹计算三部分内容组成。

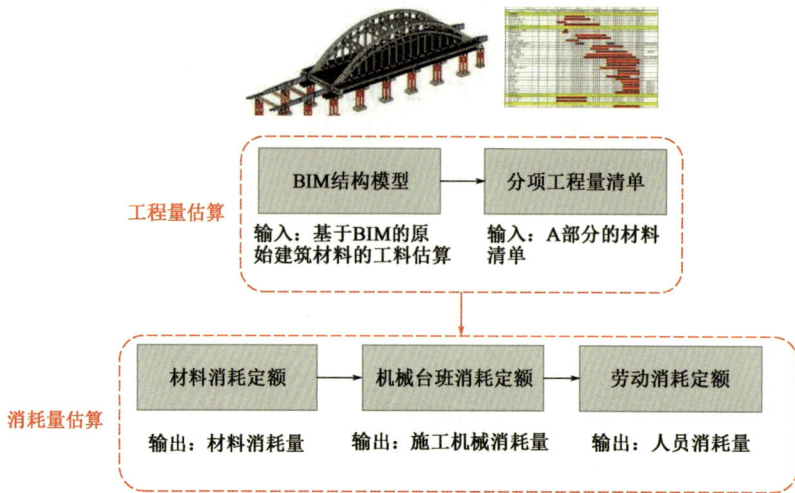

图 4-73　工程消耗量统计框架

构件选择

```
A class filter to filter out all Beam elements
    Element Class Filter Beam Family Filter = new Element Class Filter（typeof
（Family Instance））；
```

```
Search for component ID
    Stream Reader objReaderBeamID = new StreamReader(@ "D:\documents\Beam.txt",
Encoding.GetEncoding("gb2312"));
    String BeamIDresult = objReader BeamID. ReadLine();
```

```
Reading component parameter
    Parameter para = (element as
FamilyInstance).Symbol.Look up Parameter("Construction");
```

单个构件碳排放计算

```
Connecting to the engineering quantity data Iibrary
    StreamReader objReaderBeam = new StreamReader(@ "D:\documents\beam.txt",
Encoding.GetEncoding("gb2312"));
    String Beam Consumption Result = objReader Beam.ReadLine();
```

```
Connecting to the carbon footprint factor Iibrary
    for (int m = 4;m < LengthofColumnArr; m++)
    {
    StreamReader ObjReader CarbonFootprint = new StreamReader(@"D:\documents\UnitCrabon.txt",
Encoding.Get Encoding("gb2312"));
    string UnitCarbonFootprintresult = ObjReaderCarbonFootprint.ReadLine();
    }
```

```
Carbon footprint calculation
    for (int n = 4;n < LengthofBeamArr; n++)
    {
    SingalBeamTotalCarbonFootprint = Singal BeamTotalCarbonFootprint + Convert.ToDouble(BeamArr[n])
*Convert.ToDouble(Beam Unit Carbon Footprint TargetArr[n]);
    }
```

总碳排放计算和结果输出

```
Output results
    TaskDialog.Show("Revit, SumBeamMaterialTransportationCarbonFootprint);
```

图 4-74　建造阶段桥梁碳足迹计算部分代码

(三)应用案例

建立某一实际桥梁的 BIM,并应用上述方法计算该案例的碳排放。该桥梁全长 3200m。桥梁为预应力简支梁桥,主体结构为钢筋混凝土结构。案例桥梁的三维视图和局部节点图见图 4-75。根据《建筑碳排放计算标准》(GB/T 51366—2019),混凝土的默认运输距离值应为 40km,其他建材的默认运输距离值应为 500km。桥梁由桥墩、桥台、基础、自适应箱梁、隔板等构件组成。

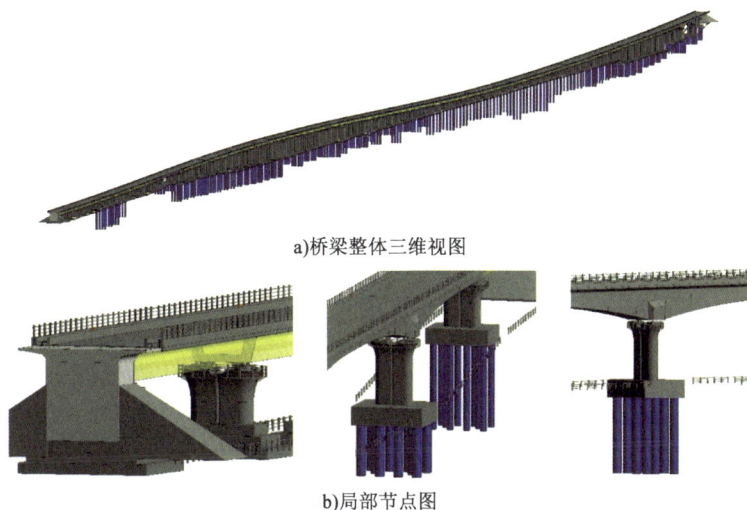

a)桥梁整体三维视图

b)局部节点图

图 4-75 案例桥梁的示意图和节点详图

结果显示,不论是在材料生产阶段还是材料运输阶段,自适应简支箱梁、矩形承台、桩基和常规墩台身中混凝土和钢筋的碳排放都是最大的,其碳排放占总碳排放的 96%。结构框架(现浇梁)、常规墩台身垫石、接触网支柱、桥台和支座的碳排放则非常小,这是由于他们的体积在整个桥梁体系中的占比非常小,仅占约 5%。此外,从图 4-76 中可以看出,在材料生产阶段,虽然自适应简支箱梁由于混凝土生产产生的碳排放大于矩形承台,但是在本案例中,矩形承台的配筋率大于梁的配筋率,因此,矩形承台由于钢筋生产产生的碳排放大于自适应简支箱梁。

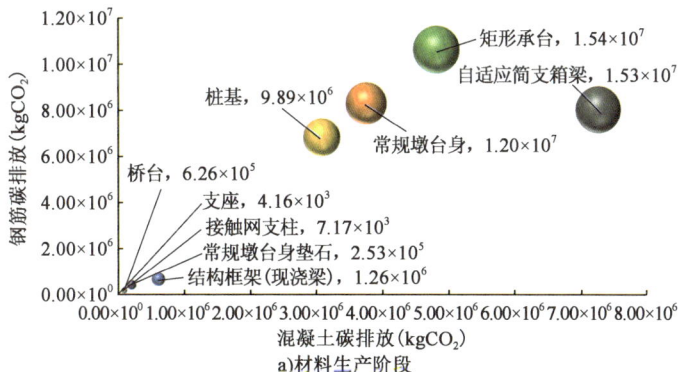

a)材料生产阶段

图 4-76

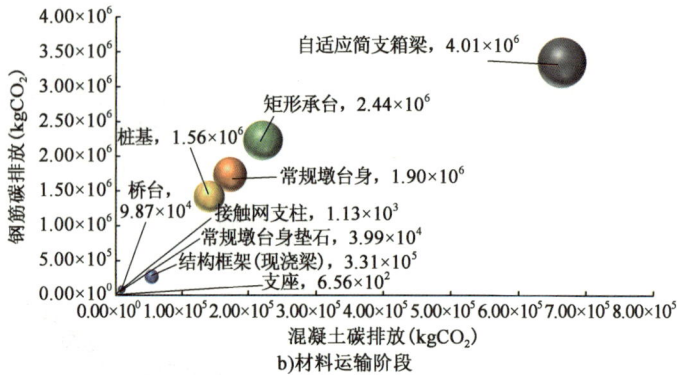

图 4-76　不同构件的碳排放比较

（四）应用前景

传统模式下,都是通过手动进行碳排放量计算,本节介绍了一种基于 BIM 开发的碳排放计算插件,该插件可通过建立 BIM,快速得出建筑材料的碳排放量,并可将软件广泛应用到市场,对装配式建筑、站房及其他建筑的碳排放分析有重要的助力作用。此外,通过对试点项目进行分析,可以得出施工全过程中的碳排放较多的地方,为精细化管理提供数据支持。同时,借助 BIM,可以快速、实时计算碳排放数据,提高计算效率和计算精度,可有效地节约人工成本。且 BIM 插件计算碳排放量具有广泛的社会推广价值,可以带来潜在的经济效益。

通过对工程项目进行碳排放量化评估,对工程项目物化阶段环境排放情况的研究和分析,可以为改进工程环境友好的施工技术和管理手段提供参考,可以实现精细化科学管理、高效化资源配置,并优化产业结构,同时为建筑从业人员的转型提供了通道和路径参考,还可以为政府、企业及机构管理者制定建筑环保标识及环境友好相关的政策与法律法规提供理论和数据支撑,从而有利于节约自然资源、减少能源消耗,推进国家经济社会的可持续发展。

参 考 文 献

[1] 卢德友.水利工程 BIM 建模与应用[M].北京:中国水利水电出版社,2023.

[2] 翟晓卉.基于 BIM + GIS 的道路桥梁运维管理平台建设[J].中国科技信息,2021(2).

[3] 刘玉玲.市政路桥工程建设期 BIM 建模技术研究[J].市政技术,2022,40(8).

[4] 付光辉,杨广军.基于 BIM 的路桥施工项目生产管理的探索与实践[C]∥中国土木工程学会.中国土木工程学会 2020 年学术年会论文集,2020.

[5] 肖桂丹.市政路桥设计中 BIM 技术的实践思考[J].智能建筑与智慧城市,2023(11).

[6] 辛磊.基于 BIM + GIS 的道路桥梁运维管理平台建设[J].中国科技信息,2021(2).

[7] 杨春晓,张鑫宇.浅析 BIM 软件 Bentley 在道路桥梁工程中的应用[J].信息记录材料,2019,20(11).

[8] 赵海龙.浅谈 BIM 技术在市政道路施工中的应用[J].科技创新导报,2019,16(23).

[9] 刘世越.路桥施工企业智能建造能力评价研究[D].哈尔滨:东北林业大学.2023.

[10] 黄单丰.BIM 技术及标准在宁夏公路工程的应用与研究[D].银川:宁夏大学,2022.

[11] 王珩玮,胡振中,赵燕来,等.面向城市信息模型的半自动地理配准方法研究[J].图学学报,2023,44(3):616-624.

[12] 王同军.基于 BIM 的铁路工程建设管理创新与实践[J].铁道学报,2019,41(1):1-9.

[13] 王佳晖,刘学贤.BIM 主流建筑设计软件平台的应用对比[J].城市建筑,2022,19(17):19.

[14] 王海鹏.城市道路桥梁的养护安全管理探析[J].工程建设与设计,2022(19):276-278.

[15] 孙艳.基于 BIM 城市桥梁工程设计与施工优化研究[J].科学技术创新,2022(5):122-125.

[16] 董丽娟,黄祯尹,卢刚,等.我国桥梁工程技术发展趋势分析[J].公路交通科技:应用技术版,2020(7):4.

[17] 何刚,尹紫红,廖知勇,等.高速公路 BIM + GIS 多源数据集成与融合探析[J].黑龙江科技信息,2021(15):101-104.

[18] 刘长伟.BIM 技术在市政路桥设计中的运用与实践[J].工业建筑,2022,52(2):I0048-I0049.

[19] 牟春龙.BIM 技术在路桥施工全过程中的应用[J].黑龙江科学,2021,12(6):134-135.

[20] 李为浩.研究 BIM 技术在路桥施工全过程中的应用[J].黑龙江交通科技,2021,44(4):187-188.

[21] 王潇.市政路桥设计中 BIM 技术的应用[J].科技创新与应用,2020(15):84-85.

[22] 张鸣昊.道路桥梁施工技术现状与发展方向研究[J].建材与装饰,2020(9):274-275.

[23] 胡约翰.道路桥梁施工技术现状与发展方向研究[J].名城绘,2020(2):57.

[24] 李晓丽.道路桥梁工程存在的质量问题及管理措施[J].城市建筑空间,2022,29(S2):396-397.

［25］ 疏丽君.农村道路桥梁工程质量技术与管理措施解析［J］.工程建设与设计,2022(19)：273-275.

［26］ 王欣.基于 BIM 的桥梁建模及运维的应用研究［D］.苏州:苏州科技大学,2020.

［27］ 陈莉,宋娅芬.建筑工业化背景下《BIM 结构设计》课程教学改革与实践［J］.房地产世界,2022(7):83-85.

［28］ 沈凤.基于 BIM 技术的桥梁项目进度管理研究［D］.重庆:重庆交通大学,2020.

［29］ 郎晓明.基于 BIM 技术特大型桥梁运维管理的研究［D］.杭州:浙江大学,2022.

［30］ 安培磊.基于 BIM 的桥梁安全信息管理系统研究［D］.沈阳:沈阳建筑大学,2022.

［31］ 董佳鹏.基于 web 的桥梁施工 BIM 可视化相关技术研究［D］.石家庄:石家庄铁道大学,2022.

［32］ 张秦.连续刚构桥施工参数化建模及挂篮在线监测［D］.石家庄:石家庄铁道大学,2022.

［33］ 张天龙,路平,赵劲松,等.基于 OBE-CDIO 的装配式建筑 BIM 一体化实践教学改革［J］.土木建筑工程信息技术,2022,14(2):28-33.

［34］ 潘琦.以 BIM 技术创新高校建筑人才培养模式的策略探究［J］.山西经济管理干部学院学报,2023,31(1):13-17.

［35］ 王开乐.三维布筋在 BIM 中的应用——Prostructures 钢筋混凝土模块应用指南［M］.北京:知识产权出版社,2016.

［36］ 朱溢镕,焦明明.BIM 建模基础与应用［M］.北京:化学工业出版社,2018.

［37］ 汪谷香,龚静敏.桥涵信息建模(BIM)Revit 操作教程［M］.北京:人民交通出版社股份有限公司,2018.

［38］ 刘晓峰,张洪军.BIM 综合应用［M］.杭州:浙江大学出版社,2018.

［39］ 哈娜.BIM 路桥建模基础［M］.辽宁:东北大学出版社,2022.

［40］ 李赢,齐宝欣,哈娜,等.BIM 技术在土木工程的设计和应用教程［M］.北京:清华大学出版社,2022.

［41］ 中关村铁工铁路建筑信息模型联盟.铁路工程信息模型分类和编码标准(1.0 版)［J］.铁路技术创新,2015(1):8-111.

［42］ 国家铁路局.铁路基本建设工程设计概(预)算费用定额:TZJ 3001—2017［S］.北京:中国铁道出版社,2017.

［43］ 中华人民共和国住房和城乡建设部.建筑碳排放计算标准:GB/T 51366—2019［S］.北京:中国建筑工业出版社,2019.